献给我的母亲、我的儿子

他们的爱让我感受生活的美好

探究自然：
幼儿园自然体验课程设计与实施

倪海燕　著

中国矿业大学出版社
·徐州·

图书在版编目(C I P)数据

探究自然：幼儿园自然体验课程设计与实施 / 倪海燕著. — 徐州 ：中国矿业大学出版社，2024. 8.
ISBN 978-7-5646-6413-8

Ⅰ. G613.3

中国国家版本馆 CIP 数据核字第 2024MZ2860 号

书　　名　探究自然：幼儿园自然体验课程设计与实施
著　　者　倪海燕
责任编辑　史凤萍
出版发行　中国矿业大学出版社有限责任公司
（江苏省徐州市解放南路　邮编 221008）
营销热线　(0516)83885370　83884103
出版服务　(0516)83995789　83884920
网　　址　http://www.cumtp.com　**E-mail**：cumtpvip@cumtp.com
印　　刷　苏州市古得堡数码印刷有限公司
开　　本　787 mm×1092 mm　1/16　**印张** 12.75　**字数** 250 千字
版次印次　2024 年 8 月第 1 版　2024 年 8 月第 1 次印刷
定　　价　56.00 元
（图书出现印装质量问题，本社负责调换）

序　言

我们正处于瞬息万变的时代洪流之中。2024年9月通过的联合国《未来契约》指出，我们必须利用科学、技术和创新的力量，为建设人类可持续、公正与和平的未来做好准备。由此，教育系统需要彻底变革，重新思考和确立目标，为未来社会造就具备可持续发展核心素养的“绿色公民”。

教育变革对幼儿园的教育理念、课程发展和教学方式提出了新的要求。幼儿园阶段是国民教育的最初阶段，也是儿童形成价值观、世界观和行为习惯的重要时期，具有人生“播种”“植根”“育芽”“固本”的意义，对人的发展具有重要作用。回应当前教育变革的趋势，幼儿园教育由关注单一的教学活动转向关注幼儿的生活，由关注教育的结果转向关注幼儿探究、试错的过程，由关注应该学习什么转向如何有意义地学习，为幼儿的发展提供了更多、更适宜的支持。在这一过程中，能够综合提升幼儿的“体商”“智商”“情商”，以及有效推动幼儿个体全面发展的自然体验课程越来越受到广大幼儿教育工作者的重视。这不仅意味着对幼儿个体学习的关注，也体现了对幼儿精神成长过程的关切。

幼儿园的自然体验课程把“体验”当作一种个体学习的方式、一种研究和延展课程的方式、一种师幼共同生活的方式、一种家园和谐共育的方式，具有显著的在场感，也具有实际的操作性。它强调从真实体验中获得第一手材料，保留自然生态的底色，同时对获得的材料进行深度挖掘，赋予其教育意义。自然体验课程指向幼儿真实的感受，指向自然、开放、多元的现场，指向真实体验的人——幼儿、教师和家长的共同成长，是学前教育内涵式发展的有效载体。

南京师范大学相城实验幼儿园从两年前就开始探索自然体验课程的开发和实施。倪海燕园长带领的研究团队来自学前教育工作一线，凭着满腔热情聚焦于幼儿的自然体验学习研究，在园所开展了大量的有益实践，并撰写了丰富且生动的活动案例。通过真实的探索，从两年前的萌芽到今天的成果，幼儿园自然体验课程的框架更为合理和清晰，课程路径与内容更加多元化和结构化。相信这样的研究成果会助推幼儿自然体验学习的研究，并给予一线幼教工作者一定的启发。

未来已来,在当今充斥海量信息的时代,基于幼儿真实学习体验的课程转型已是势所必然。借助真实体验让幼儿在对话与反思中建构知识、陶冶情操,并获得高阶思维的发展,是目前教育工作者需树立的课程理念。希望本书的出版能够为国内幼儿园自然体验的实践提供有益参考,用大自然丰富幼儿园的课程内容,用自然体验丰盈幼儿与成人的心灵,鼓励更多的幼儿大胆奔向广阔的大自然!

黄　宇

2024 年 10 月 12 日于北京师范大学

目　录

第一章　幼儿园自然体验概述

第一节　幼儿园自然体验活动的界定

一、自然体验活动的界定

（一）什么是自然体验活动

在探讨什么是自然体验之前，我们先回顾"体验"一词的概念内涵。《说文》解曰："总十二属也，从骨豊声"；朱熹在《中庸集注》释曰："体，谓设以身处其地而察其心也"。可见在汉语里，"体验"一词的词根显然是"体"，个体借由生命的载体——身体部位感受外界所传达的讯息，进而产生内在想法。在德文里，"体验"(erlebnis)一词是在表示"生命"的"leben"前面加上具有能动意味的前缀"er"构成的，这一构词方式已经注定了它蕴含着强烈的生命性、亲历性和内在性。德国哲学家伽达默尔在《真理与方法》中详细考证了"体验"的语词史和概念史后总结：由于体验本身是存在于生命整体里，因此生命整体目前也存在于体验之中。[①] 从考察东西方有关"体验"一词的内涵阐释来看，都强调个体意义的获得必须是生命体验的产物，其意义的生成也必须是生命直接亲历的结果。

国外自然体验理念与自然教育密切相关，自古希腊亚里士多德提出"教育效法自然"观点以来，西方世界一直将自然教育理念运用到儿童教育中。随着社会的城市化发展，21世纪初理查德・洛夫在《林间最后的小孩》一书中首次提出了"自然缺失症"一词，描述了儿童因与自然疏离而导致的一系列影响其身心健康发展的问题。[②] 至此，儿童的自然教育得到西方各国的特别重视，一系列的森林学校、户外教育中心随之兴起。自然教育中的"自然"主要包含以下两层含义：一是自然的客观属性，即自然生态系统或自然界(外在自然)；二是自然的主观属性，即

① 伽达默尔．真理与方法：哲学诠释学的基本特征(上卷)[M]．洪汉鼎，译．上海：上海译文出版社，2004：90．

② 洛夫．林间最后的小孩：拯救自然缺失症儿童[M]．自然之友编译团队：郝冰，王西敏等环保志愿者，译．长沙：湖南科学技术出版社，2013：80

人的天性以及人对万事万物的理解和行为（内在自然）。[1] 也就是说，自然教育既要注重引导儿童与周边外在自然的接触与建构，同时在开展教育活动时，也要尊重儿童的年龄特点以及内在发展的需求，这样的自然教育才是适宜儿童发展的。

自然体验活动的内涵有狭义和广义两个层面。狭义的自然体验活动是指借助周边自然资源开展的不同时长的丰富多彩的活动，如短期的自然体验活动有野营、参观、郊游等一日或数日的体验活动，长期的如夏令营、冬令营活动等。广义的自然体验活动是一种以大自然为媒介的、特殊的体验教育，旨在引导儿童通过体验发现自然、探索自然，感悟人与自然的关系，相对于环境教育注重人对环境的责任，自然体验教育更注重人的成长。[2] 从上述界定可以看出，狭义的自然体验活动是自然教育活动的一种形式，此类活动的系统性与深度性较弱。而广义的自然体验活动则是以儿童周围真实生活为教育背景，以体验式活动方式引导幼儿在真实感知、动手操作和亲身体验中习得系列知识、增加对大自然的亲近与理解，进而培养各类学习品质的教育过程。本书中的自然体验活动选取广义的自然体验活动内涵。

（二）什么是幼儿园自然体验活动

法尔克（J. Falk）和迪尔金（L. Dierking）从情境学习模型角度对自然体验学习的维度进行分析，认为自然体验学习内容应该包括个人的、社会-文化的和物质的三方面维度，并且这三个维度相互重叠。布罗迪（M. Brody）提出自然体验学习的理论框架（表 1-1），认为随着时间的推移，个体在真实情境中复杂的认知和情感过程生成了个人的、社会性的知识和价值体系。

表 1-1 自然体验学习的理论框架

	物质的（环境）	个人的（个体）	社会的（分享）	时间的（持续性）
A. 行动 体验 感觉 再现	周边（初始的）	个人体验	团队体验	即时的
B. 思考 整合 恒定性 因果关系 知识体系	经验（事件）	基于已有知识的同化和顺应	基于共享经验的渐进分化	持续一段时间的

① 林昆仑，雍怡．自然教育的起源、概念与实践[J]．世界林业研究，2022，35(2)：8-14.

② 赵璐．高中地理自然体验式教学研究[D]．开封：河南大学，2017：8.

表 1-1(续)

	物质的(环境)	个人的(个体)	社会的(分享)	时间的(持续性)
C. 感受 态度 价值观点 信念 价值体系	经验(事件)	基于已有情感的同化和顺应	基于共享经验的渐进分化	持续一段时间的

幼儿园的自然体验活动与上述自然体验活动有相似的地方,也有不同的地方。与自然体验类似,幼儿园自然体验活动的场景也是开放的,教师可以在园内外开展自然体验活动。幼儿园的自然体验活动内容较为多元,活动形式丰富,可以是户外自然游戏、室内探究活动、家园活动等多种形式。由此,我们认为,幼儿园自然体验活动是教师在顺应幼儿的天性、尊重幼儿的身心发展特点的基础上,充分利用周边的自然资源,引导幼儿带着兴趣与问题通过直接感知、实际操作、亲身体验等方式积极参与对自然的探究并尝试解决问题,进而促进幼儿的认知、能力和情感等方面的一种活动过程。此界定主要突出三个方面:一是关于自然体验的出发点,幼儿自然体验活动是由兴趣和问题解决的内在动机所驱动的,体验过程中幼儿充满快乐和热情;二是关于自然体验过程的深入性,在自然探究的过程中,幼儿围绕问题主动积极地思考和探究,幼儿的体验过程是自然的、聚焦的且持续的,而不是浅尝辄止浮于表面的浅层体验;三是关于自然体验的综合性,幼儿在自然体验过程中的探究与操作,可以促进幼儿多方面的发展,包括语言领域、科学领域和社会领域等,同时也可以提升幼儿的学习品质,如专注性、坚持性等的发展。

【案例 1-1】

在“自来水从哪里来”的主题探究过程中,教师通过儿童会议和家园调查引导幼儿对探究自来水的来源产生兴趣。在体验的第一阶段,教师引导幼儿围绕“自来水是如何过滤的”进行讨论和探究,了解水的过滤步骤和材料,激发幼儿探究自来水的兴趣。在体验的第二阶段,通过创设真实体验的“神奇的过滤材料”实验情境,激发幼儿积极自主地设计自己小组的过滤实验情境,幼儿与同伴商讨怎么制作过滤器、过滤器需要哪些材料、哪种材料的过滤功能强大。在体验的第三阶段,教师组织幼儿分组验证自己设计的过滤器的作用,并引导幼儿发现材料的特点与过滤功能之间的关系,进而延伸到生活中常见的过滤方法。在整个自然体验的过程中,幼儿能全程充满兴趣地积极参与,围绕“制作水的过滤器”充分发挥自己的积极性，与同伴相互合作完成过滤器的调查、收集材料、设计和验证等，不仅发展了认知能力，也促进了合作能力、创新能力以及乐于探究、不怕挑战等学习品质的发展。与此同时，还能把在自然体验活动中习得的材料过滤性能迁移到自己的生活中。

二、幼儿园自然体验活动的特点

（一）源自内在的兴趣

幼儿园自然体验活动不是由外部命令或活动之外的奖励所驱使的，而是由幼儿的好奇心与真实的兴趣所引发的，因为幼儿感兴趣，所以对体验过程中遇到的问题愿意深入探究与验证，进而习得相关经验。例如，幼儿观察青菜成长的时候发现菜叶上长满了洞洞，这些洞洞从哪里来的呢？因为幼儿感兴趣，于是他们经过问卷调查发现是青虫吃菜叶时留下的洞洞，于是幼儿商量如何保护菜叶。“保护菜叶”这件事本身就很吸引幼儿，因而能激发幼儿在接下来的活动中非常投入，并享受探究与解决问题的过程。儿童生活在个人接触显得十分狭隘的世界里，除非这种生活密切地和明显地涉及他自己的或者他的家庭和朋友的幸福，其他各种事物很难进入他的经验里。[①] 杜威的这段话充分表明儿童的内在学习动机和兴趣是由儿童自主决定的，只有与儿童生活密切相关的事物才能真正激发儿童探究的兴趣。适宜的自然体验活动一定是基于幼儿最初的兴趣和好奇心，因为幼儿感兴趣的事物是幼儿目前发展聚焦的核心与宇宙，自然体验活动顺应幼儿的兴趣，满足幼儿的探究本能与天性，并通过亲身体验进一步激发幼儿的探究欲望，让幼儿成为主动的学习者。这也符合杜威所强调的“抓住人性中的基本本能，并通过提供适当的媒介控制它们的表现，从而不仅促进并且丰富个别儿童的生长”[②]。

（二）注重真实的体验

美国学者大卫·库伯（David A. Kolb）把体验看作获取知识的方式。在库伯看来，获取知识有两种途径：一是具体体验，二是抽象体验。假如幼儿从未见过彩虹，怎样才能让幼儿真实看到彩虹的颜色呢？可以引导幼儿尝试制作彩虹，并亲眼观察彩虹的颜色，这就是具体体验。当然，幼儿也可以借助图片以及教师的语言描述来获取关于彩虹颜色的相关知识，这就是抽象体验。具体体验的过程中，体验者是运用多感官参与的，可以把所有的感觉、情感都融入真实的

① 杜威. 学校与社会·明日之学校[M]. 赵祥麟，任钟印，等译. 北京：人民教育出版社，2015：112.

② 杜威. 学校与社会·明日之学校[M]. 赵祥麟，任钟印，等译. 北京：人民教育出版社，2015：51.

情境中，而在抽象体验中，体验者是借助抽象符号，如概念、语言等获取体验的。

情感本身就是回忆的线索，与自我的关系越密切，学习者就越难以遗忘。[①]对处于前运算阶段的幼儿而言，具体体验方式显然更适宜他们。在自然体验的过程中，教师需基于幼儿的兴趣和经验，积极为幼儿体验创设情境与条件，让幼儿沉浸在情境之中体验生活中的美好，从情感角度激发幼儿参与自然体验的内在动机。

例如，在阅读绘本《环游世界做苹果派》时，幼儿被带入如何准备苹果派食材、如何制作苹果派的情境中。为了让幼儿真实感受与体验做苹果派，教师利用生活馆创设制作苹果派的场景，从食材准备到清洗食材再到制作苹果派，幼儿全程参与，每位幼儿都感受到制作苹果派带来的快乐。幼儿自然体验活动注重创设真实情境，以满足幼儿体验的需求，教师需要从幼儿经验出发，思考如何充分调动幼儿的多种感官参与，让幼儿获取直接经验。

所谓真实体验，不仅仅包括幼儿可以亲身参与、动手操作的物理空间，同时也包括开放的、包容的心理空间，也就是米哈里·契克森米哈赖（Mihaly Csikszentmihalyi）所强调的"流畅体验"（flow experience）。流畅体验能让人产生强烈的指向活动本身的内部动机，与行为主义的外部强化不同，内部动机对行为的驱动作用比外部强化的作用更为稳定和持久，能让人产生浑然忘我的状态。[②] 在这样的体验空间中幼儿才能真正被吸引，进而幼儿才能无拘无束地探究、自由大胆地提问，幼儿饶有兴趣的同时能专心致志、愉悦享受地进行探索。在这样的体验空间中，体验即学习、体验即生长。

（三）注重整体性学习

相较于幼儿园集体教学活动和区域活动，幼儿园自然体验活动更容易满足和实现整体性学习的需求。主要原因有以下几个。第一，幼儿园自然体验活动是在真实的情境中，也就是幼儿真实的生活中展开的。儿童的生活是一个整体，一个总体。他敏捷地和欣然地从一个主题到另一个主题，正如他从一个场所到另一个场所一样，但是他没有意识到转变和中断，既没有意识到什么割裂，更没有意识到什么区分。[③] 幼儿自然体验内容是在生活中或情境中遇到问题时自然展开的，而不是以教师主观预设学习某类知识而开展的。第二，幼儿园自

① SOUSA D A. 脑与学习[M]."认知神经科学与学习"国家重点实验室，脑与教育应用研究中心，译. 北京：中国轻工业出版社，2005：36-43.

② CSIKSZENTMIHALYI M，LARSON R，PRESCOTT S. The ecology of adolescent activity and experience[J]. Journal of youth and adolescence，1977(3)：281-294.

③ 杜威. 学校与社会·明日之学校[M]. 赵祥麟，任钟印，等译. 北京：人民教育出版社，2015：112.

然体验活动是追随某个问题而进行的持续性探究活动，在系列探究活动中必然会涉及幼儿各领域经验的综合运用。第三，幼儿园自然体验活动除了需要幼儿的认知经验的参与，也包含情感、合作性、社会性等能力的参与。第四，幼儿园自然体验活动不是零散的、片段式的，而是在教师的支持下，幼儿聚焦某个话题循序渐进地开展的探究活动。幼儿在探究过程中由浅入深地进行体验、感知、思考、探究与验证，在与同伴的交流与讨论、合作与尝试中获得各领域的整体性发展。

【案例 1-2】

在“蔬菜保卫战”的主题探究过程中，教师基于幼儿对菜叶上的洞洞非常感兴趣，通过儿童会议和家园调查菜叶上洞洞的来源。在了解了菜叶上的洞洞是因为青虫的原因后，“如何保卫菜叶不让青虫吃掉”成了幼儿自然体验活动聚焦的核心问题。教师设计了“了解保卫菜叶的方法—选择保卫菜叶的工具—制作保卫菜叶的药水—验证大蒜水的功效—收获青菜—品尝青菜”这一系列探究路径。幼儿在真实情境“保卫菜叶”中发现问题、提出疑问，在第一次制作驱虫药水失败后，没有气馁并尝试与小组合作制作大蒜水，在保护菜叶的过程中学会了坚持、合作，体验着收获青菜的快乐和满足。

幼儿在这样的自然体验活动中遇到的问题是生活中真实的问题，在解决真实问题过程中综合运用了各领域的知识和技能。幼儿的思维和探究是开放式的，同时也是整体性的，并不局限于某个领域。

（四）注重反思性思维

根据美国学者大卫·库伯的体验学习圈（experiential learning cycle）理论，个体在具体体验后需要进行反思观察和抽象概括，唯有此才能促进经验的应用与迁移。幼儿园自然体验活动之所以能促进幼儿经验的生长，同样也离不开体验后的反思。教师引导幼儿反思的方式不是生硬的解释，而是通过师幼对话、幼幼对话。杜威在论述“思考性的经验”（experience on reflective）时曾举例说，一个小孩把手指头伸进火焰里，仅是这样的动作并不构成经验。他要是把伸进火焰里的动作与被火灼伤的痛苦后果联系在一起，如此才算是得到了经验，他才知道把手伸入火焰里会被灼伤。也就是说，体验是个体为了寻求某种答案而进行的主动探究与尝试，体验并不构成经验的全部，个体只有经过观察、反思等一系列的承受活动才能形成持久的经验。幼儿自然体验活动的价值就在于此，因为幼儿的学习既需要知道事实性经验——手被灼伤，还要明白逻辑性经验内涵——火会灼伤人，明白事物之间的逻辑内涵后方可为以后，的探究或行为转变提供参考的依据，进而促进自身经验的生长。杜威一直重视反思性思维，甚至认为学习的本质即获得反思性思维。若缺少反思性思维，那么具体体验就会转瞬即逝；若缺少应用与迁移，那么通过反思性获得经验外延就仅停留于一处，体验活动就会失去应有的发展效应。

对于幼儿园教师而言，起源于英国早期有效教学法项目中的持续共享思维理论，便是实现上述自然体验活动发展效应的有效路径之一。而所谓持续共享思维，是指两个或两个以上的个体以智力的方式"一起工作"，来解决问题、澄清概念、评价活动、扩展叙述等。① 思维共享之所以强调持续性，是因为在整个话题活动中，儿童的思维是逐步向高阶思维发展的，共享的主体是多元的，可以是师幼共享，也可以是儿童同伴之间共享经验和观点。如在建构区为小鸡搭建新家时，关于"屋顶"就遇到了以下问题。

幼 1：我在建构区搭小鸡的家时，小鸡家的屋顶不好搭。

幼 2：我的小鸡家也是这个问题，屋顶没法全部盖起来。

师：因此，你认为小鸡家的屋顶可以是什么形状的呢？

幼 3：我看到过三角形的屋顶。

幼 4：我看到过尖尖的屋顶。

通过师幼共同探讨，儿童逐步解决小鸡家的屋顶，可以是平的，也可以是三角形的。在共享思维之前，幼儿对于小鸡家的屋顶的认识较为单一，也缺乏盖屋顶的经验。因此教师通过儿童会议、亲子活动等方式引导儿童收集关于屋顶的资料。开放性的问题能够鼓励儿童以个体的方式思考和回应，更有利于发展持续共享思维事件。② 只有开放性的问题才能打通体验、知识与经验之间的联系通道，只有持续性共享思维才能激发幼儿的反思、培养幼儿的问题意识与思维习惯。

教师通过巧妙提问帮助儿童思考并澄清屋顶形状与功能之间的关系，从而建立经验的结构，幼儿原先较为零散的经验才可以系统化，并与新经验建立联结。反思性思维可以帮助幼儿理解事物的本质与内在之间的联系，从而做出正确的判断与评价。唯有此，幼儿在自然体验活动中习得的认知经验才会持久与深刻。

---

① SIRAJ-BLATCHFORD I, SYLVA K. Researching pedagogy in English pre-schools[J]. British educational research journal, 2004, 30(5): 713-730.

② SIRAJ-BLATCHFORD I, MANNI L. 'Would you like to tidy up now?' An analysis of adult questioning in the English foundation stage[J]. Early years: journal of international research and development, 2008, 28(1): 5-22.

(五)注重核心素养的培养

2016年,我国教育研究会颁布了《中国学生发展核心素养》,中国学生发展核心素养以培养"全面发展的人"为核心,分为文化基础、自主发展、社会参与三个方面,其中具体包括人文底蕴、科学精神、学会学习、实践创新等六大素养。学前教育作为培养未来人才的基础教育,学前教育阶段什么样的核心素养才是应该重点培养的?这是每位幼教工作者都需要思考与回答的。特别是当下人工智能技术飞速发展,各项技术迭代日新月异,幼儿园如何通过当下的课程为我国培养适应未来社会的人才贡献自己的力量?

教育既需要关注已知,也需要关注未知,需要更具有"未来智慧"的视角,在复杂而又多变的世界努力培养人的好奇心、启发人的智慧、增进人的自主性和责任感,引导学习者积极地、广泛地、有远见地寻找有意义的学习。[①] 所谓未来智慧,意味着当下的教育一定是面向未来的。在充满变数的未来社会,自然体验活动既能满足幼儿个性化的学习需求,又能让幼儿在学习的过程中获得相关核心素养。个体只有对至关重要的、关键的核心内容与经验进行体验式的学习,才能获得核心素养。因此,自然体验活动是获得核心素养的有效途径,关注核心素养的获得与提升既是自然体验活动的目标,也是适应未来学习观的价值体现。

幼儿对其周边的生活充满无限好奇与想要一探究竟的本能。围绕着源于真实生活的活动内容,在教师循序渐进的引导下,幼儿积极主动观察、体验与探究,在不断地亲身体验中,运用判断、试错与反思等能力,不但满足充满灵性的内心发展需求,而且促进整体性发展,进而获得相应的核心素养。因此,自然体验活动才是有远见的、真正意义上的有效学习形式。

第二节　幼儿自然体验提出的背景

一、对当下儿童与自然界疏离的思考

根据布朗芬布伦纳生态系统理论可知,个体的发展处于微观系统、中间系统、外层系统和宏观系统的相互影响中。对于儿童而言,微观系统仅限于他们生活的家庭环境,中间系统主要是家人之间的关系、学校等,外层系统主要是社区、朋友、父母工作场所等,宏观系统主要是社会文化、传统等因素。随着信息

① 珀金斯.为未知而教,为未来而学[M].杨彦捷,译.杭州:浙江人民出版社,2015:16.

技术的发展,我们慢慢发现儿童处于深受信息技术影响的行列中。有关研究显示,电视机、手机等现代信息技术几乎遍布所有的家庭。相关研究表明,超过50%的美国家庭让电视机整天连续播放,即使在没有人观看的情况下,而这样的情况严重影响儿童语言习得和早期大脑发育。[①] 有儿童蓝皮书之称的《中国儿童发展报告(2019)》显示,无论上学日还是周末,儿童使用电子产品的时间都位居前三名。[②] 原本那么喜欢到户外玩耍的孩子们抵抗不住电子游戏、智能手机等现代电子产品的诱惑,牺牲了大量与同伴运动、游戏的时间,导致儿童与周边社区生活环境的互动时间大量减少。

当我们回忆起自己的童年时光时,是什么样子呢?春暖花开的时候,约上三五个小伙伴,一起在草地上开心地追逐、奔跑,在空旷的户外放风筝、野餐;炎炎夏日时,和小伙伴在水缸里玩水、在有凉风的弄堂里纳凉;瓜果飘香的秋季时,和好朋友将从田里挖出的红薯放在火上烤着吃;冰天雪地的寒假时,和好朋友堆雪人、打雪仗。我们对童年的记忆空间总是离不开小时候的附近,而现在儿童的童年空间是什么?现在儿童的童年生活正在被视觉体验充斥着,在电子屏幕前、在电子游戏中,而这种大量的充满刺激性的视觉画面会直接导致儿童形成一种脆弱的和易受伤害的自我认同。因为他们在游戏中扮演的是具有强大力量的虚拟人物,一旦离开电子游戏,儿童就会变得无所适从,不会面对对比强烈的现实。儿童也很难适应现实中自己的无能为力,进而也就导致儿童形成自我怀疑和自卑的、脆弱的人格特征。过去的教育经验一直告诉人们,儿童是在和外界相互作用的基础上发展的,儿童在空余时间通过运动、游戏等来获得身体发展的能量。如果儿童在空余时间过度使用信息技术,就会导致儿童慢慢养成久坐不动的生活习惯。长此以往,就会导致儿童的本体感觉系统得不到良好的发展,比如在肌肉的力量感方面,要么他们的力量太强但自身无法协调控制,要么就是软弱无力。为了让信息社会中的儿童健康成长,我们教育者急需寻找解决儿童面临的"自然缺失症"的方法,鼓励儿童走进自然,与自然亲密接触,重塑儿童与自然之间的互动关系。我们希望通过开展幼儿园自然体验活动,重新唤醒幼儿对周边自然环境的好奇与探究兴趣,让家长重新珍视大自然、大社会的教育价值。

---

① CHRISTAKIS D A, GILKERSON J, RICHARDS J A, et al. Audible television and decreased adult words, infant vocalizations, and conversational turns: a population-based study[J]. Archives of pediatrics & adolescent medicine, 2009, 163(6): 554-558.

② 任如意.幼儿园自然体验教育活动的设计与实施研究[D].石家庄:河北师范大学,2023:9.

二、对未来社会的回应

随着工业技术飞速发展，特别是信息技术的突飞猛进，有学者提出了第四次工业革命的论述。施瓦布在《第四次工业革命》一书中指出，第四次工业革命开始于21世纪初，其核心是“在数字革命基础上，互联网变得更加普及和无所不在，移动性大幅提高；传感器体积变得更小、性能更强大、成本更低；人工智能和机器学习开始显现”[①]。2016年，世界经济论坛把第四次工业革命定义为：集合物联网、3D打印、机器人、人工智能、大数据等融合技术发展的智能型信息物理系统，以及所主导生产的社会结构性变革。施瓦布认为第四次工业革命会重塑每一个行业，重塑人类的工作、联系、交流和学习的方式，重塑教育系统的结构和体系，会使世界更数字化、更互联、更灵活和更智能。[②] 可见，第四次工业革命将使人类的经济和社会生活方式产生诸多变革，这其中也包括传统教育模式的转变。为了更好地呼吁全社会、教育系统部门人员重视变革，让年轻人更好地适应未来社会的发展需求，世界经济论坛（World Economic Forum）于2020年1月发布了一份题为《未来学校：为第四次工业革命定义新的教育模式》的报告（简称《报告》）。《报告》提出了“教育4.0”的全球框架，即学习内容和经验的8个关键特征，如全球公民技能（global citizenship skills）、创新创造技能（innovation and creativity skills）、人际关系技能（interpersonal skills）、可及性和包容性学习（accessible and inclusive learning）、基于问题和协作的学习（problem-based and collaborative learning）、终身学习和学生自驱动的学习（lifelong and student-driven learning）等。《报告》不仅对每个关键特征进行解释，同时也列举相关实施的案例以供教育者思考，如对基于问题和协作的学习界定为“从基于过程的内容传递到基于项目和问题的内容传递，这需要同步协作，并更紧密地反映工作的未来”。基于过程的内容传递显然是过去传统的传授式、讲授式的教育方式，而基于问题的内容传递则是将学习内容整合到问题情境中，问题的解决方式开放、多元，引导学习者在开放、包容的情境中主动探究与验证，从而培养学习者的创新能力与探究品质。适应未来社会不仅需要转变学习内容和学习经验，同时也需要转变教育者、创新教学方式。《报告》提出了5种推动教育系统创新的教学方法，如游戏化教学、体验式教学以及具身化教学等（见1-2）。

---

① 施瓦布．第四次工业革命[M]．世界经济论坛北京代表处，李菁，译．北京：中信出版社，2016.

② HUDSON D. Value propositions for the internet of things：guidance for entrepreneurs selling to enterprises[J]. Technology innovation management review，2017，7(11)：5-11.

表 1-2 推动教育系统创新的教学方法

方法	概述
游戏化教学	游戏化教学是一种创造快乐体验的方法,包括自由玩耍、有引导地玩耍和游戏,使儿童通过积极思考和社会互动找到学习的意义
体验式教学	体验式教学是将内容集成到实际应用中的一种方法,包括基于项目的学习和基于探究的学习
与计算机有关的教学	与计算机有关的教学是一种支持解决问题的方法,使学生能够理解计算机是如何解决问题的
具身化教学	具身化教学是一种通过活动将身体融入学习过程的方法
多元文化教学	多元文化教学是一种注重语言多样性、多种使用和分享方式,并将学习与文化意识联系起来的方法

教育要面向未来,尽管我们无法准确预知未来社会具体是什么样子,但《报告》为我们培养未来人才以及未来学习、教学样态提出了具体的方向,面对未知与不确定性,我们需要思考当下需要做哪些准备,以便培养适应未来的人才。当前我国学校教育面向未来的变革尚处于建设初期,如何把《报告》中八大关键特征整合在日常的教育教学过程中,让学习者获得未来社会需要的核心素养,需要我们对当下的教育样态进行深入思考。

三、对当下幼儿园自然体验活动的思考

儿童是自然之子,儿童天生具有亲生命性。对于儿童而言,大自然是满足他们充满无限可能的好奇心的生活世界。有关研究表明,户外自然体验的多少,会影响儿童的身心健康与福祉、儿童对自然世界的理解关心以及儿童与社群之间的联系。① 自然游戏场地的可供性鼓励儿童进行体育活动,这将促进他们的大肌肉运动、身体平衡性、协调性和耐力的发展,有助于避免肥胖,同时儿童在户外自然场地上操作开放性材料时,他们的小肌肉运动技能也变得更加精细。② 也有大量研究表明,自然体验对儿童发展具有疗愈作用,对消极心理状态,如紧张情绪、注意力缺陷有弱化和缓冲作用,同时户外自然环境也有利于提升亲子沟通效果。③ 可见,自然体验活动对儿童的全面发展有着重要的价值和

① 付文中.儿童自然/户外体验及相关问题研究:基于美国学界的文献考察[J].山东青年政治学院学报,2019,35(6):54-60.

② WILSON R.幼儿园户外创造性游戏与学习[M].陈欢,译.北京:中国轻工业出版社,2023:12.

③ 张珂烨,左孟杰,耿柳娜.走进大自然:自然体验及其积极效应[J].心理科学,2021,44(6):1469-1475.

意义，而相较于其他的活动形式，自然体验活动更为儿童所喜爱与适应。

《3～6岁儿童学习与发展指南》针对科学领域的第一个发展目标就是“亲近自然，喜欢探究”，而幼儿园自然体验活动因在心理层面和行为层面对儿童的发展有着诸多的积极效应，其教育价值日益凸显，受到诸多一线幼儿园教师的青睐，已成为当下幼儿园实施课程的重要途径。特别是随着北欧森林学校教育思想传入我国，以及北美环境教育协会（North American Association for Environmental Education，NAAEE）提出的儿童早期环境教育的预期目标的流行，国内诸多幼儿园开始尝试开展形式多样的自然教育活动。尽管目前国内自然教育相关研究正逐步增多，但相较于欧美仍有较大差距，主要体现在：一是缺少教育部门的系统支持，如颁布有关自然教育的法规文件、将自然教育课程纳入课程体系。改造现有学校教育系统不可能一蹴而就，如何在学校教育系统中让学习者有充分的时间与空间在自然中学习成为当下学校实施自然教育面临的难题。二是缺少专业人士支持自然教育活动的开展，如植物学家、博物学家。目前流行的做法是让中小学生在学校教育之外去接受自然教育，如针对中小学生的各种外出研学计划①。这种自然教育形式因其仍然脱离学生的日常生活，且时间与深度都远远不够而受到批评②。三是缺少对自然教育活动专业的设计与实施路径。在学前领域，有关自然教育或自然体验教育的研究大都表现为一线教师的实践总结，开展的活动零散，尚未形成系统的理论分析与实施框架，同时鲜有幼儿园将自然教育活动作为幼儿园的主要活动模式。

幼儿园一线教师在具体的实施过程中面临诸多困惑，如自然教育的活动形式有哪些、自然教育活动设计策略有哪些。我们对园内教师就“幼儿园自然体验活动”进行问卷调查发现，有83.4％的教师愿意开展幼儿园自然体验活动，有76.3％的教师对开展幼儿园体验活动的方法不甚了解，有81.6％的教师希望获得开展幼儿园自然体验活动的具体策略和参考案例。因此，我们期望通过梳理幼儿园自然体验活动的源起及脉络，在深刻认识自然体验活动内涵基础上，彻底改造现有的幼儿园活动空间与课程活动样态，构建较为科学与系统的实践活动课程，为幼儿园开展自然体验活动提供专业的参考。

四、对幼儿学习本质的回归

教育部于2001年出台的《基础教育课程改革纲要（试行）》中明确提出：“倡

① 杨静，侯智勇．乡村振兴视域下乡村研学旅行产品开发研究：以老观镇为例[J]．四川旅游学院学报，2022(4)：43-48．

② 林青．短线研学旅行的产品开发困境与对策[J]．现代商贸工业，2021，42(23)：20-21．

导学生主动参与，乐于探究，勤于动手，培养学生搜集和处理信息的能力，获取新知识的能力，分析和解决问题的能力以及交流与合作的能力。”新一轮基础教育课程改革突出强调教师转变教学方式，注重学生的亲身经历学习。受此影响，学前教育领域越发重视幼儿的游戏、探究及操作活动的教育价值。2012年，教育部颁布的《3～6岁儿童学习与发展指南》明确强调，幼儿的学习方式是直接感知、实际操作、亲身体验，同时要加强对幼儿学习品质的培养，主动学习就包括其中。同时，五大领域也强调幼儿的直接经验，如科学领域首条目标就是“亲近自然，喜欢探究”。2022年印发的《幼儿园保育教育质量评估指南》再一次提出，教师要“充分尊重和保护幼儿的好奇心和探究兴趣，相信每一个幼儿都是积极主动、有能力的学习者”。可见幼儿的学习本质是在亲身参与体验的基础上，通过持续性探究与操作解决问题的过程，在这一持续性过程中，幼儿与环境交互作用并逐步适应环境。

在这样的背景下，体验式学习在我国基础教育领域开始受到人们的重视。国外关于体验式学习的相关研究始于1984年美国学者大卫·库伯提出的体验学习圈[①]，我国的相关研究和介绍始于2005年王灿明将体验学习介绍到国内，并对体验学习的源起、概念和特点进行了解读[②]。从界定的领域来看，体验学习的概念经历了从户外探险领域到认知领域再到情感领域的发展过程。起初，国外将体验学习应用到学校的户外探险活动中，关注学习者亲身参与与体验；后来人们逐步意识到学习者在动手实践的过程中可以促进认知经验的发展；之后，学者们认为在体验学习中个人的反思观察、抽象概括是不可或缺的，对学习的反思才是体验学习的关键。体验学习的价值就在于，学习本身既需要知道“此时此地”的事实(what)，还要明白“彼时彼地”如何(how)去用。[③] 体验学习的研究和实践看似只有数十年的历史，但并不是一个新的教育理念。“授人以鱼，不如授人以渔”“以身体之，以心验之”这些古语都道出了体验学习应有的状态。法国启蒙思想家卢梭提出的自然教育理念中的感官教育法，美国教育家杜威的“做中学”理论，瑞士认知心理学家皮亚杰提出的个体与环境相互作用，都是体验学习所倡导的。体验学习不是一种新的教学方法或教学模式，而是学习者面对充满不确定性的未来社会所需的能力。为了培养适应未来社会的青年，为了让幼儿从开端阶段就拥有这样的学习品质，我们当下急需探寻适宜幼儿学

---

① KOLB D A. Experiential Learning：experience as the source of learning and development[M]. Englewood Cliffs，NJ：Prentice-Hall，1984：23.

② 王灿明. 体验学习解读 [J]. 全球教育展望，2005(12)：14-17.

③ 严奕峰，谢利民. 体验教学如何进行：基于体验学习圈的视角[J]. 课程·教材·教法，2012(6)：21-25.

习本质的学习方式,回归到有关学习能力的研究和实践,并以此为转变幼儿园活动样态的切入口。通过对幼儿园自然体验活动的研究,让幼儿避免在端坐静听中压抑自己内在的天性,让幼儿远离"那种重复现成公式的假学习,结果只是毫无意义地反映出对于事实本身没有理解的一些符号罢了"[①]。幼儿园自然体验活动鼓励幼儿用自己独特的学习方式和自然互动,在亲密接触自然环境中探究与思考,满足幼儿"用缓慢的和可靠的自己发现"与周边生活相作用,进而构建属于自己的生活体验经验。可以说,体验学习的研究亦是回归幼儿学习本质的研究。

五、对核心素养的重视

社会技术浪潮的变革和发展对教育领域产生了直接影响,核心素养的提出便是适应这一变革的直接体现。国民的素质直接决定一个国家在国际社会上的核心竞争力。自 20 世纪 90 年代核心素养就成为全球范围内教育政策、教育实践、教育研究领域的重要议题,联合国教科文组织(UNESCO)、经济合作与发展组织(OECD)等国际组织相继构建学生核心素养框架。美国、新加坡等国纷纷从各自的国情和公民需要出发,提出了各有特色的核心素养框架体系。2002 年,美国对 21 世纪学生核心能力进行整合,并提出了《二十一世纪学习框架》,即"美国二十一世纪核心素养",主要包括"二十一世纪学生培养目标"和"二十一世纪支持系统"两部分。在该学习框架中提出的学习与创新素养"4C 模型"也有广泛的影响。"4C 模型"包括审辩思维(critical thinking)、创新(creativity)、沟通(communication)、合作(collaboration),涵盖素养发展的认知和非认知两个维度。新加坡政府为了培养适应社会发展的人才先后颁布了诸多的法律法规,基于建立"思考型学校和学习型社会"的教育愿景,核心素养的框架中提出了理想教育的目标:充满自信的人、能主动学习的人、能做出贡献的人和心系祖国的公民。我国对学生的核心素养研究起步较晚,2016 年受教育部委托,中国教育研究会颁布了《中国学生发展核心素养》,中国学生发展核心素养以培养"全面发展的人"为核心,分为文化基础、自主发展、社会参与三个方面,综合表现为人文底蕴、科学精神、学会学习、健康生活、责任担当、实践创新等六大素养(图 1-1)。

核心素养是学生在接受相应学段的教育过程中,逐步形成的适应个人终身发展和社会发展需求的必备品格和关键能力。[②] 相较于中小学,学前教育领域

① 杜威. 学校与社会 • 明日之学校[M]. 赵祥麟,任钟印,等译. 北京:人民教育出版社,2015:221.

② 林崇德. 中国学生核心素养研究 [J]. 心理与行为研究,2017(2):145-154.

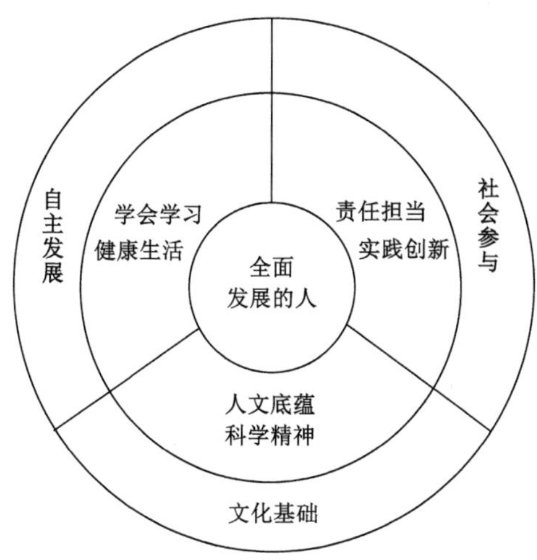

图 1-1　中国学生发展核心素养

对幼儿核心素养的研究比较滞后，但学前教育领域中对五大领域关键经验的研究、对幼儿不同学习形式的探究以及对幼儿学习品质的重视，也在一定程度上回应了核心素养改革的潮流。幼儿发展核心素养如何在幼儿园的一日生活中落实与体现，进而让幼儿适应充满不确定性的未来挑战，成为自然体验学习的研究背景之一。

第三节　幼儿自然体验的理论基础

一、自然教育理论

自然教育思想源远流长，我国从古至今都关注自然教育对学习者身心的影响。先秦思想家主张顺乎自然进行教育，老子主张“以万物之自然而不敢为”，孔子主张“因材施教”，便是依据学习者的“自然天性”进行教育。到了近代，教育家蔡元培提出了“尚自然”“展个性”的教育主张，它不仅借鉴了西方自然主义教育思想，吸收了儿童心理学和教育心理学的营养，而且在教学论上给予论证，使中国自然主义教育走向了科学、完善和成熟。[①] 中国学前教育之父陈鹤琴通过多年的实践与探索，总结出“大自然、大社会都是活教材”。陈鹤琴引导孩子们直接体验自然，利用自然环境体验、操作、团队合作，借助生活中的大自然环

① 黄立志.论中国自然主义教育思想[J].长春工程学院学报(社会科学版)，2001，2(4)：13-16.

境及资源开展适宜幼儿的教育活动。[1]

自然教育在西方源起古希腊。在古希腊时期,柏拉图、亚里士多德等已涉及有关自然教育的论述,但第一个从教育学高度提倡自然教育的是夸美纽斯。他提出教育的"自然适应性原则",其自然教育理念包括两层含义,一是教育要遵循自然界的"秩序",这个"秩序"不因人为而改变,人的发展以及教育活动都需遵循这一客观的、普遍的"秩序";二是依据人的自然本性和身心发展规律进行教育[2]。由于受到文艺复兴的影响,到了18世纪西方自然主义教育发生转变,由关注"客观自然"转向关注"主观自然",卢梭便是其中的代表之一。卢梭在《爱弥儿》中写道:"在万物中人类有人类的地位,在人生中,儿童期有儿童期的地位。所以必须把人当人看待,把儿童当儿童看待。"[3]卢梭发展了夸美纽斯的自然适应性原则,其自然教育的核心内容,即教育要顺应自然,遵循儿童天性,他强烈抨击当时违背儿童身心发展规律、束缚儿童天性的封建教育。教育的自然适应性原则到了19世纪,经由第斯多惠的发展,在教育学中得到了空前的重视。第斯多惠认为教育不仅仅要适应儿童的自然天性,同时也要研究儿童的心理、儿童所处的社会文化环境,教育需要遵循儿童不同的年龄阶段以及文化背景。在教育中,必须注意一个人出生或将来生活所在的地点和时间的条件,一句话,要注意就其广义和包罗万象的意义来说的全部现代文化,特别是学生祖国的文化。[4] 第斯多惠的自然主义教育思想不仅对儿童发展有着重要的影响,同时也指明了在教育实践中要处理好儿童天性与外部社会文化之间的关系。加德纳(Howard Gardner)的自然智能是当下西方自然教育的代表,他在《重构多元智能》一书中提出生存智慧和自然智能。拥有高自然智能的人往往更能适应自然,有兴趣探索自然,而且也更有可能注意到自然中存在的模式和联系。[5] 因此,为了促进儿童自然智能的充分发展,儿童需要经常与自然环境亲密接触,在体验真实的自然环境中收集与摆弄自然材料,观察与探究不同种类的植物、动物,并亲身参与到种植、饲养等自然环境中。

幼儿的自然体验活动与自然教育理念有着密不可分的联系。

首先,自然体验活动满足幼儿亲近自然的天性。从上述自然教育思想的发展进程来看,自然教育思想非常强调自然适应性原则,其内涵是不只适应儿童

① 朱家雄.幼儿园课程[M].上海:华东师范大学,2003:304.

② 夸美纽斯.大教学论[M].傅任敢,译.北京:人民教育出版社,1957:217.

③ 卢梭.爱弥儿论教育[M].李平沤,译.北京:商务印书馆,1996:5.

④ 张焕庭.西方资产阶级教育论著选[Z].北京:人民教育出版社,1979.

⑤ Ruth W.幼儿园户外探索与学习[M].邹海瑞,廖宁燕,等译.北京:中国轻工业出版社,2022:8.

所在的社会文化环境，而且要遵循儿童的天性。从进化史角度来看，人类依靠自然而生存下来，对有益的并能发挥作用的环境具有本能的亲和力。[①] 这种亲和力在儿童身上直接表现出其具有强烈的好奇心和接触生活中自然物的内在需求，具体表现为以下两点：一是喜欢在自然环境中探究。儿童具有敏锐的观察能力，一棵树、一片树叶、一只虫子，对于儿童来说都充满着无限的奥秘与新奇；自然的草坪、松软的泥土和充满挑战的山洞，都会激发儿童一探究竟的兴趣。二是热爱小动物。自然中提供了丰富的、相互联系的多样性物种，小动物最受儿童喜爱。“为什么蜜蜂会嗡嗡地叫”“为什么鸡蛋里藏着小鸡”“小蚂蚁是怎么搬家的”，诸如此类的问题成了学前阶段儿童最关注的话题。虽然儿童可能不清楚所有问题的答案，但正是这种提问的行为可以有效培养儿童在自然环境中自主观察与学习的能力。因此，将儿童是自然之子的理念落实在实际的教育活动中，既能满足幼儿发展需求，又能延展自然教育的内涵。

其次，自然教育理论可以为幼儿的自然体验活动提供理论和实践指导。如果说前期的自然教育理念对于教育者仅是观念上的启蒙，那么杜威的自然教育理念对当下幼儿园开展自然体验活动则有着诸多的指导价值。杜威认为经验发生是关乎自然且发生在自然以内的，也就是说儿童的经验获得是在个体的尝试、操作等具体行动中，儿童体验到具体行动所带来的后果，这样的过程即是经验。经验的参与是幼儿自然体验活动不可缺少的因素，因为经验不仅能够帮助幼儿深度参与自然体验活动，而且能够引导幼儿明确自己行为的后果，并通过观察、操作等方式提升自然体验的有效性。因此，自然教育理念是开展幼儿自然体验活动的基石，亦是推动幼儿自然体验活动的催化剂。

二、体验学习理论

体验学习(experiential learning)最初来自杜威的“经验学习”。经验是实用主义哲学的核心概念，经验包含一个主动的因素和一个被动的因素，这两种因素以特有的形式结合着，其中主动因素就是体验、被动因素就是承受。“经验的刺激促进意义的形成，意义(观念)又进一步指导刺激(行动)，其中必然介入观察与判断，人类才能从盲目的刺激中发展到高度成熟的目标行为。”[②]可以说，体验是个体为了寻求某种答案而进行的主动探究与尝试，体验并不构成经验的全

---

① KELLERT S R. Building for life：designing and understanding the human nature connection[M]. Washington. DC：Island Press，2005：14.

② KOLB D A. Experiential learning：experience as the source of learning and development[M]. New Jersey：Prentice-Hall，1984：23.

部，个体只有经过观察、反思等一系列的承受活动才能形成持久的经验。20世纪80年代，美国学者大卫·库伯整合了杜威、勒温和皮亚杰等人的学习思想，系统地提出了体验学习圈(experiential learning cycle)理论，把体验学习分为具体体验(concrete experience)、反思观察(reflective observation)、抽象概括(abstract conceptualization)和主动检验(active experimentation)四个阶段。其中，具体体验指通过感官从客观世界中获取各种经验感悟；反思观察是对已获得的体验进行分析、反思和评价；抽象概括是对观察反思结果进行总结，获得相应的理论或模型；主动检验是将这些理论假设应用到新的情境中去进行检验。库伯认为体验学习是一个四阶段螺旋上升的循环过程，所有的学习都是崭新的学习。因此，它有一个不变的定义特征：以直接经验和反思为基础进行学习。[①]根据体验学习圈理论，体验学习重视学习者在体验中的学习、重视学习者的反思与应用、强调学习者多元的体验学习方式。

首先，重视学习者的具体体验。人类知识的获得有两种方式，分别是具体体验与间接体验。在传统的学校教育中，具体体验和间接体验是二元对立的。而体验学习理论主张知识是通过具体体验而获得的，反对把抽象经验直接灌输给学习者。某种程度上，自然体验是基于幼儿真实体验的活动，这就类似于一个想知道橘子味道的人，让吃过橘子的人告诉他橘子很酸，但对于一个从未吃过橘子的人而言，他不可能理解橘子的酸究竟是何味道，因为他没有亲身吃过橘子。因此，对于一个没有亲身经历或缺乏相关经验的人而言，在多数情况下无法理解别人口中的各种"滋味"，唯一的办法就是给予他具体体验。情感本身就是回忆的线索，与自我的关系越是密切，学习者越是难以遗忘。[②]学习者的亲身体验不仅调动了其多种感官，如视觉、触觉、味觉等，同时真实的情境也触动了学习者的自我，这比单一的间接体验更能给学习者留下深刻的记忆。

其次，重视学习者的反思应用。体验学习重视直接经验对个体学习的影响，同时也强调体验学习不仅仅只重视直接的、具体的体验本身，更重视通过体验后个体的反思与抽象概括能力的培养。具体体验虽然能为学习者提供丰富、直观的感受，但如果在具体体验之后学习者未能进行及时的反思与概括，那么具体体验的感受就会随之丢失，因为具体体验是即时的。只有经过学习者的反思与概括，通过具体体验获得的感受才能转化为理性的经验并纳入学习者的知识结构中。而幼儿的自然体验活动也强调体验后的反思与概括，通过儿童会

① 庞维国.论体验式学习[J].全球教育展望，2011，40(6)：9-15.

② DAVID A S.脑与科学[M].“认知神经科学与学习”国家重点实验室，脑与教育应用研究中心，译.北京：中国轻工业出版社，2005：36-43.

议、表征记录等方式引导幼儿对自然体验活动中的问题及解决策略进行回溯，并将解决问题的办法迁移到其他的情境中进行验证。

最后，强调学习者多元的体验学习方式。库伯把学习者在获取和加工信息时所偏爱的方式称为学习方式（又称为学习风格），主要有以下四种基本学习方式：发散学习、同化学习、辐合学习与顺应学习，它们与体验学习圈中所描述的能力有关。在体验活动中，教师应该基于不同学习方式设置不同的体验内容以满足学习者多元的体验学习方式。在幼儿的自然体验活动中，幼儿也需要采用不同的学习方式来面对不同的自然体验情境。比如在幼儿无法独立完成复杂任务或解决复杂问题时，幼儿可以借助与同伴合作、模仿同伴、寻求帮助等方式解决真实情境中的复杂问题。

三、建构主义理论

建构主义（constructivism ）是兴起于 20 世纪 80 年代的学习理论，其作为认知心理学派的一个重要分支，最早由瑞士心理学家皮亚杰提出。建构主义作为一种思潮，它包含了多种理论观点，其中皮亚杰的个人建构、维果茨基的社会建构对教育领域的影响颇深。皮亚杰在《发生认识论原理》一书中指出，认识起因于主客体之间的相互作用，这种作用发生在主体和客体之间的中途，因而同时既包含着主体又包含着客体。[①] 也就是说，个体与外在的个体相互作用才能产生认识，这也是个人建构主义的萌芽。维果茨基作为社会文化历史学派的代表，他认为个体的学习与成长是一定社会文化历史背景下进行的，社会文化对个体的发展有着重要的影响，并提出最近发展区理论。尽管建构主义存在诸多解释性理论，但对于何为知识、何为学习以及教学有着共性的阐释。根据建构主义理论，学习是个体积极主动与外在客体相互作用，并自主建构的过程，强调个体的自主性，建构主义可以从学习环境、学习过程、学习自主性等角度对幼儿自然体验活动进行深度诠释。

一是幼儿自然体验活动离不开创设适宜的体验环境。有学者指出建构主义的学习环境包括四大要素：情境、协商、会话与意义建构[②]。幼儿自然体验活动离不开适宜的环境影响，除了能够让幼儿真实感知的情境外，幼儿与同伴、幼儿与教师之间的关系更为重要。民主温馨的师幼关系是高质量幼儿自然体验活动的必要条件，也是推动幼儿主动建构经验的外部条件。由于幼儿自然体验活动通常发生在真实且充满挑战的环境中，因而想要进一步提升幼儿探究兴

① 皮亚杰．发生认识论原理［M］．王宪钿，等译．北京：商务印书馆，1981：16-21．

② 何克抗．建构主义——革新传统教学的理论基础［J］．电化教育研究，1997（4）：25-27．

趣,促进幼儿经验的建构,那么就需要教师在幼儿体验活动后引导幼儿与同伴对话、与成人对话,协调幼儿与他人沟通与合作来帮助幼儿深度理解、掌握复杂经验。

二是幼儿自然体验是积极主动体验的过程。体验的意义就是个体与环境、个体与他人交互作用的过程,在这个过程中体验不是成人强加给幼儿的,而是幼儿基于自己原有的知识经验,用自己的方式去感知与感受外在环境。自然体验中的“自然”不仅包括其物质属性,即指外在的自然环境,还包括生理属性,即幼儿的身心发展规律。幼儿自然体验活动强调以幼儿为中心的体验氛围,在尊重幼儿的年龄特点和个性差异的前提下,创设适宜的体验环境,让幼儿通过体验进行有意义学习,满足自身发展需求的同时建构自身经验。

三是幼儿自然体验活动强调深度体验。建构主义理论强调学习者是知识、意义的主动建构者。[①] 这样的学习观与自然体验所提倡的自主性体验过程、深度体验是不谋而合的。因为在体验过程中,个体除了亲身体验之外,还需要反思、归纳自己的体验过程,在反思与归纳的过程中,幼儿在新旧经验之间建立联结,进而更好地系统掌握知识。同时,自然体验活动不仅是一种积极主动体验的活动,也是探究性的系列活动,更是一种需要多种思维参与的学习活动,其目的就是借助自主且有深度的体验活动来实现幼儿的有意义学习,并把建构的经验灵活迁移到其他环情境中,验证假设、解决问题。因此,从建构主义的学习观角度来看,幼儿园自然体验活动是以幼儿为主体的具有自主性、探究性和具备一定深度的探究性活动。

四、人类发展生态学理论

人类发展生态学理论是布朗芬布伦纳在 1979 年出版的《人类发展生态学》一书中首次提出的。他认为人类发展生态学是“对不断生长的有机体与其所处的变化着的环境之间相互适应过程进行研究的一门学科,有机体与其所处的即时环境的相互适应过程受各种环境之间的相互关系,以及这些环境赖以存在的更大环境的影响”[②]。人类发展生态学中的“环境”,指的是体验到的、对人发展产生影响或受人发展影响的“事件或条件”[③]。按照与个体互动的频次及密切程度,依次向外扩展成以下四级:小系统(microsystem)、中间系统(mesosystem)、

① 莫雷,张卫,等.学习心理学[M].广州:广东人民出版社,2005:138-142.

② URIE BRONFENBRENNER. The ecology of human development[M]. Cambridge, Harvard University Press, 1979:21.

③ 郝萍瑞.人类发展生态学视野下幼儿园区域活动研究[D].桂林:广西师范大学,2008:27.

外系统(exosystem)和大系统(macrosystem)(图 1-2),其中小系统主要包括与幼儿直接接触的一切外部因素,如幼儿园及家庭的环境情感关系、同伴关系等;中间系统包括家园之间的相互关系及联系,对幼儿来说,由于家庭和幼儿园是幼儿最常接触的两个小系统,因此,这两个小系统间的关系便构成了幼儿的一个重要中间系统;外系统主要包括家长自身资源及幼儿园教师自身素养等;大系统较为宏观,主要包括社会文化及习俗因素。作为一种专门研究环境与人类发展相关的理论,人类发展生态学理论关注儿童与外界环境相互影响的机制,关注儿童真实的生活及影响生活的因素。

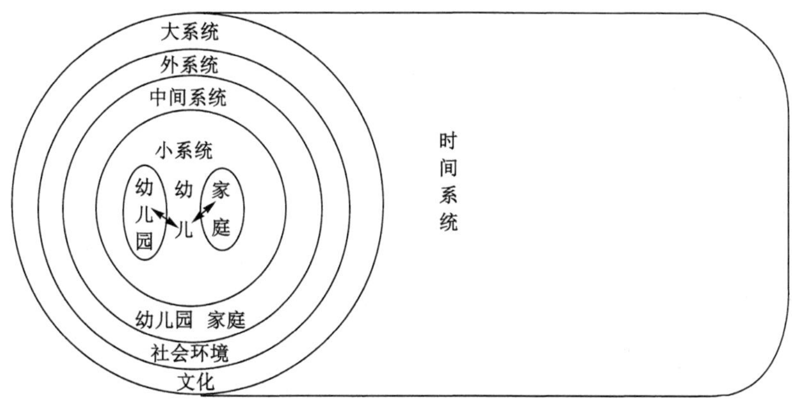

图 1-2　人类发展生态系统图

首先,人类发展生态学理论强调个体发展受到环境的影响。儿童的发展是与环境相互作用的结果,在幼儿园这样的小系统中,师幼关系、同伴关系、民主文化等对幼儿发展有着重要的影响。同样,在幼儿自然体验活动中,幼儿不仅仅与物理环境相互作用,还受到心理环境的影响,如在宽松与和谐的心理环境中,幼儿可以大胆猜想与探究,不怕犯错,也愿意在集体面前大胆表达自己的看法、不断地和他人沟通与讨论进而碰撞出思维的火花,加深了体验的成效。相反,在充满紧张的心理环境下,幼儿自然体验活动的成效不尽人意,幼儿也无法大胆试错。幼儿自然体验中对心理环境的要求,恰巧与人类发展生态学习理论中小系统的重要性具有内在一致性。

其次,在幼儿自然体验活动中重视教师及家长的引导来扩展及延伸自身的知识经验,借助与生活中的自然资源、社会文化等因素的互动来促进自身的认知与理解。特别是在幼儿自然体验活动后,需要教师及时组织幼儿进行讨论与交流,并通过材料支持、环境创设等途径支持幼儿继续自然体验活动。引导幼儿采用多元表征的形式,如儿童海报、思维地图、儿童摄影等可视化的思维工具,支持幼儿进行深层的自然体验,进而提升自然体验活动的质量与深度。根据人类发展生态学理论可知,家园、社区之间能否形成支持幼儿发展的有效机制,对幼儿的发展有着至关重要的影响。如果家园及社区之间保持良好的沟通、教育步调一致,那么幼儿自然体验活动的成效会大大提升,并能延伸到幼儿家庭生活与社区生活中。同时,亲子类的自然体验活动也是促进幼儿积极参与自然体验活动的有效途径之一。这就需要家园和社区之间的相互携手,在充分利用社区的自然资源、文化资源的基础上开展多元活动。

总之,人类发展生态学理论能为幼儿自然体验活动的开展提供更多有意义的启发,不仅强调体验环境的重要性,还能为教师与家长指导幼儿参与自然体验活动指明方向,从而为幼儿获得高质量的、深层的自然体验活动创造条件,为幼儿自然体验活动奠定基础。

第四节　自然体验活动对幼儿发展的意义

就像马斯洛在20世纪60年代末写的那样,人类对自然的兴奋和兴趣是一种生物学意义上的本性,与自然、与自然其他生命的亲近可以说是最美妙的体验。[①] 人类有着亲近其他生命的本能,正是这种与生俱来的倾向,使得自然在人们的生活中占据重要的地位,并在一定程度上促进人们身心健康的发展。在学校教育中,自然的重要性同样举足轻重。

美国学前教育专家指出:“当儿童置身于大自然和自然物品之中时,他们就会受益无穷。”[②]《3～6岁儿童学习与发展指南》明确指出让幼儿亲近自然这一要求,亲近自然是一种自然情感的体现,也是一种对周围自然环境归属感与认同感的体现。但随着世界城市化的推进,儿童与自然的距离越来越远,他们的户外游戏空间不断缩小,儿童活动室内化、电子化的现象日益突出。美国作家理查德·洛夫在其著作《林间最后的小孩》中提出了“自然缺失症”这一概念,即现代城市儿童与大自然的完全割裂,或某种对大自然的迷惘、疏离和渴望的感情。但是“自然缺失症”并不是一个生理上的疾病,而是指在现代社会中儿童与自然的长期疏离,从而表现为对外界事物反应迟钝、注意力不集中、生理和心理疾病高发等,“自然缺失症”概念的提出为我们提供了一个新的视角去审视现代

① MASLOW A. The farther reaches of human nature[M]. New York: Viking, 1971: 16.

② CONDIE W. Connecting young children with nature[J]. Teaching Young Children, 2014, 8(1): 25.

生活中儿童与自然的关系。[①] 幼儿园是对幼儿实施德智体美等全面教育的场所，而在大自然的环境中幼儿不仅能够亲身体验到真实自然环境带来的各种感官运用和挑战，而且能在深入体验的过程中获得知识与技能的发展。可见，开展自然体验活动在当下幼儿园是不可或缺的。

一、在自然体验中建立情感联结，促进幼儿身心健康发展

（一）促进幼儿身体健康发展

自然和身体健康关系相关研究主要集中在生理健康方面，包括促进幸福感、改善心血管疾病、增加预期寿命、控制肥胖、改善生育状况，以及改善总体健康状况等。[②]

在自然体验的环境中，幼儿通过攀爬、跑、跳、抓、握等各种动作的练习，使得身体大小肌肉和关节得到了锻炼，促进了身体发育，并提高运动和平衡能力。例如，晴天时幼儿玩追影子游戏，可以练习跑步；在种植活动中，幼儿通过拔杂草、翻土等活动可以锻炼手部精细动作以及手臂的大肌肉力量等。有关研究证明，对幼儿身体健康起直接作用的要素是树木、自然区域及粗糙地面等[③]，户外运动可以促进儿童的循环系统发育以及保持内分泌系统的协调，有氧呼吸可以促进幼儿肺活量的提高。同时，教师通过日常生活渗透让幼儿知道了春天、秋天是一些疾病的高发季节，带他们掌握了一定的保健知识，在季节转换时幼儿的感冒生病现象也会有所减少。开展蔬菜、水果的种植以及采摘、收获果实等相关活动，增加了幼儿的营养知识，使他们对每天的餐点营养更感兴趣，从而减少幼儿的挑食行为，促进幼儿的营养均衡，进而促进幼儿的身体健康发展。

（二）促进幼儿心理健康发展

自然环境可以提高幼儿的抗压能力，减少焦虑，并可提高自律性及增强自信心[④]；如果缺少自然体验活动，则易出现运动技能障碍并表现出较差的社交行为[⑤]。美国学前教育专家指出："当儿童每天接触大自然时，他们的社会性、心

---

① 徐凤雏.重建儿童与自然的联结：自然体验教育的理论与实践研究[D].武汉：华中师范大学，2020：69.

② 黄宇.自然体验学习[M].上海：上海教育出版社，2021：76.

③ CHAWLA L. Benefits of nature contact for children[J]. Journal of planning literature，2015，30(4)：433-452.

④ WELLS N M，GARY W E. Nearby nature：a buffer of life stress among rural children[J]. Environment and behavior，2003，35(3)：311-330.

⑤ SAMBORSKI S. Biodiverse or barren school grounds：their effects on children[J]. Children，youth and environment，2010，20(2)：67-115.

理、学业和身体健康等方面都会受到积极的影响。”[①]例如,教师带领刚入园的幼儿进行户外自然体验,能有效缓解他们的入园焦虑,帮助幼儿顺利度过入园适应期。在进行探秘小鸡活动时,幼儿不仅学会了为小鸡添水、喂食、收拾笼子,还为小鸡取了名字,把照顾小鸡当作一件很自豪的事情。他们表现出了更多对动物的喜爱与亲近,从开始讨论小鸡到探秘小鸡的新家,逐渐延伸到“所有小动物都是我们的好朋友”。幼儿对周边事物的归属感在自然体验活动中获得了长足发展,他们不仅变得更为亲近、热爱自然了,还在照料动植物、完成各项活动时收获了快乐、满足等积极情感体验。最新研究表明,在自然的环境中,植被可以阻挡城市喧嚣、带来宁静感,从而缓解日常生活的压力。例如,经常在大自然中能自由自在玩水的幼儿,更具有低焦虑的、愉悦的心理体验。与此同时,一些研究者将“因水而定义其存在”的环境称为蓝色空间(如河流、沿海环境),并证明其有利于个体的身心健康和社会福利,因为部分水域呈现出的蓝色也是一种低唤醒和被高度偏爱的颜色。[②]

综上所述,自然体验活动对幼儿身体健康发展的意义是多方面的,包括增强体能、促进身体健康和发育等。自然体验活动对幼儿的心理健康也具有多方面的积极影响,这些活动有助于减轻幼儿的压力和焦虑,提升他们的情绪和幸福感。因此,鼓励幼儿参与自然体验活动对他们的心理健康和全面发展至关重要。

二、在自然体验中深度探究,促进幼儿经验的生长

(一)培养同伴间协作能力

在大自然中自由自在地玩耍与撒欢是童年阶段应有的生活样态。当儿童置身于大自然中,犹如置身于充满各种不确定与挑战的游戏场中,需要与同伴密切合作方可完成任务,大家相互合作与探究、互帮互助。面对遇到的困难,幼儿逐渐地学会与同伴协商、寻找解决问题的办法。同伴间的交往需要在宽松的、自主的空间中进行,而在自然体验活动中,得天独厚的自主活动空间恰好能满足幼儿之间的互动需求。一方面,幼儿身在大自然中,处处充满了新奇与发现,幼儿迫切需要与同伴分享、交流自己的发现;另一方面,在开展自然探究中,幼儿需要与同伴团结协作、分工探究自然问题与现象,相较于室内,在自然体验中更适宜培养幼儿与同伴的合作能力。

---

① 李生兰.美国学前教育机构崇尚自然的教育及启示[J].比较教育研究,2017(10):97-105.

② 张珂烨,左孟杰,耿柳娜.走进大自然:自然体验及其积极效应[J].心理科学,2021,44(6):1469-1475.

（二）促进观察力与注意力的发展

美国心理学家加德纳提出了自然观察智能（naturalistic intelligence），即认识植物、动物和其他自然环境的能力。在自然体验活动中，要求幼儿对自然环境进行细致的观察，这不仅能锻炼他们的观察能力，还能培养他们的注意力。例如，在观察昆虫时，幼儿不仅需要仔细观察昆虫的外形、行为等，还需要观察昆虫的身体细微之处，如翅膀的颜色、条纹、足部的绒毛等，这要求他们保持较长时间的注意力集中。根据注意力恢复理论，恢复定向注意力效果的景观具有四个要素，分别是广度（extent）、远离（being away）、吸引力（fascination）和兼容性（compatibility）①。显然，相较于其他的环境幼儿在自然体验活动中与自然环境互动就使用了无意识注意力，从而使得定向注意力的神经机制得到休息，促进幼儿有意注意力的恢复。

（三）培养深度学习能力

人的心智需要感官和知觉形成对世界的认知整合、判断与推理，人们如果没有对大自然真实的认知，没有与自然的亲密接触，没有在自然中探索、体验的经历，感觉和知觉都将受到影响。② 非结构化、充满各种不确定性的自然体验活动往往伴随着幼儿对自然现象的解释和探索，这需要幼儿不断进行思考、探究、猜测与验证，在这样一系列的活动中幼儿的深度学习得以发生。所谓深度学习，就是指幼儿在较长的时间内围绕富有挑战性的话题，全身心地积极投入，以及通过与同伴间的合作与探究，运用高阶思维迁移已有经验，最终解决实际问题的有意义的学习过程。③ 可见，在充满自主与宽松的自然体验活动中，幼儿的深度学习更易发生，因为自然体验活动中常常会出现各种问题和挑战，如如何保护自然环境、如何观察昆虫等。这些问题和挑战能够促使幼儿进行思考和实践，从而培养他们的问题解决能力。同时，自然体验活动还可以丰富幼儿的科学知识和经验。通过接触自然、观察现象，幼儿能够了解到许多科学原理和知识，如植物生长的过程、动物的习性等。这些知识和经验能够为幼儿未来的学习打下坚实的基础。在自然体验活动中，教师可以通过引导幼儿观察、实验等方式，让幼儿亲身体验科学探索的过程。例如，在种植活动中，幼儿可以亲手种植植物并观察其生长过程，从而了解到植物生长需要阳光、水分和土壤等条件。这种亲身体验的学习方式能够让幼儿更深刻地理解科学原理和知识。

---

① 黄宇．自然体验学习［M］．上海：上海教育出版社，2021：78．

② 张气，肖巧玲．自然体验式生态教育之实践［J］．福建基础教育研究，2016(2)：114-115．

③ 叶枝平，等．幼儿深度学习课程设计与实施［M］．北京：教育科学版社，2022：10．

【案例 1-3】

在“小鸡‘蛋’生记”的主题探究过程中,如何才能成功孵出小鸡成了幼儿自然体验活动聚焦的核心问题。在一次三周左右的孵蛋经历中,幼儿焦急地等待小鸡破壳而出的时刻,但是等了一个月孵蛋器还是没有任何动静。于是围绕“怎样才能知道鸡蛋里的变化”展开了讨论。

幼 1:我奶奶说不是所有的蛋都能有小鸡出来的。

幼 2:对的,好像鸡蛋里面有线的才能孵出小鸡。

幼 3:那我们怎样才能看到鸡蛋里面的线呢?

幼 2:我妈妈在网上查了,说可以用手电筒照照鸡蛋,就能看到鸡蛋里面的线了。

幼儿围绕“查看鸡蛋内部的方法—选择工具—选择鸡蛋—继续孵蛋—照顾孵蛋器”等系列探究路径,在真实“孵蛋”情境中发现问题、提出疑问,在第一次孵蛋失败后没有气馁并尝试与小组合作,借助工具选择可以孵出小鸡的蛋,在遇到问题、解决问题的过程中学会了坚持、合作,体验着科学探究的快乐和满足。

三、在自然体验中感受生态关系,萌发关爱环境的意识

我们在要求儿童拯救地球之前,要帮助他们学会热爱地球,对他们进行与其发展相适宜的自然教育。[①] 在幼儿享受大自然带来的多元体验时,教师也要思考如何培养幼儿具备自然责任感和生态行为能力。有调查研究显示,环境经历对学生环境行为的影响具有普遍性,其作用机制比较稳定。[②] 自然体验活动有助于培养幼儿关爱自然环境的意识。自然体验活动是一种亲身体验式的实践活动,幼儿能够亲身参与各项活动,并在活动中探究与思考,从自然中收获、在自然中成长,这种未经雕琢的朴素的实践与体验更能激发幼儿热爱自然环境的情感,并促进幼儿进一步养成关爱自然环境的行为习惯。在自然体验活动中,幼儿在对问题深入性、持续性探究的过程中,逐步形成与自然现象、自然环境和谐相处之道,关爱自然中的一草一木的情感萌芽,并初步树立起保护生态环境的理念,种下一颗热爱自然、关爱环境的种子。

---

① 李生兰.美国学前教育机构崇尚自然的教育及启示[J].比较教育研究,2017(10):97-105.

② 孙裕钰,黄雯倩,陈昌文,等.中学生环境行为影响因素的规律性探讨[J].基础教育,2018(3):20-26.

四、在自然体验中感受社会文化，产生社会文化认同感

根据社会历史文化学派的理念，社会文化对个体发展的影响无处不在，文化赋予个体建构世界甚至是建构自我的能力。陈鹤琴指出，大自然、大社会都是活教材。社会文化资源也是幼儿园自然体验活动的资源，开展自然体验活动不仅能让幼儿亲身体验到文化的有趣与新奇，也能让幼儿在沉浸式的活动中对家乡文化产生认同感。例如，大班自然体验主题活动“制作龙须酥糖”。龙须酥糖是苏州山塘街当地的一种著名小吃，幼儿每次走进山塘街都被龙须酥糖的制作过程深深吸引，想自己动手做龙须酥糖。经过亲子调查，幼儿了解到制作龙须酥糖需要以麦芽糖作为材料，那么麦芽糖是从哪里来的呢？如何借助小麦苗来制作麦芽糖？在解决一系列问题的过程中，幼儿从小麦种子选取—培育麦苗—制作麦芽糖—制作龙须酥糖，在发现问题、积极探究中真实体验到制作龙须酥糖的趣味与喜悦，并进一步对山塘街的文化元素产生了更多的好奇。

自然体验活动的开展建立在幼儿对周边的自然场所、文化场所有着充分的感知并产生深厚的情感基础上，而幼儿在自然体验活动中的探究与思考又进一步促发其自身对自然环境的特定情感。这样的情感不仅支持幼儿对自然环境和社会文化深度的发现与探索，而且也在某种程度上引发幼儿热爱自然环境和社会文化。

第二章 幼儿园自然体验课程的设计架构

从宏观层面上看,本章内容综合了自然主义教育理论、体验式学习理论、深度学习理论以及整合性学习理论,从设计理念、设计原则、课程目标、课程内容、课程实施路径这五个方面出发,构建幼儿园自然体验教育活动的整体框架(见图 2-1),意在为当下幼儿园开展自然体验活动提供启示与思考,使得一线教师能基于本章内容有效开展自然体验活动,同时探索出更多的开展幼儿园自然体验活动行之有效的实施策略。

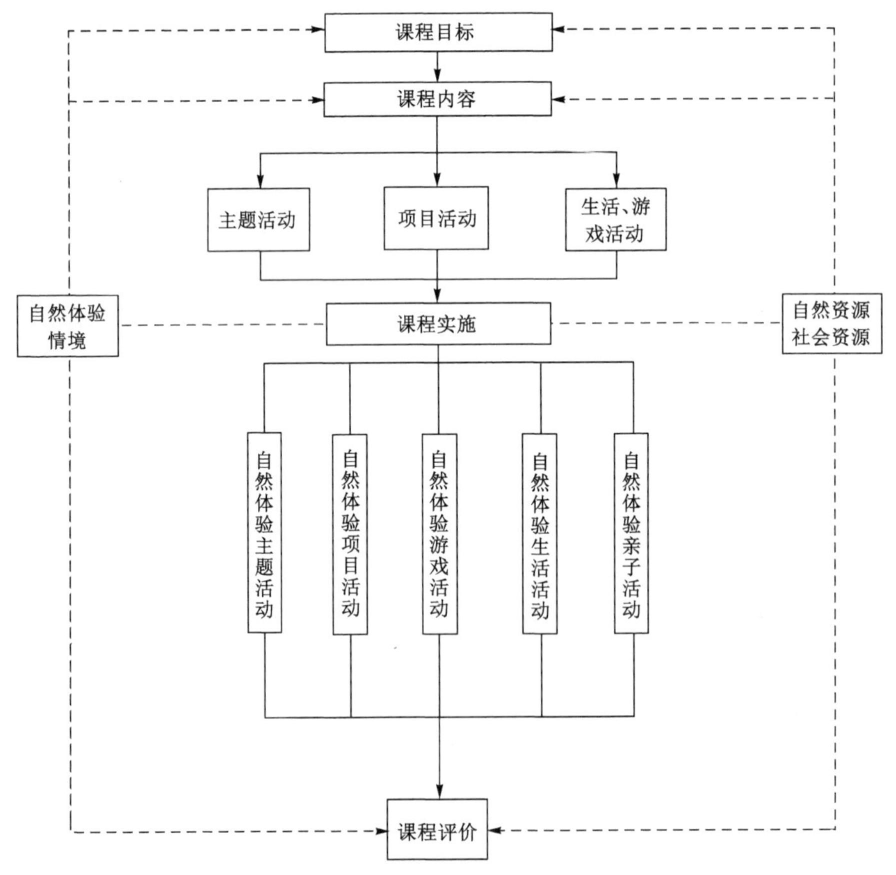

图 2-1 自然体验课程框架图

第一节　自然体验课程的设计理念

一、自然即幼儿的课程

美国心理学家加德纳于1983年系统提出了多元智能理论，认为儿童共有七种智能类型，包括语言智能、数理逻辑智能、空间智能、肢体动觉智能、音乐智能等。之后，他又于1996年补充了第八种智能即自然观察智能，该智能的核心是“能够识别植物群和动物群，能够对自然界中各种物种分门别类，并且能够使用自然观察智能（在打猎、农业、生物科学等领域）生产出有效产品”①。这种智能较强的儿童具有以下特点：敏锐的感知能力；关注自然界，能分辨自然物；喜欢户外活动，积极参与有关自然的活动；能发现自然环境的特点；对动植物感兴趣，并关爱它们；喜欢收集大自然标本；意识到自然界的恩赐；乐于了解自然界新物种，能理解生态概念。② 传统心理学一直较为重视语言智能、数理逻辑智能等，而个体的观察能力则往往隐藏在其他智能背后。自然观察智能不仅仅指向个体的观察能力，它还有着较为丰富的内涵。夏惠贤在对自然观察智能的观察中发现，其内在本质能力包含观察、分类、条理化以及寻求事物间的联结等能力。③ 加德纳认为，除了一般意义上的观察能力，自然观察智能还包括反思能力、建立联系能力、分类能力、综合能力、交流能力以及感知自然世界和人造世界的能力。④

由此可见，自然观察智能从以感知为基础的一般观察能力变成了以解决问题为导向的综合观察能力。自然观察智能提出了多感官、多途径支持幼儿获得信息与探究，这一点对当下幼儿教育有着重要的意义，即在幼儿园活动中应该让幼儿多种感官获得直接经验，让幼儿在闻一闻、听一听、做一做的过程中亲身体验到生活的丰富。因此，想要从根本上培养幼儿的自然观察智能，需要教育者开发自然观察智能课程，而最为有效的途径便是充分利用周边的自然环境，自然即课程。

基于自然体验理念设计活动能满足幼儿自然智能的发展需求。因为在大

---

① CAMPBELL H. 多元智力教与学的策略[M]. 霍力岩，等译. 北京：中国轻工业出版社，2004：254.

② 李生兰. 美国学前教育机构崇尚自然的教育及启示[J]. 比较教育研究，2017(10)：97-105.

③ 夏惠贤. 论自然观察智能及其课程开发[J]. 比较教育研究，2004(1)：27-32.

④ CAMPBELL H. 多元智力教与学的策略[M]. 霍力岩，等译. 北京：中国轻工业出版社，2004：254.

自然中幼儿有更大的空间与自由接触自然事物，大自然中的一切东西都可以是幼儿的观察对象。刮风、下雨、打雷、白云都可以成为幼儿观察与探究的对象。自然即课程，在自然环境中幼儿不仅与自然建立密切和深度的联系，同时在开放、复杂且充满不确定性的自然环境中，幼儿与同伴、成人也建立了相互合作与支持的交往关系。观察后的分享交流意味着幼儿需要将自己的感受、态度向同伴分享，在分享的过程中幼儿逐渐形成、发展自身对自然的态度与价值观，建构了个体与他人、社会以及大自然的良好观念。美国学前教育专家指出，当儿童置身于大自然之中时，他们就会受益无穷。[①] 与自然的亲密互动不仅可以促进幼儿各项智能的发展，而且可以满足幼儿“亲生命性”(biophilia)的内在需求。亲生命性主要表现为幼儿对其他生命的喜爱与关心，这种亲生命性是幼儿与生俱来的天性。幼儿观察庭院中的动植物，参与到有关自然的活动中，如种花、远足、找虫子等，久而久之便会收获来自大自然的滋养。无论是幼儿园创始人福禄贝尔还是蒙台梭利，都提倡幼儿在自然环境中游戏与学习。可见，对于幼儿而言，自然就是他们重要的课程。

二、体验即幼儿的有意义学习

学前教育的一个基本理念就是儿童在自主活动中学习效果最好。在自主环境中，儿童可以自由探索，根据自己的活动需求选择材料，儿童以自己的学习节奏和前期经验开始自己的学习活动。奥苏贝尔根据个体是否能够理解学习内容，将学习分为有意义学习和无意义学习，即在新旧知识之间建立起非人为的、实质性的联系。其中，所谓非人为的、实质性的联系就是知识本身的联系。如幼儿对“自来水是怎么来的”这一现象充满好奇，通过各种操作活动理解自来水的来源、过滤等，这就是有意义学习。在自然活动中，真实的自然环境及现象提供了五彩斑斓、多元性和相互依存的生物，给人物带来了无限的惊喜和挑战，沉浸在自然中我们时常有与天地融为一体的感觉。“有的时候，我感到自己似乎在大地上铺展开来，进入万物中，在每一棵树里，在浪花飞溅中，在白云里，在往来奔走的动物里，在季节的变化中生活着。”[②]自然有一股强大的吸引力，它能在无形之中引起儿童的观察、思考与探究。当儿童在户外自由、自主地进行体验与游戏时，真实又具体的物质环境、宽松与温馨的心理环境引发幼儿不自觉地进行提问：为什么大树上会有许多蚂蚁？为什么菜叶上有许多洞洞？风从哪里

---

① CONDIE W. Connecting young children with nature[J]. Teaching young children, 2014, 8(1):25.

② 荣格. 回忆·梦·思考：荣格自传[M]. 刘国彬，杨德友，译. 沈阳：辽宁人民出版社，1988:17.

来？虽然有些问题的答案我们成人也不是很清楚，但正是这样的思考方式与行为让幼儿在自然体验活动中形成有意义学习所需的技能。一旦唤醒幼儿对自然以及新事物的好奇与感知，自主学习便会发生。

有研究者认为有意义学习包括许多认知过程和结构，可以分为三个维度：行动(acting)、思考(thinking)和感受(feeling)。[①] 从自然体验活动视角而言，行动指个体在与真实的自然环境互动中产生的行为及经验；思考指个体对直接感知到的经验经过同化、顺应，构建新的知识结构；感受就是个体在自然体验活动中所感受的情绪状态。在自然体验活动中，幼儿通过亲身体验获得关于自然环境的主观经验，并运用自身的不同感官来了解自然环境与自身的关系，这就为有意义学习奠定了基础。有意义学习意味着幼儿在自然体验活动中通过主动与同伴、教师相互分享，进而构建新观念与经验。自然体验活动的有意义学习还需要教师创设一定的支持空间，教师要充分尊重幼儿学习与发展的基本权利，为幼儿创设足够的自然体验活动空间，满足幼儿实际操作的愿望。

三、开放即幼儿的自主

《联合国儿童权利公约》提出，教育应当考虑儿童视角，让儿童表达，倾听他们，并认真对待他们。在自然体验活动中，幼儿有权参与到影响他们的各类事件中，并享有自主表达自己想法的空间。所谓开放有两层含义，即开放的环境和开放的师幼互动。开放的环境能提供开放的活动资源，目前越来越多的幼儿园环境呈现成人过度设计的现象，这样封闭的环境不仅缺乏美感、多样性，而且不能有效激发幼儿的好奇心与创造性，限制了幼儿的思维。在自然体验活动环境中，幼儿拥有一定的自主权，教师鼓励幼儿与自然环境积极互动并支持幼儿自主探究。以自然为活动资源，可以满足幼儿的探究欲望，自然材料为幼儿提供了多种多样的机会来亲身体验，幼儿也有充足的机会摸一摸、看一看、听一听。这些自然材料又很灵活、易于操作，可以促进幼儿生成更多的游戏与探究行为，可以是编织、拼贴等艺术活动，也可以是建构和实验等科学活动。

开放的师幼互动是指教师不仅要尊重与信任幼儿的自主学习能力，同时也要给予并支持幼儿自主学习的时机。所谓自主学习就是在一定的环境中，学习者可以独立地、自由地按照自己的学习意愿，有选择地、主动地进行学习的过程。而幼儿的自主学习就是指幼儿在师幼互动中可以按照自己的想法和意愿，自主选择喜欢的、符合自身发展需求的各类信息，并获得经验提升的活动过程。在自然体验活动中，幼儿自主学习不是通过成人的教授进行的，而是通过幼儿

---

① 黄宇，徐佳. 自然体验学习是如何生成的[J]. 环境教育，2019(8)：60.

自身的亲身体验来学习与建构知识的，这就需要成人能够支持幼儿的自主探究与实验。一般而言，虽然幼儿是有能力的学习者，但幼儿的探究、实验和合作能力还未发展完善，需要成人的支持与大量的尝试来进一步提升自身的经验水平，倘若在自然体验活动中缺少成人及时的指导与支持，那么许多幼儿的自然体验活动将会仅仅停留在表面，且持续时间很短。因此，在自然体验活动中，成人需要把握幼儿自主与及时支持的边界，允许幼儿大胆、自主探究与发现自然的美妙与奇迹的同时，要及时支持幼儿进一步探究行为的发展，既能积极倾听幼儿的声音，又能富有洞察力地反思与分析并提供鹰架，从而催化、深化幼儿的创造能力。

四、自主即幼儿的深度学习

个体的学习能力逐渐成为人类重要的生存能力。评判一个人的学习能力，关键不在于其掌握知识的多少，而是在于整合、建构、迁移、创造性地运用知识解决实际问题的能力，即深度学习的能力。幼儿深度学习是指幼儿在教师的引导下，在较长的一个时段围绕富有挑战性的课题，全身心地积极投入，以及通过与同伴间的合作与探究，运用高阶思维迁移已有经验，最终解决实际问题的有意义的学习过程。[①] 有研究表明，影响幼儿深度学习最主要的外部因素就是师幼关系。因为在幼儿园中师幼关系是最基础的人际关系之一，教师作为幼儿活动的引导者、合作者与支持者，对幼儿参与活动的兴趣及深度有重要的影响。幼儿深度学习是触及幼儿心灵的教学，是教师充分发挥主导作用的学习活动[②]，教师与幼儿之间的关系影响着幼儿深度学习的实现。按照亲密维度和冲突维度，可将师幼关系划分为“亲密型”“矛盾型”“疏离型”“冲突型”。[③] 在积极而亲密的师幼关系中，教师能充分信任并尊重幼儿的想法，同时能够给予幼儿充分探究与试错的空间。同时，良好的师幼关系还能对幼儿的学习动机、学习品质、学习迁移等方面产生积极的效果，有利于幼儿认知能力的提升。[④]

幼儿深度学习是高级的智力活动，良好的师幼关系可以满足幼儿的情绪需要，同时也能激发幼儿的探究兴趣。近年来的脑科学研究发现：在一个正常的

---

① 王小英，刘思源．幼儿深度学习的基本特质与逻辑架构[J]．学前教育研究，2020(1)：3-10．

② 刘月霞，郭华．深度学习：走向核心素养（理论普及读本）[M]．北京：教育科学出版社，2018：38．

③ 冯婉桢，蒋杭柯，洪潇楠．师幼关系类型即其影响因素分析[J]．学前教育研究，2018(9)：253-263．

④ 王小英．幼儿深度学习的理论与实践探索研究・理论篇[M]．北京：清华大学出版社，2021：124-125．

脑中，“理智”的过程不能离开“情绪”的东西独立发挥功能。[①] 可见，幼儿是否拥有自主权利在深度学习中无疑是非常重要的，没有强烈的自主探究兴趣与积极的情绪，幼儿的深度学习就无法开展。

孟昭兰关于“婴幼儿不同情绪状态对其智力操作的影响”的研究揭示：惧怕和痛苦程度与操作效果之间为直线关系，即惧怕和痛苦越大，操作效果越差；强烈的情绪状态或淡漠无情，都不利于婴幼儿的智力探究活动，兴趣和愉快的交替是智力活动的最佳情绪背景。[②] 幼儿在自主的环境中可以大胆试错而不担心成人的责备，可以自主选择探究的内容而不担心成人的干涉，在充满尊重与自主的环境中幼儿可以敢想、敢说、敢做，坦率地展现自己真实的活动需求，幼儿也只有在充满自主的环境中才能生发进一步的深度学习。雅斯贝尔斯强调“教育即生成”，在自然体验活动中幼儿能否按照自身活动需求自主进行自然体验活动，关乎幼儿深度学习的生发。按照“最近发展区”需求自主探究是幼儿自然体验开展的基础，因为在充满不确定性的自然环境中，教师唯有尊重幼儿想法、倾听幼儿声音才能捕捉促进幼儿发展的教育契机，才能通过教育支持进一步促进幼儿的深度学习。

五、整合即幼儿的全面发展

幼儿的发展是整体的，幼儿园的活动内容的选择与开发，应基于幼儿真实的活动兴趣，源于幼儿实际生活，既能满足幼儿当下发展需求，又能促进幼儿和谐发展。幼儿园自然体验活动主旨指向幼儿更好地生活，在养成亲近自然、热爱自然的品质同时也能有意识地保护周边自然环境的可持续发展，为人类的发展提供有效的保障。幼儿自然体验活动设计基于幼儿真实的需求和兴趣，面向幼儿在生活中的真实问题，而幼儿的生活世界是一个整体、一个总体。把事物归类，并不是儿童经验的事情，事物不是分门别类地呈现出来的。[③] 这就意味着幼儿所需的活动不是割裂和肢解的分科，已经归类的各门科目不适合幼儿的经验需求，因为适宜幼儿经验发展所需要的活动一定是与幼儿生活特性相吻合的，是统一的、完整的并且是整合幼儿发展所需的各领域知识的。强调自然体验活动的整合性，不是追求多领域知识的简单拼凑和叠加，而是整合性体现了一种教育价值取向，即自然体验活动注重培养幼儿的完全人格、注重幼儿知情意行的完整发展。

---

① 吴永军．关于深度学习的再认识[J]．课程・教材・教法，2019(2)：51-58.

② 陈帼眉．学前心理学[M]．北京：人民教育出版社，2003：288.

③ 杜威．学校与社会・明日之学校[M]．赵祥麟，任钟印，等译．北京：人民教育出版社，2015：112.

杜威认为儿童有四类原发兴趣,即交流的兴趣、探究的兴趣、制作的兴趣和艺术表现的兴趣,这些原发兴趣是"自然的资源,是未投入的资本,儿童的积极生长依赖于对它们的运用"[①]。自然体验活动的整合性体现了儿童本位的教育观,在尊重幼儿自主权利的同时能最大限度挖掘幼儿的各类潜能。在自然体验活动中,不再机械化地分为健康、语言、社会、科学、艺术等领域,自然体验活动内容应该整合多元资源,如自然现象资源、种植资源、饲养资源等,借助预设性探究主题活动以及灵活生成的项目活动,将自然体验理念有机地整合到运动、生活、游戏与学习等各项活动中。

自然体验环境是整合的,户外自然环境是兼具开放性与探究性的多功能性活动环境,森林、山野、池塘、沙水等都是幼儿可以发生自然体验活动的有效环境。自然体验理念倡导成人多将幼儿带到户外,让幼儿在与自然环境亲密接触的过程中保持与自然环境的联结,并对自然元素产生好奇与探究的兴趣。在这个过程中,教师要遵从自然环境的特性,重视幼儿的自然体验与感受,引导幼儿多元表达与体验,进而产生丰富的自然体验活动。比如在研究树木、研究沙水、研究种植向日葵等自然体验活动中,幼儿探究自然元素的特征、尝试搭建向日葵生长支架、尝试在沙子里造一个水池等。在类似这样的活动中,幼儿围绕自己感兴趣的话题进行探究,与伙伴及成人形成信任关系与合作意识,并在与自然和谐相处的过程中对所生活的地方产生归属感。

自然体验的实践形式是整合的,首先是整合家园活动,达成自然体验目的。幼儿园一切活动的开展都离不开与家庭、社区的合作与支持,在幼儿自然体验活动实施过程中也需要通过与家庭、社区的合作,落实自然体验理念及开展活动。如在探究竹笋的自然体验活动中,由于园内缺少大量的竹笋供幼儿挖掘,教师巧妙地借助家长资源,将探究竹笋的活动延伸到园外,组织家长和幼儿开展亲子探究竹笋的系列主题活动。其次是自然体验活动资源的整合性,对任何一所幼儿园而言,园内自然教育资源与家庭、社区的自然资源对幼儿开展自然体验活动都有着重要的教育价值。如重复带领幼儿到社区或幼儿园周边某个自然空间中可以帮助幼儿建立对该地方的归属感与地方感(a sense of place),所谓地方感是指为儿童提供情感联系的特殊空间,地方感可以为幼儿带来广泛的世界意识[②]。在熟悉的自然场地,幼儿可以与更加丰富的且具有当地特色的资源互动,产生新的经验。幼儿在与附近自然空间亲密互动中建立起情感联

① 吕达,刘立德,邹海燕.杜威教育文集·第1卷[M].北京:人民教育出版社,2005:48.

② BEVERLIE D,DIANE K.幼儿园户外与自然游戏[M].陈欢,译.北京:中国轻工业出版社,2023:217.

结，以及对当地自然环境的热爱。幼儿收获对周边环境热爱的同时，也逐步建构生态敏感的能力，即幼儿在亲身体验自然环境的探究性与趣味性时思考人与环境、自身与环境之间的关系。同时，幼儿园的一日活动整合自然体验教育理念，将幼儿在自然体验活动中获得的经验延伸到幼儿园各个活动中，如晨间来园、过渡环节、区域游戏等，并且利用自然游戏、自然观察日志等活动形式，给予幼儿多元的自然体验通道和内容，最终有效促进幼儿整体发展。

第二节　自然体验课程的设计原则

实施自然体验活动已成为当下教育领域共识，因为其不仅可以满足学习者身心全面发展，同时也顺应未来社会的发展需求。然而，目前在学前教育领域尚未有开展自然体验活动的系统指导，同时也缺乏如何因地制宜地设计与实施自然体验活动的课程。任何一种教育活动都是有计划、有目的的行为，因此在设计幼儿园自然体验活动过程中，我们除了需要明确自然体验活动的产生时代背景、教育价值、核心内涵及外延，还需要科学处理幼儿园自然体验活动与幼儿园其他教育的关系。《幼儿园教育指导纲要（试行）》与《3～6 岁儿童学习与发展指南》明确指出，幼儿园教育活动应贯彻“以游戏为基本活动”“重视幼儿生活与游戏的价值”的教育理念，鼓励幼儿通过直接感知、实际操作与亲身体验获取经验。上述教育理念对幼儿园教育活动产生重大影响，幼儿园的活动将以各类体验与探究为载体，注重幼儿在体验中获得经验，同时促使教师转变教育观念，从“以教为主”到“以学定教”。因此，在设计幼儿园自然体验课程时，不仅要遵循幼儿的年龄特点及身心发展规律，还要考虑幼儿园活动、大自然及社会文化等因素本身所具有的内在特点。这些内在规律及特点，也是幼儿园自然体验教育活动应遵循的，具体体现为以下五类原则。

一、情境性原则：亲近自然，构建体验情境

当儿童置身于大自然和自然物品之中时，他们就会受益无穷。但当下随着城市化进程的发展，人和自然关系的异化阻碍了儿童与自然之间的联结。当自然的缺失损害了儿童的身心健康、弱化了儿童的道德情操、阻滞了儿童的思维发展时，回归自然变成了扭转教育颓势的一剂良方。[①] 特别是进入 21 世纪，随着儿童生活空间和生活方式的转变，鼓励儿童回归自然、亲近自然便成为改善儿童生活环境、提升学前教育质量的必然趋势。因此，鼓励幼儿亲近自然，就需

① 王晓晓.儿童的“自然缺失症”：成因与因应[D].南京：南京师范大学，2019：23-27.

要为幼儿的自然体验积极构建情境。具身认知理论认为,学习需要在一定情境之中才能进行,适宜的情境既影响学习的内容,又影响学习的成效。

因此,在自然体验教育活动中,教师可以通过创设真实情境或采用情境模拟的形式,帮助儿童构筑真实学习体验、丰富真实体验。[①] 首先,教师可以幼儿的亲身体验为切入点,帮助幼儿真实感知大自然的多姿多彩,积累关于自然情境的第一手资料。这里的自然情境可以是天然的环境,如森林、大海、山川、湖泊等,也可以是人工打造的各类自然景观,如植物园、花卉园、城市公园以及幼儿园的种植园地等。其次,在具体的自然体验开展过程中,教师可以采用情境模拟的形式激发幼儿参与活动的兴趣,丰富幼儿关于自然情境的知识经验。比如,约瑟夫·克奈尔在"编织生命之网"活动中让儿童扮演了自然界中不同的成员,并按照食物链顺序将全部儿童连在了一起。当一棵树倒下时,扮演树的儿童就猛拉一下他所抓住的绳子,最终所有成员都会因为这棵树的死亡受到影响。[②] 在教师营造的自然游戏情境中,幼儿通过全身心地参与、体验对自然的感受与经验得到了极大的丰富。最后,在自然情境中,教师还需要时刻关注幼儿在体验过程中产生的问题,并敏感捕捉教育契机,将问题的解决因素预设在自然情境中,鼓励幼儿在不断探究的过程中获得相关活动经验。

二、主体性原则:回归天性,尊重幼儿主体需求

天性即规律,幼儿内在的天性即幼儿身心发展规律,幼儿的天性是一切教育活动的基础。因此,在幼儿园自然体验活动设计过程中,活动内容的选择、活动资源的开发以及幼儿在园一日活动组织上,都需要尊重并回归到幼儿的天性。同时,教师在设计自然体验活动时,应自觉以幼儿为中心,充分尊重幼儿参与活动的主体性。儿童是自然之子,儿童天生就对大自然中的事物好奇,并有强烈的探究兴趣。不少幼儿教育工作者在教育实践中发现,相较于整齐、精致的花坛,那些能够近距离接触、未经人工雕琢、纯天然的土壤更让幼儿喜欢,因为其中孕育着丰富的物种,并可以让幼儿自由大胆、无拘无束地游戏、探究。[③] 因此,在活动资源开发上,教师要结合季节特征为幼儿自然体验活动创设时间与空间。比如春天到了,万物生机勃勃,在大自然中每天都发生奇妙的变化,春雨沙沙、花儿万紫千红、枝头鸟鸣等,其展示的不仅仅是万物复苏的生命画卷,更是幼儿参与探究与体验生命过程的教育契机。在这样的季节中,教师需要灵

---

① 庞维国.论体验式学习[J].全球教育展望,2011(6):9-15.

② 克奈尔.与孩子共享自然 [M].叶凡,译.天津:天津教育出版社,2000:48-49

③ 王莉,陈知君.3～6 岁幼儿亲自然情感的培养策略[J].学前教育研究,2014(6):61-63.

活调整活动方向，追随幼儿的兴趣，尊重幼儿到户外自然中探究的需求，组织幼儿走进大自然，引导幼儿在自然环境中做自然观察日志，并为幼儿开展自然游戏创设条件。

尊重幼儿主体需求除了体现在为幼儿创设自然体验活动的机会，教师还要尊重幼儿自然体验活动的自主性，鼓励幼儿多感官体验、多元表征记录、多维分享交流，让幼儿充分享受自主探究的乐趣，实现自然体验活动的教育价值。在自然体验活动前，教师可以引导幼儿梳理自然体验活动的兴趣、明确体验的任务及目的。在自然体验活动中，教师要将幼儿视为有能力的学习者，给予幼儿充分的自主决策权，让活动内容、活动形式及活动方向回归到幼儿本身。同时在确保安全的前提下，教师要鼓励幼儿大胆探究、自主决定探究的内容及进程，允许幼儿以自己的方式进行体验与尝试。在自然体验后，教师组织幼儿回顾活动感受及体验、分享活动中遇到的问题，进而总结梳理活动经验。教师只有做到"退后"，自然体验活动的质量才能得到保证。

三、生活性原则：基于生活，创设支持性环境

所谓生活性原则，指幼儿园自然体验教育活动需要融入幼儿园的一日生活中进行。生活性原则主要体现在两个方面，一是体验出发点是幼儿的生活，二是体验式的作息安排。《3～6岁儿童学习与发展指南》明确指出"要重视幼儿生活与游戏的价值"，"儿童所关心的事物，由于他的生活所带来的个人的和社会的兴趣的统一体，是结合在一起的，凡是在他心目中最突出的东西就暂时对他构成整个的宇宙"①。可见幼儿生活是幼儿自然体验的出发点，因为幼儿的生活蕴藏着巨大的生命力，这种生命力是幼儿发展的某种信号或标志。例如，在种植园地的日常观察中，幼儿发现种下的种子一直不发芽，于是幼儿纷纷讨论种子发芽需要什么。有的认为种子发芽需要水、需要太阳、需要肥料，等等。面对不同的想法，教师和幼儿一起讨论，决定做实验验证自己的猜想，将同样的青菜种子种在不同条件下并贴上标签以便观察。在此过程中幼儿记录自己观察的结果，持续一段时间后，教师通过儿童会议形式和幼儿进行统计，通过对比发现幼儿真实体验到种子发芽的条件。此案例充分说明幼儿生活蕴含着丰富的自然体验活动资源。春季里，幼儿沉浸在一株株姹紫嫣红的花朵里、在嫩绿的草地上撒欢与奔跑；夏季里，幼儿在沙水池里、在小树林里乐此不疲地重复完成游戏与嬉戏；秋季里，幼儿亲手采摘种植的果实，品尝丰收的喜悦；冬季里，幼儿对下雪充满无限期待，对冰是怎么来的充满好奇。这就是幼儿真实的生活，在四

① 杜威.学校与社会·明日之学校[M].赵祥麟，任钟印，等译.北京：人民教育出版社，2015：112.

季循环变化中幼儿孜孜不倦地探究着、欣赏着生活中的美好与奥秘。幼儿园自然体验活动要从幼儿生活入手,让幼儿在体验生活中热爱生活。

同时,设计自然体验活动时还需优化班级一日活动作息安排,以便使幼儿有更多的时间与自然互动。熟悉幼儿天性的人都知道幼儿的生活是整体的、重复的,也是慢节奏的,而且在开展自然体验活动的时候更需要幼儿长时间沉浸式体验。由于当下幼儿一日生活被教师预设的活动所充斥,教师必须按照作息时间表准时开展与结束一日活动,否则就直接影响下一个活动的开展。幼儿的兴趣还在上一个活动时就被教师催促着赶快结束,教师和幼儿都被迫陷入时间陷阱中。类似这样机械的、碎片化的作息安排不能满足幼儿开展自然体验活动的需求。幼儿园需要制定更加人性化、更有弹性的作息安排,以支持师幼有更多的时间与自然互动。教师可以根据幼儿自然体验活动的兴趣,灵活调整活动安排,让幼儿从容不迫地观察自然、探究自然、体验自然。

四、探究性原则:循环探究,开展自然体验

所谓探究性原则,是指设计幼儿园自然体验活动要从活动内容、活动过程、活动后的交流等途径让幼儿在循环探究中体验自然奥秘。首先,兴趣是幼儿开展自然体验活动以及探究性活动的基础。因此,教师应根据当地自然资源以及节日、节气等特点灵活选择适宜幼儿自然体验的内容。幼儿自然体验的内容要能满足他们多元感知的需求,是具体形象的、可触摸可操作的,唯有如此才能便于幼儿从周围物质世界中获取直接经验,也能进一步激发幼儿的探索兴趣和欲望。比如在春季适合探究园内外的花草、种植、饲养等资源,“小鸡是怎么孵出来的?”“小蝌蚪何时才能长出尾巴?”“蚕宝宝何时能吐丝?”这些生命成长类的自然资源都是在春季开展自然体验的内容。

其次,在自然体验的过程中,教师需要提供适宜的指导与启发,推进幼儿在真实体验中深入探究。学前儿童科学教育过程中一贯倡导让幼儿从生活和周边的事物中主动探究,在探究过程中不断地发现、思考、调查、记录、交流,从而建构自我的经验。① 自然体验活动为幼儿提供了自然及现实情境让幼儿进行探究、试错与验证。当幼儿真正地投入大自然怀抱进行探究时,教师应该密切关注幼儿的探究,适时策略跟进,根据幼儿的年龄特点、兴趣、需要和具体情境,帮助幼儿寻求解决问题的方法,并应根据情况适时暗示幼儿解决问题的线索。

例如,在自然体验活动“设计小鸡新家”的实施过程中,由于幼儿前期生活中缺少实际接触小鸡住所的经验,因此刚开始设计的小鸡家与实际不符。

---

① 邹思勇.基于STEM教育重塑学前儿童科学教育旨归[J].陕西学前师范学院学报,2018(4):1-5.

师：你们设计了哪些小鸡的家？

幼 1：我设计了高高的楼房给小鸡住。

幼 2：我设计了金色城堡给小鸡住。

师：小鸡可以住在楼房里吗？你们小区里有小鸡吗？

幼 3：我们小区没有小鸡。

师：小鸡到底住在哪里呢？

幼 4：我奶奶家的小鸡是在田里的。

在一系列的问题驱动下，儿童通过问卷调查发现城市和乡村小鸡居住地方的不同，也发现小鸡在不同生长过程中居住场所也不同。结合收集关于小鸡家的信息，儿童重新为小鸡设计房子，并通过班级投票选举，最终确定在饲养区里为小鸡搭建房子。在该案例中，关于“设计小鸡新家”这一问题，幼儿缺乏相关生活经验，但教师并未以权威的角色对幼儿已有的设计思路进行否定，而是通过同伴反馈、同伴讨论的方式给予儿童正确的引导与评价，从侧面培养儿童批判性思维。同时，教师引导儿童借助园内外各类资源尝试把设计图落地，根据需要设计并组织外出社会实践活动、小组活动，让幼儿有更多亲身体验的机会。儿童在解决一个个问题的过程中，通过同伴合作、做小鸡家设计图、亲子查找资料等多元途径，丰富关于小鸡住所的生活经验。如走进社区养鸡的农户家了解小鸡的生活习性、了解小鸡的住处，同时借助做木工的家长资源，来园协助儿童共同建造小鸡的家，给予儿童实际参与的机会。

最后是体验后创设可迭代的环境支持幼儿循环探究。可迭代的环境是增进儿童体验和探究水平的重要条件。① 可迭代的环境具有两层意义，即物质环境和教师教育行为。在物质环境中，教师可以基于幼儿在大自然中的探究兴趣，继续在班级区域中创设微观自然环境拓展幼儿的探究经验。在教育行为上，教师可以通过探究后的分享交流、对比、思辨等形式，引导幼儿将探究直接经验同化或顺应到原有的认知结构中。起源于英国早期有效教学法项目中的持续共享思维理论是实现幼儿探究经验生长的有效途径。思维共享之所以强调持续性，是因为在整个话题活动中，儿童的思维是逐步向高阶思维发展的，共享的主体是多元的，可以是师幼共享，也可以是儿童同伴之间共享经验和观点。如在班级自然体验区关于“什么样的鸡蛋能孵出小鸡”讨论中，就遇到了以下问题。

幼 1：不是所有的鸡蛋都能有鸡宝宝的。

---

① 黄静．暖认知理念下的幼儿园生态体验活动[J]．学前教育研究，2022(11)：91-94.

幼 2：我奶奶说只有公鸡在的鸡蛋才能有鸡宝宝孵出来。

师：那怎样才能知道这枚蛋到底能不能孵出鸡宝宝？

幼 3：我爸爸查资料说用灯照就能看出来。

幼 4：那用什么灯呢？台灯吗？

通过师幼共同探讨，儿童逐步知道不是所有的鸡蛋都能孵出小鸡。在共享思维之前，幼儿对于鸡蛋孵出小鸡的认识比较单一，也缺乏真实的经验。因此，教师通过儿童会议、亲子活动等方式，引导儿童收集鸡蛋孵小鸡的资料，同时教师帮助儿童了解并澄清鸡蛋的受精与否与孵出小鸡之间的关系。在现场参观了养鸡场后，幼儿对于参与孵小鸡的探究活动的兴趣越发浓厚。

五、综合性原则：多元体验，注重知情意行综合发展

所谓综合性原则，是指设计幼儿园自然体验活动要注重幼儿整体性的发展。幼儿园自然体验活动指向的不单是某一领域的活动，也不仅仅采用某一实践形式进行，它是跨学科、跨领域的综合性内容，其最终目的是促进幼儿的多元发展。因此，幼儿园自然体验活动也应遵循综合性原则，主要体现在以下两方面：体验资源的多元性和体验方式的综合性。具身认知理论强调心智统一的原则，即学习过程是知情意行统一的过程，学习过程中不仅要有认知，也要有情绪情感、意志的参与。①

首先，教师需要为幼儿提供多元的自然体验空间，这样的空间可以是大自然本身具有的，如山川湖泊、森林大海、沙漠盆地等，也可以是人工建造的公园、景观绿化等，这些空间都可以成为开展自然体验的活动空间。教师可以采用回归大自然的方式引导幼儿走进大自然，充分体验与感受大自然的千变万化和充满开放性的环境所带来的挑战与冒险。鲜活又多彩的生物种类、变幻莫测又刺激的自然现象等，都能够为幼儿提供丰富的感官体验。同时，积极的情感体验能唤醒幼儿内在的自然天性，为幼儿在自然体验活动中的持续探究提供源源不断的内在动机。可见知情意行之间是相互影响，又统一发展的。教师也可以将自然元素引入室内空间，包括在班级区域中创设自然角、微型自然博物馆、自然体验区等空间。在丰富的体验空间中，幼儿随时保持与自然环境亲密接触的时机，激发参与探究自然的兴趣。

其次，教师在设计自然活动时要鼓励幼儿采用多元方式体验自然。幼儿是以直接经验为学习基础的，因此教师在开展自然体验活动时应有意识地引导幼

① 叶浩生.身体与学习：具身认知及其对传统教育观的挑战[J].教育研究，2015，36(4)：104-114.

儿利用多种感官体验自然，听一听鸟鸣、闻一闻花香、摸一摸树木、踩一踩泥土，充分调动幼儿多感官参与自然体验以便丰富其直接经验，为接下来的持续性体验与探究做好铺垫。同时，教师应将各领域的发展目标有意识地整合在自然体验活动中，促进幼儿的综合性发展，并从中生成新的自然体验活动内容。例如，教师带领幼儿到附近的公园开展"神奇的大树"自然体验活动，在真实的自然场景中，鼓励幼儿放松身心，用听觉、视觉等感官体验、观察不同大树的外形特征、树叶的形状以及树皮的不同（知）；引导幼儿抱抱大树、摸摸大树，感受大树是自然中的重要部分，萌发热爱大树的积极情感（情）；鼓励幼儿在和大树做游戏的过程中进行自我管理，不打扰大树"休息"的意识（意）；活动过程中组织幼儿商讨保护大树的方法，并用"我为大树做冬衣""我为大树设计'名牌'"等形式参与到保护大树的行动中（行）。可见，在整个"神奇的大树"自然体验活动中，幼儿通过走进大自然实现了知情意行的综合发展。又如，在幼儿园种植活动中，除了观察植物生长的变化，教师还可以有意识地引导幼儿找一找泥土里是否有西瓜虫、蚂蚁、蚯蚓等与种子共生的生物，以及探究土壤、石头、水分等环境因素对植物的影响，帮助幼儿了解物种之间相互依存的关系。在幼儿园自然体验活动中，教师要保持开放、灵活的心态，基于幼儿真实问题将活动内容融合于其他领域，使幼儿在开放、多元的环境中获得综合能力的发展。

第三节　自然体验课程的目标

儿童自出生到6岁之前是生长发育最快，也是可塑性最强的时候。正如蒙台梭利所言"儿童具有吸收性心智"，他们具有天生的本能从生活的环境中吸收和内化生活体验而获得成长。儿童接触了何种学前教育活动，直接影响他们在大脑里建构并形成对世界最初的认知，可见教育内容对儿童的发展至关重要。作为教育者，我们该如何规划教育内容，并合理设计活动目标及形式以满足儿童学前阶段的发展需求，就理所应当成为我们设计活动时首要考虑的问题。

一、幼儿园课程目标概述

（一）幼儿园课程目标

课程是教育的核心，对于幼儿园课程的概念，学界至今未能达成共识。目前关于幼儿园课程的概念可以概括为四大类型：课程即知识、课程即计划、课程即活动、课程即经验。我们认同"课程本质作为活动的一种"课程观，因为课程来源于儿童的生活，课程的实施就是让幼儿按照一定的目标做事，多感官、全身心地投入于行动来改变环境、改变自己[①]。

《幼儿园工作规程》规定“幼儿园教育目标是对幼儿实施体、智、德、美诸方面全面发展的教育，促进其身心和谐发展”。幼儿园开展任何教育教学活动都需遵循这一要求，但由于该目标是宽泛的，普遍性比较强的，若想在教育活动中实现该目标则需要将其整合、细化到具体的教育活动目标中。

幼儿园课程目标的内涵是幼儿园课程力图促进幼儿身心发展所要达到的预期结果，是编制幼儿园课程方案的核心要素。因为课程目标是实施课程的行动指南，课程目标一旦确定，接下来就可以明晰园本课程的具体内容以及通过课程实施所要达到的预期结果，并且为教师开展课程活动提供思考方向与指引。同时，幼儿园课程的评价也可以参考课程目标，评价过程中结合课程目标制定评价的基本准则与方向。可见，课程目标处于幼儿园课程的核心位置。

（二）幼儿园课程目标的类型、结构与层次

1. 幼儿园课程目标的类型

根据课程目标达成时间的可视化，可将课程目标分为行为目标和表现性目标。所谓行为目标，是以具体的、可操作的行为的形式陈述的教育目标，它指明课程与教学过程结合后，儿童身上发生的行为变化。[②] 可见，行为目标是指期望通过教育活动的开展，可以清晰预设幼儿行为发生可观察的、可评估的表现，如“能单手将沙包向前投掷 4 米左右”“能单脚连续向前跳 8 米左右”。所谓表现性目标，是指每一个儿童在具体教育情境的种种“际遇”（过程）中所产生的个性化表现。[③] 表现性目标注重幼儿的个性化发展和创造性表现，强调幼儿的主体性和个性化的发展，尊重幼儿的个性差异。在教育活动中预设表现性目标，强调幼儿多样性的反应而不是同质性的，其目标的结果是开放的、灵活的，如“在公园观察大树后，你们有哪些有趣的发现吗?”“听了这首音乐后，你有什么不一样的感受吗?”表现性目标不是规定儿童在完成一项或多项学习活动后准备获得的行为，而是描述教育中的“际遇”（过程）：指明儿童将在其中作业的情境、儿童将要处理的问题，但它不是指定儿童将从这些“际遇”中学到什么。一个表现性目标既向教师也向儿童发出了“请帖”，邀请他们探索、追随或集中争论他们特别感兴趣或对他们特别重要的问题，表现性目标是唤起性的而非规定性的。[④]

根据课程目标的过程性取向，可以将幼儿园活动目标分为预设目标和生成

① 虞永平.生活化的幼儿园课程[M].北京：高等教育出版社，2010：15.

② 张华.课程与教学论[M].上海：上海教育出版社，2000：150.

③ 张华.课程与教学论[M].上海：上海教育出版社，2000：178.

④ 杨莉君.幼儿园教育目标的新取向：一种整合的教育目标观[J].学前教育研究，2003(4)：14-16.

性目标。预设目标是在活动开展前提前制定的目标，而生成性目标是在教育情境中随着教育过程的展开而自然生成的教育目标，在活动开展的过程中，教师基于幼儿真实兴趣、问题及经验逐步形成。生成性目标是符合人的经验生长的内在要求的。后现代主义的目标观强调目标既不一定是精确的，也不一定是预先设定的，目标就是一般性的、生成性的，从而鼓励创造性的、互动性的转化。[①]生成性目标的基本特征就是过程性，在真实活动情境中渐进式地逐步演进的，它是幼儿经验生长的方向，既扎根于当下的活动又指向未来发展方向。如当下流行的项目活动便是秉持生成性目标理念，主要以一个个项目活动的方式展开，一个项目是一种课程，是一种探究。探究什么，如何探究，项目何时结束，这些都取决于儿童和教师双方的互动、思维的碰撞与对话，而不是事先预设现成的目标。

以上幼儿园课程目标类型都有自身的优劣，行为目标便于教师直观评价，但缺少灵活性与弹性；表现性目标需要持续性，但能满足幼儿个性化需求；预设性目标保证幼儿发展的基本要求，但较为封闭，缺少幼儿自主性。可见，幼儿园活动目标的设计需要综合考虑各种类型的目标，整合各个目标的优点以提升幼儿园活动的质量，促进幼儿全面发展。

2. 幼儿园课程目标的结构

在讨论幼儿园课程目标的结构之前，需要理清幼儿园课程的逻辑起点，即“为谁教”“教什么”“怎么教”。所谓“为谁教”就是社会层面的考量，由于3～6岁幼儿的年龄特点和学习规律，幼儿发展的价值是幼儿园课程的出发点和落脚点，幼儿园课程同时还需关注课程的基本功能即传递社会文化的需求。所谓“教什么”就是学前教育领域学科知识(在我国是五大领域)，年龄特点决定了幼儿通过以游戏为基本活动、在做中学以及直接感知、动手操作和亲身体验等方式感知外部世界并积极主动建构自己的经验，进而掌握各类学科知识。所谓“怎么教”就是在开展幼儿园各类课程中如何处理教与学的关系，教与学不是二元对立的关系，而是相互影响、教学相长的关系。在幼儿园课程中教师的教与幼儿的学的关系不是一成不变的。

可见，幼儿园课程目标不是单一的结构，而是受到多种因素的影响，包括社会发展需求、个体身心发展需求以及学科的要求，因而幼儿园的课程目标就是社会发展需求、个体身心发展需求及学科知识要求等综合作用的有机整体。幼儿园课程目标的制定需要包含三个要点，其一是社会期望，即课程目标要符合

① 多尔.后现代课程观[M].王红宇，译.北京：教育科学出版社，2000：248-260.

社会与时代的发展需求,儿童的发展是受到社会发展水平制约的,社会需要学校培养何种人才决定着教育者将选择何种教育内容。其二是个体身心发展需求,布卢姆等认为,人的发展分为认知、情感和动作技能三个领域。认知领域包括知识的掌握和认知能力的发展,如“知道小兔子的外形特征”;情感领域包括兴趣、态度、习惯、价值观和社会适应能力的发展,如“体验和同伴合作的乐趣”;动作技能领域包括感知动作、运动协调和动作技能的发展,如“掌握身体旋转跳的基本方法”等。值得注意的是为了体现发展的层级性,布卢姆还将各领域分为从低级到高级发展的若干层次,如将认知领域分为知识、领会、应用、分析、综合和评价六个层次,将情感领域分为接受、反应、估价、组织和性格化五个层次,而动作领域则分为反射动作、基本动作、知觉动作、体能、敏感性和创造性动作等。[①] 其三是学前教育领域学科知识(在我国是五大领域)的培养目标,主要参考《3～6岁儿童学习与发展指南》。

3. 幼儿园课程目标的层次

从宏观、中观与微观的逻辑性视角对幼儿园课程目标进行纵向分类(见图2-2),可将其分为宏观的国家与地方幼儿园课程总目标,中观的幼儿园课程目标,微观的各年龄段目标、学期目标、主题目标、一日生活活动目标。

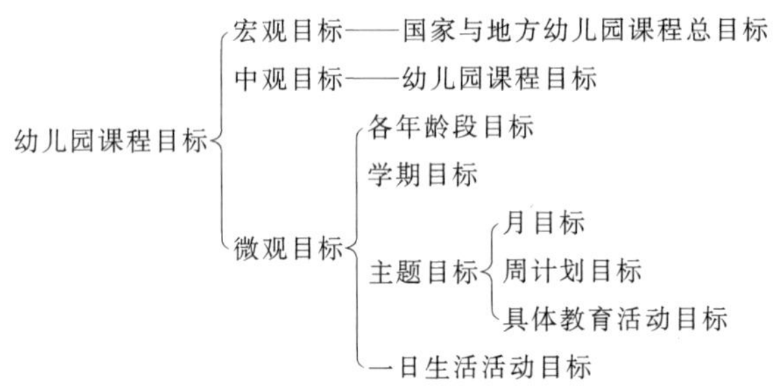

图2-2　幼儿园课程目标的层次图

宏观的目标是国家与地方对幼儿园教育运行的系统性、整体性的要求,反映国家对幼儿园培养幼儿的引领性要求,对幼儿园课程改革与发展进行指导与规定。

中观目标是幼儿园层面根据国家相关法律法规文件,如《3～6岁儿童学习与发展指南》《幼儿园教育指导纲要(试行)》《幼儿园工作规程》等,地方课程改革精神,如《江苏省课程游戏化项目》《江苏省课程游戏化六大支架》等,以及幼儿园的实际情况,将观念层面的课程目标具体化,使之具有较强的针对性与评

① 叶平枝,等.幼儿深度学习课程设计与实施[M].北京:教育科学出版社,2022:46.

价性[①]。

微观目标中幼儿各年龄段目标是依据中观目标、各年龄段特点的典型行为及实际表现情况而制定的，是实现幼儿园目标的有力保障。学期目标依据中观目标、各年龄段目标的两个上位概念，同时结合幼儿园自身的培养目标有计划制定的学期性目标，相对而言学期目标比较具体。主题活动是指在一段时间里，以贴近幼儿生活的某个中心内容为主线组织的教育教学活动，可见主题目标是围绕某个主题内容预设幼儿可能获得的各类经验。一日生活皆课程是幼儿园课程实施的基本理念，而一日生活活动目标就是落实该理念的有效途径，一日活动的形式是多元的，不仅包括集体教学活动，还包括生活活动、游戏等，一日生活活动的目标属于微观目标。各层次的教育目标尽管指向性不同，但不是割裂的，而是相互影响和联系的，其中宏观目标是中观目标、微观目标实施的方向，微观目标又是落实宏观目标与中观目标的途径。

二、幼儿自然体验课程目标及制定依据

（一）幼儿自然体验课程目标的界定

幼儿自然体验课程目标是教师对幼儿在自然体验课程中获得经验的预期，幼儿自然体验课程目标不仅关注体验的有效性和深入性，而且关注幼儿的全面发展。幼儿在自然体验活动中通过亲身体验、主动探究，在发现问题、解决问题的过程中培养认知与探究能力。教师支持幼儿与大自然的联结，激发幼儿亲近自然、喜欢自然生态的环境，同时对幼儿与同伴合作、交往等社会性能力有着积极的促进作用。所以，幼儿自然体验课程目标是多元的，不仅包括认知目标、能力目标，也包括情感态度与价值观，幼儿获得的探究能力、探究经验、探究品质等都是自然体验活动目标所注重和追求的。因此，自然体验课程目标最终聚焦于幼儿的关键经验及核心素养的培养。

1. 关键经验的获得是基础

关键经验来源于美国高宽课程对幼儿学习与发展的重要经验的梳理，它是高宽课程组织教育教学的框架与线索，也是该课程评价的重要指标。有研究者认为关键经验是幼儿发展必须获得的经验，这些经验在幼儿的经验系统或经验结构中起节点和支撑的作用，有利于经验的建构、迁移以及对知识的深层理

---

① 上海市教育委员会教学研究室.幼儿园课程图景：课程实施方案编制指南[M].上海：华东师范大学出版社，2013：37.

解。[①] 可见,关键经验是幼儿构建自身经验系统重要的因素,对幼儿的全面的、可持续的发展具有重要的影响。关键经验作为经验的一种,其本身具有经验的特点即连续性。经验的连续性原则意味着,每种经验既从过去经验中采纳了某些东西,同时又以某种方式改变未来经验的性质。[②] 因此,关键经验不是一次性完成的,必须依靠幼儿主动操作物体、与他人交流以及经验的不断丰富来获得和发展。关键经验不是表面的经验,而是需要幼儿与环境交互作用,在积极主动的体验式学习后形成的经验。

同时,关键经验是通向教育目标的桥梁,关键经验具有教育目标的属性,但又与教育目标不同。如《3～6 岁儿童学习与发展指南》中“亲近自然,喜欢探究”是科学领域子领域“科学探究”的一个教育目标,但这并不是关键经验。幼儿“对自己感兴趣的问题总是刨根问底”“能经常动手动脑寻找问题的答案”“探索中有所发现时感到兴奋和满足”才是与此目标相关的关键经验。对教师而言关键经验是一种“鹰架”,它指明了幼儿的发展方向,为教师在教育活动中支持幼儿的学习、为创设有准备的活动环境以及评价教育活动的有效性提供了指南。

2. 核心素养的形成是宗旨

目前学前领域关于核心素养的研究较为缺乏,有学者认为幼儿的核心素养是幼儿为满足身心发展规律与需求,满足个体生命全面发展和终身发展需求,应对社会文化发展需求及其变迁,发展成为对社会有用的社会主义建设者和接班人而具备的关键品格和能力。[③] 可见,核心素养是社会对个体所要求的较为综合的品格和能力,也是每个个体自我发展、适应社会及胜任未来社会生活所必需的能力。核心素养与关键经验具有密切联系,关键经验是个体建构核心素养的基础,在教育教学活动中个体获得了关于社会文化、自我认知等领域的经验,在此基础上核心素养通过整合各领域的关键经验逐步构建可持续性的、终身的、根本的思维能力和个性品质。这类品质与能力对幼儿适应未来社会具有关键性作用。

(二) 目标确立的依据

幼儿园自然体验课程不仅是活动形式的转变,更是幼儿学习方式的变革,而幼儿园自然体验课程能否真正发挥其内在价值,取决于教师组织的活动是否

① 叶平枝.在幼儿教育课程改革背景下重新审视关键经验的意义、内涵与特征[J].学前教育研究,2008(11):7-11.

② 杜威.我们怎样思维·经验与教育[M].姜文闵,译.北京:人民教育出版社,1991:261.

③ 韩玉梅,宋乃庆,杨晓萍,等.学前儿童的核心素养:内涵、理论和指标体系[J].西南大学学报(社会科学版),2020(2):85-95.

科学、合理、有效。幼儿园自然体验课程的目标就是关注社会需要什么样的人、培养什么样的儿童以及当下幼儿园实现什么样的教育目标。因此幼儿园自然体验课程目标制定的依据主要有国家现有的关于学前教育目标的政策文件、幼儿身心发展规律和幼儿关键经验发展。

1. 国家相关政策文件是基础依据

在国家政策层面，我国学前教育领域的纲领性文件主要包括《幼儿园教育指导纲要（试行）》《3～6岁儿童学习与发展指南》《幼儿园保育教育质量评估指南》等。其中，《幼儿园教育指导纲要（试行）》中明确提出要引导幼儿"爱护动植物，关心周围环境，亲近大自然，珍惜自然资源，有初步的环保意识"，在《3～6岁儿童学习与发展指南》中也提出要培养幼儿"亲近自然，喜欢探究""在探究中认识周围事物和现象"，这些目标内容与自然体验教育直接相关。与此同时，在其他领域也涉及与自然体验活动相关的目标内容，如《3～6岁儿童学习与发展指南》中健康领域提出"能在较冷或较热的户外环境中连续活动半小时以上""具有一定的适应能力"，艺术领域提出"在欣赏自然界和生活环境中美的事物时，关注其色彩、形态等特征""乐于模仿自然界和生活环境中有特点的声音，并产生相关的联想"等。这些目标要求反映着自然体验教育促进幼儿全面发展的重要价值，幼儿园确立课程目标时应首要考虑到国家政策文件中的指引性要求。

2. 幼儿身心发展规律是根本依据

教育任何目标的制定都需要依据受教者的身心发展规律和特点，由于小中大幼儿的年龄特点不一，且幼儿身心发展不完善，因此教师在制定目标时应注重体现年龄特征。在明确幼儿自然体验课程的目标后，需要针对各年龄段幼儿的发展需求及方向预设不同的目标，进而选择不同的教育内容。在具体实施各年龄目标时，教师亦可根据本班幼儿的兴趣及经验水平灵活调整活动目标，确保活动目标适宜幼儿的发展需求。同时在编制各年龄段目标时要注重目标之间的衔接和逻辑性关系，小、中、大年龄段的目标要层层递进，体现目标的循序渐进原则。

3. 幼儿关键经验发展是主要依据

较多的研究已证实开展自然体验活动能够促进幼儿的全面发展，同时也能满足幼儿在活动中获得各类关键经验的发展。在自然中奔跑、攀爬可以提高幼儿的新陈代谢与身体运动能力，发展"身体移动""身体控制""平衡"等新经验。[①] 自然中的各种事物都是真实的，幼儿可以借助多元感官对周边事物产生更直观

① 柳倩，周念丽，张晔. 学前儿童健康：学习与发展核心经验[M]. 南京：南京师范大学出版社，2016：7.

的体验，在自然中自由想象、自主探究，在发现问题与解决的问题的过程中提升自己勇于创造与思考的学习品质。

布罗迪认为，在非正式情境的学习中，融合了各种各样的因素，包括活动的探究性、多样性等因素，个人的好奇心、兴趣、内驱力等因素，不同参与者多样化的世界观、学习状态、已有知识等因素。① 在自然体验活动中，更易于唤起幼儿积极的情绪情感体验。

自然体验活动对幼儿探究能力及学习品质的培养具有重要的作用。生机盎然、丰富多彩的大自然能够陶冶幼儿的情操，唤醒幼儿感受美的好奇心、创造美的兴趣，依托自然材料开展的自然观察日志、自然游戏以及创设的自然体验区，能通过五感体验、自然植物类游戏等不同方式培养幼儿各领域的关键经验。此外，幼儿期积极的自然体验也能激发其自然敏感性，改变他们的环境观念，增强环境与自我的联系感。② 因此，教师在设计目标时，应注重幼儿的身体与丰富的自然环境因素互动，实现知情意行的统一。

三、幼儿园自然体验课程目标的特点

（一）前瞻性

我们需要以一种全新的、更具有未来智慧的视角来看待学前教育，既关注已知，也关注未知，在复杂而多变的世界努力培养人的好奇心，启发人的智慧，增进人的自主性和责任感，引导幼儿积极、广泛、有远见地寻求有意义的学习。③ 课程目标的制定既要满足幼儿的身心发展规律和需求，又要基于未来社会对人才的需求，思考并确定哪些核心素养对幼儿的可持续性发展具有重要的价值目标。在自然体验活动中，幼儿获得的不仅仅是知识与技能，通过体验式的学习途径，幼儿在大自然的环境中以“独立完整的人格与大自然对话，他真正体验到他是一个自主的、具有完全生命力的人”④。可见，自然体验活动让幼儿在真实的、体验式的环境中获得关键经验，进而逐步形成适应未来社会所需的核心素养，以完全的人格来面对未来社会的挑战。

（二）综合性

有关研究表明，幼儿园自然体验活动对幼儿的发展价值是多元的、综合性

① BRODY M. Learning in nature[J]. Environmental education research, 2005,11(5):603-621.

② PHENICE L,GRIFFORE R. Young children and the natural world [J]. Contemporary issues in early childhood,2003,4(2):167-171.

③ 珀金斯. 为未来而教，为未来而学[M]. 杨彦捷，译. 杭州：浙江人民出版社，2015：16.

④ 封孝伦. 人类生命系统中的美学[M]. 合肥：安徽教育出版社，1999：185-186.

的。例如，一项德国政府开展的综合研究总结道："在未来的知识型社会中，整体性学习、对生活世界的经验、所有感官的发展和社会情境中的自我意识将构成人类生活的基础。"①从身心健康角度看，自然体验活动对幼儿的生理发展有促进作用，如能促进幼儿肢体的运动技能、身体的灵活性等能力提升，能有效减少幼儿注意力不集中，提高幼儿的自律和心理稳定水平。从认知发展的视角看，自然体验活动能激发幼儿对大自然的探究兴趣，培养幼儿的团队协作能力，唤醒幼儿发现美、创造美的潜能。在参与自然体验活动时，需要幼儿调动多领域的知识与经验去体验与探究，而不局限于单一领域。因此，幼儿自然体验课程的目标不是某一领域的目标，而是各领域综合的、可以迁移的目标，如探究品质、创造力等。

（三）持续性

根据库伯的"体验式学习循环模式"理论，体验式学习分为四个循环步骤：具体体验—观察与反思—形成抽象的概念—在新情境中检验。② 可见，在自然体验活动中，幼儿对大自然的探究是持续性的、层层递进的。这样不仅可以避免低水平的重复，还能让幼儿在持续性的深度探究中经验可以螺旋上升。因此，自然体验课程目标不是仅通过一次活动就能达成的，而是需要在不断地观察、反思、检验等环节中，逐步达成目标，进而形成可迁移的关键经验。

（四）生成性

随着我国幼儿园课程改革，在课程实施过程中越发强调"主题是非预设性的，应该来自儿童真实的生活经验、兴趣和问题"③，因此生成活动在幼儿园课程中的价值与意义越发凸显。卡洛琳·爱德华兹在《儿童的一百种语言》中说："幼儿并没有一味地过度执着于他们自己的想法，而是不断地建构并修正观念，幼儿们倾向于探索、发现、改变他们的观点，喜欢以各种形式与意义来转变自己"。在自然体验活动中，教师始终要践行儿童与成人之间民主、平等的对话，通过与儿童对话、一对一倾听等方式，了解偶发事件背后存在的儿童真实需求。

教师应从儿童视角出发，灵活调整预设内容，鼓励儿童在生活、游戏中接触新经验、通过实操熟悉新经验，帮助儿童发现新的可进一步探究的问题，而这些问题就是生成活动的契机，此时生成活动便是促进儿童经验可持续生长的支架。

---

① 黄宇. 自然体验学习[M]. 上海：上海教育出版社，2021：10.

② KOLB D A. Experiential learning：experience as the source of learning and development[M]. New Jersey：Prentice-Hal，1984：41.

③ 蔡东霞，张冬梅. 瑞吉欧教育中的师幼关系及其启示[J]. 佳木斯大学社会科学学报，2012(5)：150-151.

四、幼儿园自然体验课程的总目标

课程目标是活动设计的起点，也是课程实施的归宿。幼儿园自然体验课程的总目标应建立在《幼儿园教育指导纲要（试行）》《3～6岁儿童学习与发展指南》等国家政策文件的要求之上，考虑幼儿的身心发展规律和年龄特点。根据幼儿园的培养目标，即培养“乐动、乐言、乐探、乐创、乐群”的新时代儿童，在内化自然体验课程理念，即实施“在自然体验中学习”的课程，为幼儿的当下发展提供多方的支持与互动，促进幼儿在亲身体验、观察与探究的过程中获得有意义的、适宜的知情意行发展，制定出课程总目标。总目标是根据培养目标，通过“在自然体验中学习”自然体验课程的实施，使幼儿成为身心健康、善听乐言、明礼乐群、喜欢探究、热爱艺术的全面发展的儿童。

五、幼儿园自然体验课程的具体目标

基于上述分析，为了使课程目标为教师所理解与实施，我们根据“在自然体验中学习”的课程理念，结合幼儿的年龄特点，将课程总目标进行了细化分析。具体做法是将《幼儿园教育指导纲要（试行）》《3～6岁儿童学习与发展指南》《幼儿园保育教育质量评估指南》等文件中的与课程总目标价值理念相一致的课程具体目标相互整合，形成幼儿发展的各领域目标，主要包括以下三方面。

（一）探究自然

课程设置要尊重儿童天性、遵循儿童发展规律和做事逻辑。儿童是有能力的学习者，他们对待周围的生活环境有着自己的理解和互动的方式。将自然界绚丽多姿的景色以千变万化的形式展现在幼儿面前，激发幼儿的好奇心和探索欲，让幼儿在探索和感悟知识的过程中获得知识经验，培养他们的探索和思考欲望。因此，探究自然主要包括以下三个目标。

(1) 在与自然环境互动的过程中，了解自然环境与人们生活之间的联系，体验并初步认识自然中的事物，喜欢亲近自然。

(2) 初步养成爱护环境的生活态度与习惯，在日常生活中做力所能及的事情保护环境并初步树立环保的意识，具有责任感。

(3) 在情境中能积极参与探究活动，好奇好问，能积极表达自己的发现，在探究过程中遇到问题时积极主动地尝试通过多种方式解决问题。

（二）共同生活

幼儿园是教师和儿童的共同生活场，生活场中的师幼关系不仅影响着教育教学活动的开展，而且影响着师幼互动质量以及儿童的身心状态与发展。因此，共同生活主要包括以下四个目标。

（1）在与周围的人事物互动的过程中，了解并遵守社会生活所需的规则，了解并体验社会生活中人们之间相互关爱、合作的重要性与快乐。

（2）具有初步的生活自理能力和自我服务的习惯，养成自己的事情自己做的习惯，并树立乐于关爱他人、帮助他人的良好品质。

（3）热爱运动，具有健康的身心发展素质，知道运动能使身体健康，并能积极参与每天的锻炼活动。

（4）对周边的生活与世界充满好奇与兴趣，能积极投身到对周围环境的观察与体验中，并有自己的发现。

（三）探究艺术

（1）初步接触世界多元的文化与艺术，能发现与欣赏生活中的美，产生初步的审美情趣。

（2）能用多元途径表达自己对生活中美的发现，具有一定的想象力和创造力。

（3）喜欢参与艺术创作活动，了解艺术的不同呈现手法，愿意用音乐、身体动作、绘画等方式表达自己对艺术的感受。

第四节　自然体验课程内容的组织与架构

幼儿园教育活动是儿童获得经验的意义空间，是成人文化与儿童文化相互交融的场所，是人类既有的知识世界与儿童生活世界对话的地方，可以说幼儿园教育活动的质量直接影响教育质量。在选择与实施幼儿园课程内容时，教育者需要思考怎样的学习内容对幼儿有价值。所谓有价值可以从两个角度解读，一是指向幼儿当下的发展，即有价值的幼儿园课程内容是符合幼儿当下年龄特点与发展方向的，就是幼儿眼里的“好玩”“有趣”；二是指向未来社会，即有价值的幼儿园课程内容的宗旨是培养幼儿适应未来社会生活的综合能力与品质，就是核心素养。在设计幼儿园课程内容时，我们需要把上述两点纳入课程框架中。

一、幼儿园课程内容概述

关于幼儿园课程内容的内涵，我国的幼儿教育法规对其有着较为清晰的定位。《幼儿园工作规程》指出：“合理地综合组织各方面的教育内容，并渗透于幼儿一日生活的各项活动中，充分发挥各种教育手段的交互作用。”《幼儿园教育指导纲要（试行）》指出：“幼儿园的教育内容是全面的、启蒙性的”“教育活动内容的选择应贴近幼儿的生活，又有助于拓展幼儿的经验”。两个政策文件中的教育内容就是幼儿园的课程内容，是幼儿园一切教育活动实施的载体。上述文件说明幼儿园的教育内容应该是全面的、启蒙的且相互渗透的。

所谓幼儿园课程内容，就是根据幼儿园的课程目标、幼儿的学习经验和兴趣所选择的，蕴涵或组织在幼儿的各种活动中的基础知识、基本态度、基本技能、基本行为方式。[①] 对幼儿而言，基础知识就是幼儿生活及周围世界常见且浅显的基本知识，它是促进幼儿发展的基础。基本态度就是幼儿对周边人事物的主观看法与行为倾向，如热爱大自然、关爱他人等。基本技能是指幼儿的身体发展、语言发展、生活自理能力等五大领域发展的技能。基本行为方式是指幼儿的不同行为表现具有一定稳定性，如积极参与探究与创造性活动。

二、自然体验课程内容的哲学基础

认识世界和探索世界是幼儿与生俱来的本能，在幼儿教育阶段什么样的知识学习对幼儿发展有价值？幼儿又该如何获得此类知识？这不仅关乎幼儿园课程价值，也关乎幼儿园课程内容背后的哲学观。在哲学思想领域关于获得知识、认识世界的方式有先验论和经验论两种观点。先验论者认为人的发展就是按照某种“绝对目标”的规定“逐步地使包着的东西明显外露”[②]，如黑格尔认为绝对精神是先天存在的真理，是绝对的、超越万事万物的，不需要通过经验就可以获得的，绝对精神比人类还要高。经验论者则认为知识来源于个体与外界环境的互动，在互动中个体通过体验、操作等一系列过程进而习得知识，形成经验。皮亚杰的建构主义认为儿童的知识是与环境、他人相互作用而获得的。当经验已经是积累性的经验，或者有点价值、有点意义时，经验才含有知识的作用。[③] 教育理念不同折射出其背后哲学观的异同，从上述内容可知，先验论者强调先天存在的目标，指出通过一系列历史制度实现该目标[④]。而经验论者则强调个体在认识世界中的主体性与能动性，通过与外界环境直接互动进而获得知识与经验。幼儿园课程强调经验，意味着强调幼儿是活动的主体，意味着注重幼儿与真实环境的相互作用，也意味着关注活动的具体过程。

纵观当下的幼儿园课程，仍然注重经验在课程内容中的作用及价值。《幼儿园教育指导纲要（试行）》指出：幼儿园教育应尊重幼儿身心发展规律和学习

① 冯晓霞.幼儿园课程[M].北京：北京师范大学出版社，2001：49.

② 杜威.民主主义与教育[M].王承绪，译.北京：人民教育出版社，2016：66.

③ 杜威.民主主义与教育[M].王承绪，译.北京：人民教育出版社，2016：154.

④ 杜威.民主主义与教育[M].王承绪，译.北京：人民教育出版社，2016：68.

特点，充分关注幼儿的经验，引导幼儿在生活和活动中生动、活泼、主动地学习。我们认为有价值的幼儿园课程内容除了满足"符合幼儿身心发展需求，顺应幼儿天性""能够促进幼儿全面、和谐发展"的核心要素外，还要满足可以有效促进幼儿经验的生长，并且注重真实的体验，直接地以幼儿感兴趣的方式组织实施。幼儿自然体验课程不仅强调经验在学习中的重要作用，也注重幼儿与生俱来的本能。幼儿自然体验课程内容整合了先验论和经验论的精神，一方面包含幼儿适应未来社会发展的重要能力及素养，它们是先于幼儿当下生活而存在的目标；另一方面也强调幼儿通过自然体验活动运用直接感知、动手操作、亲身体验等学习方式获得知识和关键经验。

三、自然体验课程内容的组织维度

幼儿园自然体验包含两个基本的活动场域，一是自然场域，它是一个以自然资源为核心的，各要素相互关联的活动场域；二是体验场域，它是一个以个体主动探究与深度学习为核心的活动场域，这两个维度的场域共同构成了自然体验课程的内容框架。卢梭认为自然教育包括"我们或是受之于自然，或是受之于人，或是受之于物。我们的才能和器官的内在的发展是自然的教育；别人教我们如何利用这种发展是人的教育；我们对影响我们的事物获得良好的经验，是事物的教育"①。对儿童成长有重要影响的除了大自然之外，幼儿周边的人和事都构成了影响情境，它们为幼儿的社会性习得与文化适应提供了体验场域与对象。因此，自然体验情境并不仅仅指向自然环境，而是能促进幼儿全面发展的系统性环境。这其中包括以下三个维度，即游戏亲近自然、生活体验自然以及生态探究自然。从幼儿体验和探究需求出发，自然体验课程内容是将自然、社会以及人文三类不同的资源纳入课程内容架构体系中，以便幼儿在和自然接触的过程中更好地实现各项核心素养的发展，包括持续、专注等学习品质的培养。

首先是游戏亲近自然。个体生命早期所具有的吸收性心智，使得他们可以通过对环境中各种刺激的应激性反应去认识世界并确立自我在整个环境中的角色与地位，而且这种认识蕴含着无限的情感与灵性。② 认识自然就是认识自我，游戏亲近自然的课程内容在于培养幼儿对自然的积极情感，引导幼儿在与自然的互动中得到身心滋养。幼儿园要充分挖掘园内外自然资源，为幼儿亲近自然提供活动支架，一方面要将物化的自然物引入幼儿的感知范围内，如目之

① 卢梭．爱弥儿[M]．北京：商务印书馆，2015：66.

② 叶平枝．从蒙台梭利的儿童观论学前教育的重要价值[J]．学前教育研究，2011(6)：27-30.

所及的动植物、风声与鸟鸣声、春日花草、夏日雷雨、秋日丰收、冬日雨雪等常见的自然现象,鼓励幼儿利用自己的五感充分感受自然界中的气味、色彩与温度。另一方面,还需树立生态关系意识,鼓励幼儿在充分感知自然环境中的要素时,积极发现动植物之间相互依赖、相互影响的生态关系与规律,如桑树上的尺蠖形态与变化、蚯蚓与植物生长之间的关系等。以上两个感知自然的内容对幼儿发展的作用是相辅相成的,前者是认识与感受自然要素,后者是发现与理解自然关系。

其次是生活体验自然。所谓生活体验自然,是围绕幼儿日常生活而架构的体验场域。幼儿的日常生活是重要的学习资源,因为幼儿是在一定社会文化背景下成长的,社会交往、民俗节日等都是幼儿开展学习的基本手段。生活体验自然的课程内容的设置是让幼儿与生活中真实的自然情境交互作用,目的在于培养幼儿认识、表征与表达的能力,它包括民俗文化体验、生态艺术体验、农耕饲养三个模块。其中民俗文化体验是将有关中国传统文化、当地文化资源纳入幼儿活动内容中,以促进幼儿更好地体验文化与自然之间的关系;生态艺术体验是充分挖掘园内外各类自然资源,如园内的动植物,园外的公园、花卉园等,开展关于艺术类的写生、自然拼摆、艺术类造型等活动,让幼儿体验自然生态性多样的同时感受不同类型的艺术;农耕饲养主要聚焦园内的饲养区和种植园地、班级的自然角以及园外的动物园等空间,让幼儿完整体验一粒种子从播种到收获的全过程,让幼儿感受一颗鸡蛋从孵化开始到小鸡出壳再到慢慢长大的生命成长过程,让幼儿亲身体验到生命的成长与自然的密切关系。农耕饲养不仅可以拓展幼儿的生活经验、认知及技能,而且是培养幼儿坚持、专注、富有耐心等良好的品格的重要手段。

最后是生态探究自然,其内涵是指将自然环境中各类要素、粗浅的科学知识与原理作为探究的对象,引导幼儿在初步的科学探究中进一步发现自然生态系统中各类要素相互依存、相互影响的内在关系。生态探究自然课程内容侧重于幼儿的动手操作,它的实施样态可以是围绕某一自然现象单次的探究活动,如大班探究“沉与浮”“光影变化”等内容,也可以是综合性的持续性项目活动,如中班探究竹笋的成长秘密、孵鸡蛋的过程等内容,其目的是促进幼儿在探究活动中丰富生态自然的经验并初步形成相关概念。生态探究自然是自然体验课程内容的核心组成,因为自然体验课程的核心目标之一便是通过亲身体验、动手操作等系列活动促进幼儿经验的发展。可发展的经验是指能够支持幼儿自主且可持续发展的一系列经验,它既包含构成儿童基本认知图式、为儿童认知加工提供素材的一般经验,也包含那些具有鲜明的认识论和方法论特质的过程性经验。[①] 因此，教师在开展生态探究类活动的时候，要关注幼儿探究方式与探究能力的培养，在积累幼儿关于生态科学的经验基础上注重幼儿思维能力的培养，尤其是发现问题的意识、尝试解决问题的能力。

四、自然体验课程内容的组织形式

与一般的幼儿园课程内容相比，自然体验课程的内容是在幼儿园原有课程内容基础上进一步优化与建构，对幼儿的发展、教师的素养有了更高的期待与要求。幼儿自然体验活动的开展是在真实的情境中，从幼儿问题出发，在教师适宜的支持下，幼儿通过亲身体验、主动探究、反思验证进而建构知识经验的过程，是对体验式学习的重构。幼儿自然体验课程内容从幼儿生活出发，基于真实情境及幼儿问题，以五大领域为基础，同时注重开放性、整合性。幼儿自然体验课程内容以主题活动、项目活动、生活活动与游戏为主要的组织形式，并通过灵活多样的途径组织实施，让幼儿在真实体验、持续探究和分享验证中获得知情意行的全面发展。

幼儿自然体验课程内容为促进幼儿习得关键经验、核心素养等品质提供有力支架。一是注重以幼儿问题为导向。问题作为自然体验活动开展的助推器，有着推动幼儿认知、思维等能力发展的价值，在发现问题、探究问题及解决问题的过程中，幼儿各项关键经验得以发展。二是注重以持续性探究为途径。自然体验注重在开放、充满挑战的真实情境中持续性体验，引导幼儿在反复猜测、验证、反思等过程中转变思维、促使经验生长。三是注重关键经验的习得。自然体验对幼儿应该学什么有着深入思考，并着重培养幼儿适应未来社会的核心素养。

幼儿园自然体验课程以主题活动、项目活动、生活活动与游戏为主要组织形式，通过灵活多样的途径实施，让幼儿在真实情境中体验、探究，在体验中获得关键经验及核心素养的发展。

（一）主题活动

作为教育内容的一种组织形式，主题一般在核心课程中采用，它具有多层次功能，它是以教育内容的整合为追求的。[②] 主题活动的开展指师幼在一段时间内围绕一个活动中心话题，有意识地将幼儿多领域发展经验整合，通过多种实施途径，形成一系列促进幼儿发展的活动。主题活动内容本身要与幼儿年龄

---

① 佟才丽，吴琼.高宽课程的关键经验及其对我国学前教育的影响[J].现代教育科学，2017(1)：99-102.

② 虞永平.学前课程与幸福童年[M].北京：教育科学出版社，2012：74.

特点一致,同时主题开展也要满足幼儿的发展需求,并能够提升幼儿现有的经验和能力。主题内容的来源是多角度的,可以源自幼儿生活中的真实事件、绘本故事、当下的节日节气等,结合幼儿兴趣、园内外可开发的教育资源等情况来确定主题活动内容。主题活动一般强调教师的预设,教师需要结合主题活动目标及关键经验设计好每次活动,然后组织实施。例如,在大班“遇见春日图书”主题活动中(见图 2-3、表 2-1),教师可以从参观图书馆、设计班级语言区、文字演变、造花纸等方面预设具体活动。值得强调的是,虽然由主题引发的活动聚焦的侧重点不同,有的活动以认知为主、有的活动以社会情感体验为主等,但这些活动不是绝对割裂的,更多是以整合的形式出现的。

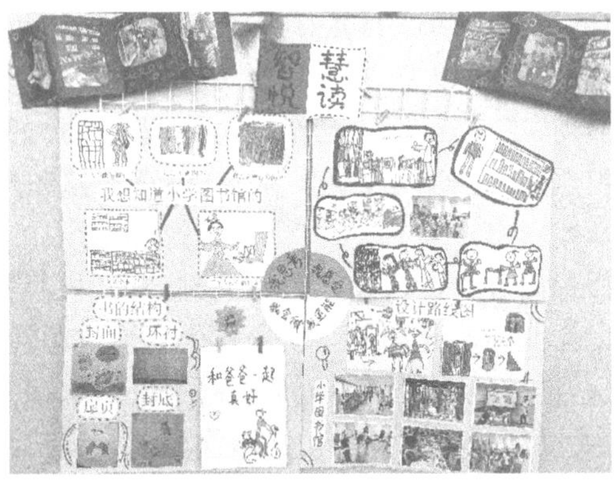

图 2-3　大班主题活动“遇见春日图书”主题环境

表 2-1　大班主题活动“遇见春日图书”前期思考

主题名称	遇见春日图书
主题来源	图书是孩子们生活当中非常熟悉的物品,幼儿园周边的社区有大型图书馆和书店,孩子们的家里有图书、幼儿园的语言区有图书,每天幼儿园生活以及家庭生活中都会发生关于图书的事情。但幼儿对于图书的了解还不够深入,同时也对图书产生诸多的好奇:书的纸从哪里来的?书上的字有的认识、有的不认识,图书馆借书是怎么借的?于是主题从观察小学图书馆开始,带领幼儿开启图书之旅
主题框架	遇见春日图书 遇见图书准备——亲子体验活动:参观社区图书馆 参观小学图书馆:综合活动:“参观小学图书馆”;社会活动:“我会借图书” 我与图书: 语言活动:“我是故事大王”“南师电台每日播送”“文字的演变” 社会活动:“我会借图书”“布置语言区”“我是图书管理员” 科学活动:“班级图书大统计”“造纸的秘密”“图书馆在几楼”“小小造纸师” 艺术活动:“造花纸”“纸的艺术馆”

表 2-1(续)

主题名称	遇见春日图书
关键经验	对图书馆有进一步了解，知道图书馆图书由不同种类的书组成，了解借阅图书的流程 能用语言、表演、绘画等多种方式表现自己阅读图书的感受 探究文字的演变，了解自己的姓氏，会写自己的名字 了解纸张形成的过程，能利用多种方式尝试造出纸 作为即将毕业的大班幼儿，愿意为班级语言区服务，感受集体生活带来的快乐
预设的主题活动	综合活动："参观小学图书馆" 语言活动："我是故事大王""南师电台每日播送""文字的演变" 社会活动："我会借图书""布置语言区""我是图书管理员" 科学活动："班级图书大统计""造纸的秘密""图书馆在几楼""小小造纸师" 艺术活动："造花纸""纸的艺术画"
预设的项目活动	建构区："我搭建的图书馆" 科学区："造花纸"
预设的游戏活动	语言区："我是图书管理员""制作图书" 科学区："制作纸浆""制作干花" 美工区："我的借书卡""好看的书签" 表演区："春日故事小舞台"
预设的生活活动	分享亲子阅读时光、家里藏书统计 整理班级语言区 整理、布置家中阅读角 收集春日花朵
预设的亲子活动	亲子阅读 设计与布置家庭阅读角 家长来园 亲子剧展演

（二）项目活动

项目活动指的是儿童在教师的支持引导下，围绕某个感兴趣的生活中的"课题"或认识中的"问题"进行研究探讨，在共同的研究探讨中发现知识、理解意义、建构知识，强调活动的生成。① 项目活动的开展一般以小组的形式，聚焦问题动态发展，在持续性沉浸式的探究过程中解决问题，进而促进幼儿的发展。项目活动的目标是开放的，强调活动目标的生成性，并在活动的过程中灵活调整。以"小鸡的家"项目活动为例，幼儿提出为长大的小鸡建造一个家，教师尊

① 冯晓霞.幼儿园课程[M].北京:北京师范大学出版社,2001:220.

重幼儿的活动需求,引导幼儿进行问卷调查、现场参观、设计小鸡家设计图、建构区尝试搭建等系列亲身体验式活动,带领幼儿开启一段探究活动。

（三）生活活动与游戏

生活活动是满足幼儿生理需求,培养幼儿生活技能,使幼儿初步学会自理,学习安全生活、愉快生活和文明生活的活动,它贯穿于幼儿一日生活之中。[①] 幼儿园的一日生活皆课程,教师在一日各个生活环节都可将自然体验的教育理念纳入,并落实到生活活动中,满足幼儿亲身体验的活动需求。

游戏是人类最古老的并延续至今的活动形式之一。荷兰学者胡伊青加把游戏界定为一种完全有意置身于"日常"生活之外的,"不当真"但同时又强烈吸引游戏者的自由活动,它是不与任何物质利益相联系的活动。[②] 游戏是个体主动的、自发的、愉快的自由活动。游戏作为幼儿学习的基本形式,是在幼儿丰富的生活经验基础上,自主想象并规划游戏内容、创造性反映与再现现实生活的活动。游戏是幼儿的生活方式,满足幼儿游戏需求,且真正落实自由、自主、愉悦、创造的游戏精神,能够有效促进幼儿各项能力的综合发展。

五、自然体验课程内容的组织逻辑及原则

课程内容的组织形式直接影响课程质量。可以说,可供幼儿园选择的课程内容较为丰富,有特色课程资源、其他引进的课程资源及生成的内容,那怎样从庞杂的课程内容中科学组织各类活动的内容与形式,这不仅需要在组织各类活动时对课程内容进行整体性思考,而且也要符合课程内容组织的基本逻辑与原则。

（一）组织的逻辑

1. 幼儿心理发展逻辑与学科领域逻辑

目前幼儿园课程内容主要是依据3～6岁幼儿的心理发展水平有序地呈现的,强调幼儿对课程内容的兴趣、需要及认知能力的发展。在关注幼儿身心发展逻辑的同时,也需要兼顾各学科的逻辑顺序。对教师而言,既要把握、理解不同领域要求、学科的逻辑顺序,又要基于幼儿心理发展逻辑将各领域的经验整合、联系起来。如在开展春天的季节性主题活动中,教师根据各年龄段幼儿对春天的兴趣与问题,预设不同类别的主题活动,如小班是"'玉'见花开"、中班是"探秘竹笋"、大班是"中国娃迎中国年"。在组织各主题活动的内容同时,教师

① 汪丽.田野课程:架构与实施[M].南京:南京师范大学出版社,2008:35.

② 胡伊青加.人:游戏者——对文化中游戏因素的研究[M].成穷,译.贵阳:贵州人民出版社,1998:13.

需要理清同一领域的关键经验发展逻辑，力图做到幼儿心理发展逻辑与学科领域之间的平衡。如针对科学领域中目标3“在探究中认识周围事物和现象”，根据幼儿的心理发展逻辑，不同年龄阶段有着不同的探究方式，其中小班幼儿主要是通过闻一闻、摸一摸、尝一尝等五感方式对常见的植物进行探究，中大班幼儿主要借助相关工具进行探究与体验。根据科学领域对不同年龄段幼儿建议的能力水平，梳理并编制不同年龄段幼儿关键经验发展逻辑。在组织课程内容时只有抓住了幼儿心理发展逻辑与学科领域逻辑顺序，才能科学地把握课程内容横向与纵向之间的关系，进而才能根据幼儿园实际的课程内容合理调整横向与纵向之间的有机整合。

2. 幼儿经验发展逻辑与时间先后逻辑

美国学者凯勒(Keller)在20世纪60年代曾提出“逐步深入的课程”理念。螺线式又称“圆周式”，是针对学习者的接受能力，按照简繁、深浅、难易的程度，使一门课程内容的某些基本概念和基本原理重复出现、逐步扩展、螺旋上升。[①]幼儿园自然体验课程宜采用螺旋式组织方式，在关注幼儿心理发展特点的同时，逐步加深课程内容所涉及的学科知识并延伸、拓展到实际生活中，在不断持续性探究与拓展中促进幼儿迁移已有经验。如在中班主题活动“探秘竹笋”中，预设每周主题“竹子的种类”“竹子的外形”“观察竹笋”“测量竹笋”“挖竹笋”“竹笋内部构造”等，从观察“竹子外部特征”到“探秘竹笋内部构造”，循序渐进地让幼儿在真实观察、循环反复的探究与验证的过程中获得关于竹子知识的螺旋式生长。

（二）组织的原则

在组织幼儿园课程时，需要对幼儿的一日活动内容进行整合性思考，同时也需要教师统筹考虑课程内容原则。

1. 优先考虑原则

幼儿园的一日生活皆课程。在对幼儿的一日生活进行整体性安排时，要体现优先考虑原则。例如，幼儿的安全、身心健康是最重要的，教师必须按照四季特点、天气情况以及幼儿的身心发展特点，科学合理地安排一日活动。活动形式除了要满足3小时游戏时间、2小时户外活动时间以及1小时身体锻炼时间外，建议在春秋季尽量多组织户外活动，为满足幼儿在户外自然体验创设时间与空间，以保证幼儿有充分的时间自由观察与探究。教师也需要因地制宜地利用周边资源组织幼儿在自然环境中活动，落实“在自然体验中学习”的课程

① 王本陆.课程与教学论[M].北京：高等教育出版社，2017：81.

理念。

2. 开放性原则

幼儿园的课程内容是开放的,它可以根据幼儿生活、周围环境、时代背景等因素不断地吸收新的有价值的课程资源,架构适宜的课程内容,从而不断充实与完善课程体系。这就需要教师具有发现、及时捕捉生发课程的教育契机以及较强的生成课程的能力。如在大班“探秘小鸡”的主题活动中,教师预设引导幼儿聚焦“小鸡成长过程”的探究与发现,但在实际的实施过程中,幼儿对于“小鸡是从鸡蛋里出来的,其他小动物出生的方式有什么不同?”类似胎生与卵生的探究活动较感兴趣。教师基于幼儿的兴趣及时调整课程内容,并通过多元方式支持幼儿的探究与猜想。可见,只有保持课程内容的开放性才能让课程内容拥有生命力,也只有赋予课程内容生命力,才能使得课程内容真正满足幼儿发展需求。

3. 整合性原则

幼儿园课程内容是系统性的,需要满足整合性原则,从不同角度切入课程目标,运用多元方式发挥课程内容的整体效应。如《3～6 岁儿童学习与发展指南》科学领域目标 1 指出“亲近自然,喜欢探究”,实现这一目标的课程内容有在生活活动中,如户外散步环节、照料自然角植物等,幼儿可以与自然亲密接触;在自然游戏中,幼儿可以利用自然材料开展诸多自然游戏;在亲子活动中,家长可以带领幼儿一起在户外草坪中、大树下开展踏青、找虫子等活动。围绕上述教育目标,也可以通过主题活动、角色游戏等不同途径加以落实,让幼儿体验到人与自然亲密互动带来的快乐。课程内容组织的整合不是机械的整合,而是幼儿经验的自然整合,是以教育目标为线索将各类活动经验自然而然地串联在一起,使得课程内容组织更加合理,进而促使课程目标高效达成。

第五节　自然体验课程内容的设计路径

自然体验课程的开发过程中,主要以主题活动、项目活动、生活以及游戏活动作为活动开展形式。在开发的过程中我们关注预设与生成的关系,强调过程的动态性与对话性,将自然体验课程开发看作一个持续、不断生长的过程。当课程开发进入实施阶段的时候,就需要针对不同形式的活动拟定不同的活动内容。教师在进行不同活动内容设计时,需要对幼儿的发展水平、幼儿的前期经验以及活动需求与兴趣进行评估与审议,进而选择适宜的活动内容。

一、自然体验主题活动的设计路径

主题活动设计阶段主要构建主题的基本实施框架，是对主题的活动线索和内容进行预设和计划的阶段。在本阶段，教师需要思考与本主题活动相关的因素以及可能的线索，并对这些线索进行初步的筛选，为主题活动目标指向、活动资源提供方向。主题活动的开发路径是指教师在自然体验主题活动实施前，充分细致地分析主题活动的背景、形成主题活动关键经验、实施网络图进而整合可利用的资源预设活动的过程。主题活动开发的路径主要包括背景分析、关键经验、活动目标等要素。值得强调的是，这些要素在主题活动开发过程中是相互影响的，因此教师在开发主题活动过程中需树立开放性原则，关注主题活动预设的同时保持敏感意识，及时捕捉生成的契机，及时把握真实的幼儿活动兴趣与产生的问题，让主题活动开发更具弹性、适宜性与生长性。

（一）主题背景分析

主题是自然体验课程的核心架构，是围绕中心话题形成的一组有利于幼儿全面和谐发展的多领域经验的整合，它为幼儿开展各类活动构建了多种线索和可能性。主题一般根据幼儿兴趣、能力以及教师的经验，依托园内外自然教育资源状况，由教师或师幼共同开发而成。而主题背景分析是主题活动开发的开端，是教师对主题活动形成认识的梳理，是对幼儿已有经验、兴趣的关注，也是对主题活动的价值以及将面临的现实问题进行整理。因此，在主题背景分析中会经常涉及以下几类问题，以便促使教师对主题的实施依据有更加清晰的认识：主题是否来源于幼儿真实的问题或兴趣？幼儿对于主题内容已具有哪些前期经验？与主题相关的园内外资源有哪些？根据幼儿实际生活，主题可能有哪些活动线索？因此，教师在设计主题活动内容之前，首先要做的就是在观察、对话的过程中分析幼儿的发展需求，收集幼儿在发展中存在的问题，以便在选择活动内容及具体的实施方式时更具方向性。教师只有明晰幼儿的学习需求，才能真正从儿童立场选择适宜的内容及途径。

【案例 2-1】

在大班自然体验主题活动“制作龙须酥糖”中，教师是这样进行主题背景分析的：随着幼儿多次去了山塘街，他们开始对山塘街的美食产生兴趣，并经常与同伴讨论，提出一些问题：“我最喜欢的山塘街美食是棉花糖”“我最喜欢的是龙须酥糖”“我也喜欢龙须酥糖，我还看到他们做龙须酥糖，好好玩”……在幼儿的讨论中，教师发现大部分的幼儿对制作龙须酥糖非常好奇，结合《幼儿园保育教育质量评估指南》A3 教育过程-B8 师幼互动中第 29 条所指出的“善于发现各种偶发的教育契机,能抓住活动中幼儿感兴趣或有意义的问题和情境,能识别幼儿以新的方式主动学习,及时给予有效支持”,据此我们认为开展主题活动“制作龙须酥糖”对幼儿的发展很有价值。依据《3～6 岁儿童学习与发展指南》,大班幼儿对自己感兴趣的问题能动手动脑寻找答案,具有一定的探究能力,能通过观察、比较与分析发现并描述不同种类物体的特征或某个事物的前后变化,在探究龙须酥糖的制作过程中感受碧绿的小麦苗变成麦芽糖,经过加工后做成龙须酥糖的过程,促进幼儿感受同一事物不同阶段的变化,丰富幼儿的生活经验,使幼儿养成喜欢探究的学习品质。

可见,在主题背景分析中,教师首先对幼儿的已有经验、知识储备、学习特点等进行全面了解与分析,可以借助通过问卷调查、一对一倾听、儿童会议等形式收集幼儿感兴趣的核心事件中隐藏的信息与线索,这样可为自然体验主题活动的设计提供方向性指引。例如,在大班自然体验主题活动“制作龙须酥糖”中,教师通过师幼对话、问卷调查等途径了解幼儿关于“龙须酥糖”的已有经验和存在的问题,如部分幼儿对“为什么叫龙须酥糖”感兴趣,想知道叫龙须酥糖的缘由;部分幼儿对“制作龙须酥糖需要哪些材料”“如何制作麦芽糖”等问题很好奇,想知道龙须酥糖中的麦芽糖怎么制作的、小麦苗怎么做成麦芽糖。由此可见,不同的幼儿具有不同的学习需要,教师在明确这一点后,需要结合幼儿个性化的问题有针对性地设计内容,并给予幼儿参与主题活动设计的空间与途径。

(二) 主题关键经验

所谓主题关键经验,是指幼儿在该主题活动中所必须获得的重要经验。拟定关键经验主要依据《幼儿园教育指导纲要(试行)》《3～6 岁儿童学习与发展指南》等有关文件来确定幼儿发展要求、主题活动目标等内容。如在小班自然体验主题活动“枇杷熟啦”中,教师通过幼儿对枇杷的已有认知,形成了如下的主题关键经验:能运用多种感官感知枇杷的外形特征、内部特征,并能用语言表达自己的发现和感受;对枇杷的生长环境、生长过程有一定的了解,乐于参与种植、观察枇杷等活动,喜欢亲近大自然;在生活中发现枇杷的不同用途;喜欢参与对枇杷、枇杷叶的探究与表现活动,体验动手操作的乐趣。

(三) 主题活动目标

主题活动目标是指通过实施主题活动,以达到对幼儿的培养目标的预期。在主题活动中,教师通过多元活动、多种资源的开发,结合幼儿五大领域发展方向,制定幼儿的培养目标。主题活动目标与主题的价值密切相关,同时也影响着主题活动的开展形式以及具体活动内容。相较于主题关键经验，主题活动目标更具宏观的指引性。为此，教师一方面需要遵循幼儿的身心发展规律与学习规律拟定主题活动目标，另一方面还要分析主题活动所涵盖的目标是否满足幼儿整体性发展的要求

（四）主题网络图

在确定主题背景分析、关键经验以及目标后，教师就可以着手编制主题网络图。所谓主题网络图，是指主题活动实施的可能方向与线索。主题网络图便于教师理清实施主题活动的整体思路，并形成较为清晰的活动框架结构，可以让师幼明确主题活动实施的范围。开发主题网络图是一个持续性的过程，并非在主题活动实施前拟定好后就一成不变了，相反，主题网络图是动态调整的，并且始终贯穿主题活动实施的过程，需要在主题课程审议后进一步改进与完善。在主题开发前期并不可能形成完整的网络图，因为在具体的实施过程中存在诸多不确定性因素，如幼儿的活动兴趣、偶发事件等都在影响主题网络图的发展方向。

在自然体验主题活动中，教师往往通过以下三种方式构建主题活动网络。

一是以活动线索构建网络图。先预设主题的主要活动，教师基于预设活动梳理活动可能的组织形式，如集体活动、区域活动、亲子活动、生活活动等，这些活动组成了主题活动的主要活动线索。如在大班自然体验主题活动“樱花生长记”中，教师从“好看的樱花”“好吃的樱花”“好玩的樱花”等活动角度构建关于樱花的班本主题活动，并根据不同的活动线索进一步预设关于活动的形式及内容。（见图 2-4）

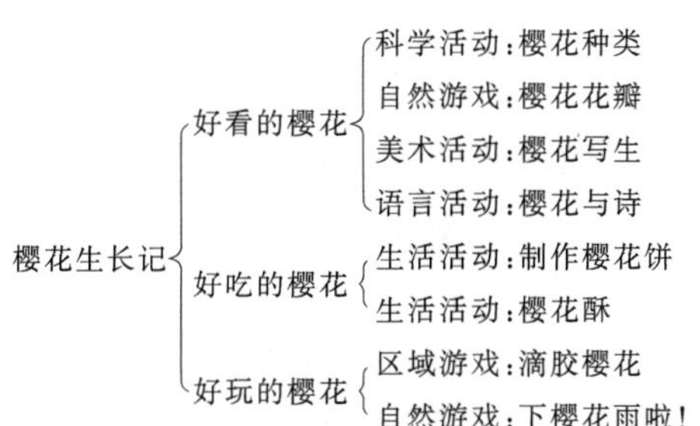

图 2-4　大班自然体验主题活动“樱花生长记”主题网络图

二是以问题线索构建网络图。以幼儿的真实问题作为实施线索，在回答幼儿问题的基础上完成主题网络图的构建。如中班自然体验主题活动“探秘竹笋”中，教师通过调查并收集幼儿关于竹笋的感兴趣问题后，梳理汇总成主题开展的问题线索“竹笋有哪些种类”“如何测量竹笋”“如何挖竹笋”“可以怎么吃竹

笋”等问题。(见图 2-5)

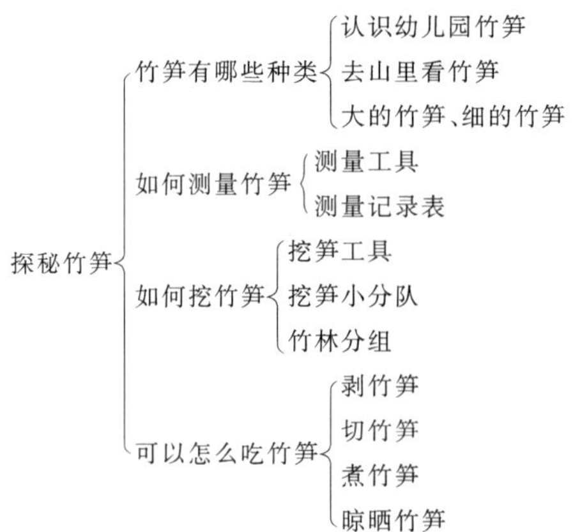

图 2-5 中班自然体验主题活动“探秘竹笋”主题网络图

三是以活动要素构建网络图。将主题根据预设的活动内容分解成若干要素,并根据要素构建主题网络图。教师根据要素式的网络指引较为全面地把握主题核心内容,有利于幼儿获得完整的关键经验。例如,在中班自然体验主题活动“秋天博物馆”中,教师把“秋天博物馆”这一话题分解成博物馆的种类、展示内容、选址、布置等要素。(见图 2-6)

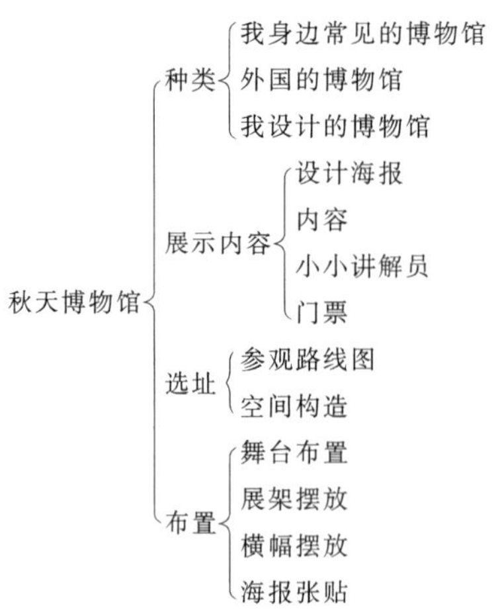

图 2-6 中班自然体验主题活动“秋天博物馆”主题网络图

值得一提的是,在具体主题活动开展过程中,预设的主题网络图不足以支持幼儿持续地、深度地学习,以获得较为完整的经验。情境认知理论认为幼儿的思维与学习都应在特定的情境中才有意义,所有的思维与学习都是在特定的情境脉络中进行的，不存在非情境化的学习，尤其对于低龄幼儿来说，更需要在真实的情境中学习。[①] 教师需要根据不同情境，将主题网络图中预设的各类活动梳理成一系列具有逻辑顺序的、层层递进的活动组合。主题活动内容不同，主题网络图也不尽相同。

（五）主题预设与生成的活动

自然体验主题活动是开放的，且有弹性的，其中包含预设与生成的不同活动内容。教师在设计主题活动网络图过程中，根据幼儿的已有经验、活动兴趣、主题活动目标等要素对活动的内容及形式进行思考，不仅要关注幼儿的整体发展，还要注重主题活动内容中各领域的均衡，并初步形成集体活动、亲子活动、区域活动等多元的活动。与此同时，在主题活动实际开展过程中，教师要基于幼儿的问题、兴趣等因素灵活调整活动的方向，并生成适宜当下幼儿发展需求的活动内容，使得主题框架结构得以优化与完善。

（六）可开发的资源

在主题活动及形式确定后，教师根据主题网络图，梳理、汇总以及开发适合主题开展的各类资源，并编制主题活动资源思维导图。活动资源在纵向层面上包括园内外可开发的资源，在横向层面上包括人力资源、物质资源、社会文化资源，其中物质资源分类较多，有自然的动植物资源、信息资源、图书资源等。教师需要对各类资源的价值、可开发的方式进行组合与分析，并且结合主题对班级环境进行开发，包括区域环境创设、主题墙创设等，为幼儿积极参与主题活动创设有准备的环境。

二、自然体验项目活动的设计路径

项目活动是幼儿在教师的支持下，在一段时间内持续性地围绕感兴趣且有价值的问题或任务开展深入探究的活动。顾名思义，项目活动与主题活动是指向性不同的活动类型。一般而言，主题活动多由教师发起，项目活动则由幼儿主导；主题活动注重活动预设，并指向主题目标达成，而项目活动则注重幼儿的探究过程，鼓励幼儿在探究过程中丰富经验。自然体验项目活动的开发，一般有以下三个部分。

（一）创设吸引幼儿的自然体验环境

自然体验项目活动的探究强调在真实、自然的环境中鼓励幼儿大胆探究、猜想和验证。人需要通过感官和知觉形成对世界的认知整合、判断与推理，如

① 汪丽. 田野课程：架构与实施[M]. 南京：南京师范大学出版社，2015：74.

果没有对大自然真实的认知，没有与自然的亲密接触，没有在自然中探究、体验的经历，感知和知觉都将受到影响。[①] 自然体验能够激发幼儿的好奇心与探究兴趣，在亲身体验的环境中除了培养幼儿的观察能力以外，还能促进幼儿认知、情感等一系列能力的发展。可见，创设可以让幼儿充分探究的自然环境，对项目活动的开发影响重大。我们认为，在幼儿园内创设自然体验环境要满足以下三个原则：一是因地制宜原则，即创设自然体验环境要基于园所所在的地域环境。要充分挖掘当地的自然环境，如园内的草坪、树木、种植园地、沙水池等，园外的公园、大面积的绿地、动物园、植物园等，将适宜幼儿开展自然体验活动的资源纳入活动中。二是适宜性原则，即创设的自然体验环境要适宜幼儿各年龄段发展需求。如在室内创设班级自然体验区，在该区域中的游戏材料需要结合幼儿年龄特点进行有效投放，进而引发幼儿探究的兴趣。三是真实情境性原则，即自然体验项目活动的开展一定要基于真实的情境。这就需要教师转变教学范式，由原来的传授灌输转变为在真实情境中引发幼儿主动探究。

（二）甄选幼儿感兴趣且有价值的问题

项目活动一般来源于幼儿的真实问题。诚然，项目活动的形式可以是小组活动，也可以是个体活动，但考虑到目前幼儿园的师幼比，小组式的项目活动较适宜且更为常见。因此，教师面对幼儿提出的五花八门的问题，应尽可能将个体或少数幼儿的兴趣拓展为更多幼儿的兴趣。在面对五花八门的问题时，教师需要从中筛选适宜持续性探究的问题，将较多的幼儿兴趣聚焦在某一事物上。教师可以在班级区域环境中投放有利于丰富幼儿集体经验的材料，如绘本、故事音频、实物等供幼儿在日常生活、游戏中观察、讨论，丰富幼儿的前期经验。例如，中班幼儿在观察饲养区的鸡时非常感兴趣，并且提出了大量的问题。“公鸡与母鸡有什么区别？”“有两只鸡长得一模一样，怎么区分？”“小鸡是怎么来的？”“鸡妈妈在哪里，它会想这些小鸡吗？”等。面对幼儿的问题，教师需要从幼儿领域发展的关键经验、问题的可探究性等角度进行甄别，通过儿童会议、一对一倾听等途径最后聚焦某个话题，进而形成项目活动的探究主题。

（三）提供驱动性问题促进幼儿持续性探究

在自然体验课程中，项目活动是幼儿自主选择的，通常以小组活动的方式围绕感兴趣的问题进行主动、持续、深度的探究。在项目活动开展的过程中，受到外部、内部因素的影响，幼儿可能会遇到诸多问题，这对幼儿的认知、技能、思维都提出了诸多挑战，幼儿凭借原有经验已无法解决问题，从而影响项目活动

---

① 张气，肖巧玲．自然体验式生态教育之实践[J]．福建基础教育研究，2016(2)：114-115．

的进程。在项目活动遇到瓶颈期时，需要教师及时介入，并用驱动性问题引发幼儿新的兴趣，促进幼儿深度思考。所谓驱动性问题，顾名思义是指引领幼儿完成整个项目过程的总领问题，具有开放性、持续性以及参与性等特点。驱动性问题资源来源于幼儿，在项目活动开展过程中，教师通过倾听、识别、接纳然后对幼儿的问题进行汇总，根据幼儿的兴趣与需求做出相关的回应。教师可以用思维导图或表格等方式帮助幼儿梳理经验、问题以及下一步活动规划，也可以通过驱动性问题向幼儿发问，引导幼儿讨论并预测接下来的项目问题，鼓励幼儿大胆做出预测并引导他们认真思考、阐述自己的依据或理由。

三、自然体验生活活动与游戏的设计路径

生活活动与游戏往往贯穿幼儿的一日生活，并且与主题活动、项目活动整合在一起，也是主题活动和项目活动开展的重要途径。基于不同类型的主题活动，所开展的生活活动与游戏不尽相同，具体需要结合主题的内容、资源等因素进行预设。但教师在进行生活活动与游戏设计时需要充分落实整合的理念，即要充分挖掘一日生活的各个环节，如晨间来园、两个活动之间的过渡环节、午餐后散步等开展生活活动与游戏。例如，在晨间来园时，教师可以将生活活动与自然角的观察、照顾相整合，引导幼儿在观察自然角动植物生长情况中亲身体验动植物生长的奥秘与神奇。又如，在午餐后散步环节，教师可以组织幼儿到户外种植园地观察班级所种植的农作物生长情况，也可引导幼儿观察户外植物随着季节变化而发生的变化，鼓励幼儿收集户外的自然材料如树枝、树叶、花朵等，开展自然观察、自然游戏等活动，进一步激发幼儿亲近自然、喜欢探究的学习品质。《幼儿园保育教育质量评估指南》强调："发现和支持幼儿有意义的学习，采用小组或集体的形式讨论幼儿感兴趣的话题，鼓励幼儿表达自己的观点，提出问题、分析解决问题，拓展提升幼儿日常生活和游戏中的经验。"这就要求教师充分把握幼儿一日生活中的教育契机，及时捕捉并有效回应，以生活活动和游戏形式将教师的支持渗透到一日生活中。

第六节　自然体验课程的评价

自然体验课程的评价是多元的、真实的，对课程自身的价值及课程的实施起着重要的监测和导向作用。评价的参与者、评价的目的、评价的方法等都影响着课程质量的实现，进而影响课程培养目的的达成。在自然体验课程评价中，我们始终重视多元主体的参与性评价，尤其是儿童参与性评价，将形成性评价与总结性评价相结合，关注评价内容、评价方式的多元化，在实践的过程中逐

步形成科学的评价观,并完善课程建构,进而促进儿童、教师与课程的全面发展。

一、幼儿园课程评价

幼儿园课程评价是一种特殊的认识活动,是针对幼儿教育的特点和组成要素,通过收集和分析比较系统全面的有关资料,科学地判断幼儿教育的价值和效益的过程。[①]课程评价既是课程实施环节的终点,又是课程自身发展的起点,具有反馈调节、激励、反思与导向等功能。自课程评价之父泰勒在课程研究中首次提到"课程评价"这一概念以来,课程评价经过了一定发展并具有时代的特色,特别是2022年《幼儿园保育教育质量评估指南》对幼儿园自身建构科学的课程评价体系做出了新的要求。

长期以来,我国幼儿园的课程评价存在应付"教学检查"的现象,认为评价就是通过考评儿童以了解课程目标的达成效果。[②] 评价目标、评价主体等方面主要存在以下三个问题,一是课程评价目标封闭。教师较为关注教学预设目标的达成,而忽视教学计划外生成的其他教育契机,导致课程评价目标机械、死板、缺乏应有的灵活性、脱离实际的教育现场。二是课程评价过程缺乏儿童参与。目前儿童参与课程评价作为一种科学的评价理念得到认同,但儿童通过何种途径真正参与评价,还有待进一步研究与实施。三是缺乏科学系统的课程评价体系。《幼儿园保育教育质量评估指南》颁布后,各幼儿园花费大量的时间与精力尝试构建本园的课程评价体系,但由于专业能力不足、专家指导针对性与落地性不强等,课程评价体系缺少应有的逻辑性与适宜性。

在现阶段幼儿园课程评价科学发展的背景下,幼儿园开始构建以促进幼儿发展为目标的全方位课程评价体系,包括对课程目标、内容、组织、实施等多方面的评价,这不仅是幼儿园课程持续优化的需要,更是儿童主体性地位、儿童参与权的不断凸显。幼儿园课程评价应当遵循科学发展的时代趋势,形成评价主体、评价内容以及评价方式的多元化视角,勇于打破以往单一的"自上而下"的评价模式或以教师为主的、狭隘的课程评价目标,进而构建多元课程评价体系。有学者指出,应思考课程评价工作的理想化价值问题,不断反思如何使学生更加充分参与自己的学习并且能从体验课程的过程中获得最大的益处。[③]《幼儿

① 周浩波.教育哲学[M].北京:人民教育出版社,2000:35.

② 蒋雅俊.新中国成立70年幼儿园课程的历史变迁[J].课程·教材·教法,2019(6):48-55.

③ 奥恩斯坦,汉金斯.课程:基础、原理和问题(第3版)[M].柯森,译.南京:江苏教育出版社,2002:66.

园保育教育质量评估指南》强调园所自我评估的重要性，原本被动的“导向、激励、诊断与发展”转变为主动的“自我导向、自我激励、自我诊断与自我发展”。在此意义上，幼儿园课程评价应当尊重幼儿生活的独特价值，以儿童参与课程评价的视角培养幼儿主动学习的态度、能力与品质，以及对自己生活负责的意识，这也回应了当下幼儿在核心素养培养方面的需求。

二、幼儿园自然体验课程评价概述

对于具有较大课程自主权的幼儿园而言，构建科学且系统的课程评价是提供有质量的教育的基础。幼儿园自然体验课程评价就是用一定的方法和途径，对自然体验课程实施过程中幼儿的发展、课程质量以及教师的发展等有关问题的价值或特点做出判断的过程。

（一）幼儿园自然体验课程评价的哲学本质

从本质上而言，课程评价是一个哲学问题，任何方式的课程评价都在某种程度上体现了特定的课程价值观。幼儿园自然体验课程的根本问题是通过课程培养什么样的人的问题，我们将自然体验作为课程理念，同时也是课程实施的途径。幼儿自然体验学习一方面受到体验原有特征的影响，体验即实践，强调幼儿与周围环境、同伴以及成人之间的交互作用，关注幼儿的体验过程以及对体验主体的意义，另一方面也受到体验的自然性影响，体验即开放，强调在体验的过程中关注自然而然生发的教育契机，更加彰显课程本身的不确定性、生成性以及多元性，突破以往线性且封闭的现代主义课程的特征，兼具后现代主义课程的特征。在自然体验课程中，幼儿、教师及家长三位一体成为课程建构者与实施者，幼儿不再被动地接受来自成人的灌输与教导，不再充当被“加工”的原料。在此背景下，教师和幼儿都获得思维的解放，不再故步自封于原有的课程框架，而是走向更为开放、动态的课程创造中。幼儿的主体性、教师的创造性、家长的参与性在自然体验课程理念下都得到充分的表达与生长，他们在充满生命力的课程中不断地探究事物与人们生活之间的关系，探寻事物的本质和规律，进而实现身心的解放与自由。

（二）幼儿园自然体验课程评价的价值取向

幼儿园自然体验课程评价的哲学本质决定了它的过程取向和主体取向。受泰勒的目标模式影响，当前的幼儿园课程评价大部分采用目标取向，即过分重视预定目标和计划的达成度，达成度高即给予较高的评价，相反，达成度低的则被认为课程质量较低。这样的目标取向的评价直接导致重结果轻过程的现象出现，教师为了达成既定的教育教学目标，时常采用灌输、讲授为主的教学方式，使得教学过程变得死气沉沉，对幼儿的身心特别是个体的自主精神世界产生了消极影响，扼杀了幼儿原有的灵动与生机。然而，对于自然体验课程而言，课程目标是具有生成性的，即预设目标与生成目标是和谐统一的。目的游离(goal-free)评价模式的提出者斯克里文(M. Scriven)认为，评价不应该只衡量预期目标的达成度，否则会缩小评价的范围，使评价不能关注到更多非预期的效应。

因此，幼儿园自然体验的课程评价与以往的"泰勒式"的课程评价模式截然不同，"泰勒式"的课程评价的目标与标准是既定的，考察幼儿的目标行为与课程目标的相符程度，而幼儿园自然体验课程评价则是在教育情境中随着课程的实施自然而然开展的，而非外在于固定结果的达成。幼儿园自然体验课程评价注重幼儿的体验过程、体验感受以及体验价值，根据幼儿在亲身体验中的实际行为表现而灵活调整评价目标。当然，这样的动态生成常常伴随着许多的不确定性，同时也对教师的专业素养提出了较高的要求。自然体验课程理念要求教师在进行课程评价时要体现体验的特性，从幼儿的实际体验出发，关注体验的生成性与过程性，尊重幼儿的自主意识与权利，为幼儿的真实体验提供良好的环境。

此外，幼儿园自然体验课程评价价值取向还包括主体性取向。幼儿园自然体验课程评价的主体性取向是将课程评价作为评价者与被评价者、教师与幼儿共同建构意义的过程，双方具有平等的主体地位。已有研究表明，儿童不仅可以协助教师收集自身的表现信息，提供给教师作评价之用，也可以参与对自我与同伴表现水平的分析判断。① 幼儿园自然体验课程评价过程是一种民主参与、协商和调整的过程，其目的不仅仅局限于判断课程效果，而是注重优化课程品质，幼儿参与课程评价则有利于促进幼儿园课程的持续改进与发展。幼儿园自然体验课程评价倡导幼儿本身对课程的亲身体验，鼓励幼儿自由、自主、自然地探究参与到课程的建构之中，注重幼儿对课程的感受与表达，并将幼儿的感受作为诊断和改进课程的出发点与落脚点。可见，幼儿的主体参与对于教师判断课程实施的实际效果提供了可行性的实证资料，切实有效地提高了课程评价的实效性。

（三）幼儿园自然体验课程评价的特点

一是评价目的的生长性。幼儿园自然体验课程评价的目的不是评判幼儿发展的优劣，也不是意味着课程的终结，其根本目的在于更好地促进幼儿的发

① 穆子璇．大班幼儿参与自身发展评价的行动研究[D]．上海：上海师范大学，2020．

展，是以幼儿的终身发展为导向的，强调幼儿在亲身体验中感受周边事物与自己生活的关系，借助不断地优化与改进课程进而促进幼儿不断生长。幼儿园自然体验课程尊重每一位幼儿的独特性，用“每位幼儿都是有能力的学习者”的眼光观察幼儿、倾听幼儿，进而促进幼儿生长过程的动态发展。

二是评价内容的生成性。幼儿园自然体验课程的内容指向幼儿发展、课程质量以及教师发展，而幼儿发展又聚焦于幼儿的实际生活，因为幼儿的生活就是幼儿发展的核心内容。幼儿的生活充满不确定性和生成性，幼儿是在生活中不断学习、建构属于自己的生活经验的。而幼儿建构经验的过程就是不断生成的过程，只有不断生发新的经验才能够满足幼儿的发展需求，进而最大限度地支持幼儿的创造性、合作性等相关核心素养的培养。可见，幼儿园自然课程评价的具体内容并非是一成不变的，需要根据幼儿的发展需求进行灵活调整与更新。

三是评价方式的多元性。幼儿园自然体验课程的评价方式较为多元，并不局限于某一特定的方法，量化的表格评价与质性的档案袋评价、形成性评价与总结性评价、马赛克方法、学习故事等都可以作为课程评价的方式。例如，对于幼儿园自然体验课程效果的评价，既要有对于幼儿各领域发展水平的描述性评价，也要通过相关记录数据进行统计与分析，这样才能对幼儿的发展建立较为全面、科学的评价。又如，对教师的发展评价，采用的方式是借助教育现场观摩、教学视频中师幼互动的量化分析、教学组织的能力量表等，促进教师专业能力的发展。

三、幼儿园自然体验课程评价的内容

自然体验课程评价的内容关注幼儿发展、课程质量以及教师发展三方面内容，三位一体，同时推进。

（一）指向幼儿发展的评价

幼儿的学习与发展是课程评价的宗旨，通过对幼儿学习与发展的评价，不仅能清晰呈现幼儿在课程实施过程中的学习轨迹，也能展示幼儿参与课程的活动路径，进而收集评价幼儿发展的相关资料。由教师、幼儿、家长共同收集幼儿学习发展的评价资料，三方主体的评价是幼儿发展评价的重要组成部分。

1. 教师对幼儿的评价

教师对幼儿的评价途径较为多元，一般以观察记录为主，如轶事记录、个案记录、学习故事、作品分析、行为检核表、一对一倾听等（见表 2-2）。教师通过多样化的评价方式可以及时、全面地了解幼儿在一日生活中的能力与发展水平，进而做出有效回应，给予适宜的支持促进幼儿各项能力的发展。此外，我们灵活地借助现代信息技术手段，将评价融合于幼儿的生活中，如可以用拍摄视频的形式记录幼儿的成长“哇时刻”，幼儿发展的关键节点可以综合使用游戏观察评价、学习故事等方式。

表 2-2 教师对幼儿的评价方式

评价方式	适用的时机	适用的领域	适用的对象	适用的教师
轶事记录、个案记录	区域游戏时间	五大领域、生活活动	全体幼儿	全体教师
学习故事	用手机或者其他的拍摄工具记录幼儿游戏的“哇时刻”，并利用空闲时间进行梳理	五大领域、生活活动	全体幼儿（尤其是需要体验活动成就感的幼儿）	全体教师（尤其是年轻教师，能促进其形成科学的儿童观、教育理念）
作品分析	适用于区域游戏时间，需要教师事后进行整理与分析	艺术领域（美术）、建构区域、语言领域（前书写能力）	全体幼儿	全体教师
行为检核表	适用于各类量化评价	主题评价、期末评价	全体幼儿	全体教师
一对一倾听	适用于游戏结束后的分享交流环节，教师组织儿童会议，幼儿对自己的游戏行为或作品进行解读，教师记录与回应	各类区域游戏、生活活动等	全体幼儿	全体教师

2. 幼儿参与式评价，包括自我评价与他评

儿童是有能力的学习者，尽管在教育教学活动的实施过程中教师鼓励幼儿大胆分享、表达自己的观点，但幼儿的观点与感受并未受到应有的重视。这在很大程度上是因为儿童观点的形成与表达有着不同于成人的独特逻辑，而成人并不能理解或欣赏儿童的逻辑，常常以成人的标准去评判、贬低甚至试图替代儿童的观点。① 在儿童研究领域，支持幼儿参与的方式逐步多元，其中以马赛克

① 刘宇．论课程变革中的学生参与[J]．全球教育展望，2010(3)：13-18.

方法较为著名。马赛克方法作为收集幼儿想法的一种途径，借助传统的观察法、访谈法等研究方法，整合了参与式的工具，包括幼儿摄影、绘画、旅行地图等，鼓励幼儿回顾自己的学习历程、用图画表征表达自己在活动中的收获与经验。幼儿自评的方式可以激励幼儿反思与回溯自己的活动行为，并促进幼儿将新经验运用到新的主题情境中。同伴他评主要借助于真实的生活情境、游戏情境，以“小小观察员”“我的情绪记录”等方式进行同伴间的相互评价以及幼儿的自我评价，建构和谐、温馨的同伴关系（见图 2-7）。

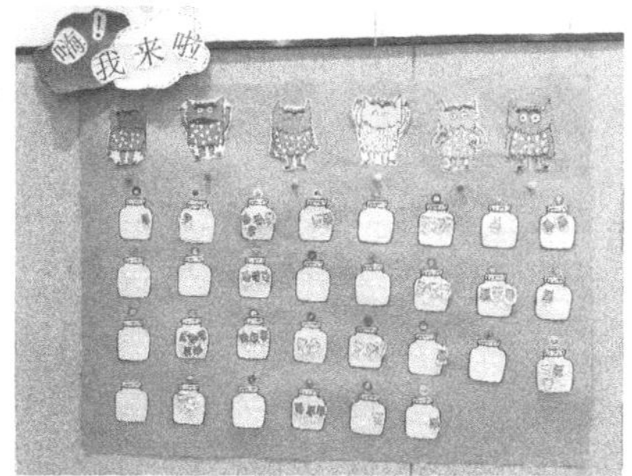

图 2-7　幼儿同伴评价、自我评价

3. 家长评价

家长评价主要借助成长档案的形式开展。在每个主题开展前期，教师发放“主题关键经验表”，清晰罗列在此主题中幼儿将获得哪些成长经验，又有哪些关键经验需要家长重点关注。在居家亲子时光，教师鼓励家长将生活中幼儿的语言、行为等用拍照、视频的方式自然地记录下来，可以是幼儿绘画过程或者运动实时照片等，让幼儿将照片中的内容用自己的语言表达出来，家长进行记录。

（二）指向课程质量的评价

幼儿园课程质量建设的出发点和落脚点始终是幼儿。幼儿园自然体验课程是否真正适合本园幼儿、班级幼儿，需要我们对课程方案、课程实施过程、课程实施效果等方面进行评价。

1. 对课程方案的评价

课程方案作为幼儿园课程实施的行动准则，对于幼儿园的高质量发展具有重要意义。幼儿园通过制定科学的课程方案，合理分析课程背景及理念、规划课程目标、选择适宜的课程内容等并逐步完善课程结构，提升课程实施成效，进而促进幼儿和谐、全面发展。幼儿园通过制定课程管理制度，构建科学的课程管理体系（见图 2-8），支持在课程实施过程中有针对性地评价课程方案。每学期初,幼儿园课程管理者组织年级组教师,分别就课程学期目标、每月主题、课程资源开发等内容进行园级课程审议。年级组则结合园级审议方向,针对每一主题开展课程前审议、中审议以及后审议。班级教师根据幼儿的兴趣及实际发展水平,对年级组的主题审议内容进行班本化的调整,确保主题内容及目标等要素契合班级幼儿的实际活动需求。同时,借助专家资源对课程方案进行评价与优化,对课程方案的撰写、课程方案的内容以及课程方案的架构等板块进行诊断性评价,推进课程方案的不断优化发展。

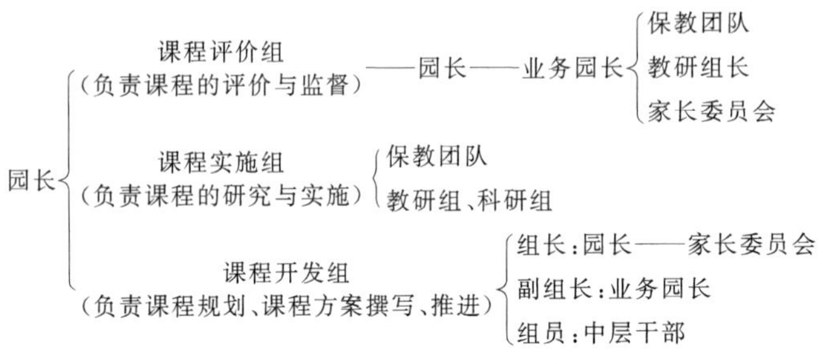

图 2-8　幼儿园课程管理体系

2. 对课程实施过程的评价

教师的观察、反思与调整是评价课程实施的有力基础,幼儿作品、照片及视频等资料是课程实施评价的真实依据。基于上述资料,课程评价小组从活动的形式、活动组织的适宜性、活动中师幼互动的质量、幼儿参与活动的空间与时间等角度进行评价。

3. 对课程实施效果的评价

课程实施的效果评价包含阶段性评价、学期评价。阶段性评价主要包括主题评价、教师每月的班务小结、教师自我评价的教育随笔等。在主题评价中,教师对幼儿在某一主题中的发展目标达成度、支持策略的有效性等进行评价;教师在每月的班务小结中从主题实施效果、幼儿获得的新经验等角度对课程实施效果进行评价;同时也可以邀请专家入园对课程实施效果进行过程性评价,如通过公开活动展示、课程故事研讨等形式诊断课程实施的效果。学期评价一般包括学期末组织的课程评价,以量化的发展检核表、质性的总结性评价为主,包括班级、年级组以及园级层面的课程评价。

(三)指向教师发展的评价

教师不仅是课程建构的参与者、课程的实施者,也是园本课程的研究者。园本课程的实施要求教师具备较高的专业素养与创造能力,同时实施的过程也是教师不断提高自己专业能力的过程，可见教师在课程开发过程中的发展如何，也是影响课程质量的重要一环。指向教师发展的评价主要聚焦于两个维度：教师的自我评价以及师幼互动质量的评价。

1. 教师的自我评价

自我评价是教师专业成长的重要途径，不仅能够帮教师养成良好的反思习惯，还能促使教师在反思中回溯与调整。教师的自我评价主要包括三种方式：一是教师的课程反思。教师根据自主制订的主题计划、周计划、日计划等进行有序反思，结合计划与实际成效、幼儿实际活动兴趣等，对课程的实施情况进行梳理、分析，提升课程实施能力。二是教师的教育随笔、观察记录等。教师针对课程实施中的具体案例进行分析，撰写感悟、分析问题并提出解决问题的策略，进而形成自己对园本课程独特的看法与理解。三是教师成长档案。教师的成长档案包括备课本、读书笔记、获奖经历、专业案例与论文等，建立成长档案可以促使教师根据自身成长规划有目的地落实专业发展路径。

2. 师幼互动质量的评价

师幼互动质量是教师发展评价重要的考察因素。我们借助专家资源编制"幼儿园师幼互动质量评价表"，量表内容主要包括互动氛围、抽样时间内的互动频次、活动管理以及互动的回应等维度。其中，互动氛围主要包括积极、消极以及敏感性等层面；互动频次主要看教师的互动是真互动还是干扰；活动管理包括教师行为管理、活动安排及活动指导形式等。评价小组可以利用此量表有目的地诊断教师的教育行为，进而促进教师的专业发展。

课程基于评价而发展，课程评价不仅能促进课程本身高质量发展，还能促进幼儿全面发展和教师专业发展。以评价促使教师看见幼儿、解读幼儿，进而支持幼儿的活动需求；以评价转变教师的教育教学行为，引导教师树立科学的儿童观与课程观，进而以评价推动课程的高质量发展。

第三章　幼儿园自然体验课程的开发

自《幼儿园保育教育质量评估指南》颁布以来,幼儿园的课程观发生了很大的转变。《幼儿园保育教育质量评估指南》指出:“以游戏为基本活动,确保幼儿每天有充分的自主游戏时间,因地制宜为幼儿创设游戏环境,提供丰富适宜的游戏材料,支持幼儿探究、试错、重复等行为,与幼儿一起分享游戏经验。”从以上论述可见,游戏环境中的资源开发与利用是影响幼儿游戏质量高低,进而影响课程质量的重要因素。本章我们将从课程资源开发的基本逻辑入手,梳理课程资源开发的起点及原则,并结合幼儿自然体验课程资源开发的案例,理清课程资源开发与实施路径。

第一节　自然体验课程资源的开发

一、课程资源开发的价值

影响幼儿发展与经验获得的因素诸多,包括园内的自然资源、人力资源,园外的家长资源、周边的各类资源等 ,以上资源都构成了幼儿园课程内容。但并不是所有的资源都可以成为课程资源,显然只有被纳入幼儿园课程实施领域并且与幼儿园教育教学密切相关的才是课程资源。课程资源是课程设计、实施和评价等整个课程编制过程中可供利用的一切人力、物力以及自然资源的总和。[①]一般而言,幼儿园的课程资源包括:自然资源,如园外内的动植物资源、自然生态环境以及雨雪雷电之类的纯自然资源;社会资源,如社会文化、周边社区资源等;亲子资源,如家长资源等。陈鹤琴指出,大自然、大社会都是活教材。基于幼儿园课程资源的内涵,我们认为自然体验课程资源的开发是指基于幼儿原有经验和兴趣,找寻一切可能进入幼儿园,并且能够为幼儿园教育教学所用的资源,赋予其一定教育价值的开发与建构的过程。在《幼儿园保育教育质量评估指南》颁布的背景下,幼儿园对课程资源是否有效开发越发重要,因为其不仅影响幼儿园课程的有效实施,更关乎幼儿发展的质量。

① 上海市教育委员会教学研究室.幼儿园课程图景[M].上海:华东师范大学出版社,2013:151.

（一）课程资源开发契合幼儿感兴趣的问题

幼儿在活动过程中遇到的真实问题往往是良好的教育契机，也是课程资源开发的起点。课程资源的开发往往源于幼儿感兴趣的问题，教师通过捕捉幼儿感兴趣的问题、引入新的课程资源支持与回应幼儿等方式，使得活动内容更加契合幼儿的兴趣。例如，在中班主题活动“探秘小鸡”中，幼儿对于“小鸡宝宝是如何从鸡蛋里出来的”这一生命成长过程有着强烈的兴趣，但在实际的实施过程中，不同种类的鸡蛋孵出小鸡的时间却不尽相同，随着芦丁鸡蛋先孵出芦丁鸡，幼儿对芦丁鸡产生极大兴趣，这与教师原本预设的“探究芦花鸡”大相径庭。教师为了尊重幼儿的兴趣及经验发展需求，借助绘本资源、家长资源等，在班级自然体验区投放长大的芦丁鸡供幼儿进一步观察与探究，做到了真正以幼儿的兴趣为起点开发与利用课程资源，进而生成班本活动。

（二）课程资源开发适宜幼儿发展差异

幼儿接触不同的生活世界，他们所具有的生活经验也就不尽相同。对于相同的课程资源而言，有的幼儿可能很熟悉，有的幼儿可能比较陌生。在实施课程资源时，教师往往会无意识地忽视幼儿之间的经验差异，而是以集体活动的形式把幼儿不熟悉的课程资源强加于幼儿，导致出现杜威所言的“利用糖衣炮弹”的形式灌输给幼儿，导致尊重幼儿差异与扩展幼儿经验之间产生冲突。而在开发课程资源的过程中，教师通过对课程资源的有效开发，可以提供多元的课程资源来满足不同发展水平的幼儿的需求。例如，在小班“我在春天里”的主题活动中，教师把园内自然资源——枇杷树作为课程资源。在活动中，教师带领幼儿亲近枇杷树，引导幼儿观察枇杷树在春天发生的变化以及外形特征，大部分幼儿对枇杷树的叶子比较感兴趣，但也有小部分幼儿观察发现春天里的枇杷树会开花，对“枇杷树有好多花”“枇杷树开花了，那枇杷是从哪里长出来的?”等系列问题饶有兴趣。教师基于幼儿的兴趣与问题，采用分组的形式，分为“枇杷叶”资源和“枇杷花”资源两组开展主题活动，不仅满足幼儿不同的兴趣，更能基于幼儿发展水平的差异分组进行活动，满足不同层次幼儿的活动需求。

（三）课程资源开发有助于回归幼儿真实生活

奥德嘉·贾塞特指出，生活就是我们所做以及发生在自己身上的事情，一切生活都是个人自己的生活，生活的根源和重心是在认识和了解自己，是在观察自己及周围的环境，是在自觉。[①] 可见，幼儿的真实生活就是幼儿亲身经历的

---

① 贾塞特. 生活与命运：奥德嘉·贾塞特讲演录[M]. 陈昇，胡继伟，译. 南宁：广西人民出版社，2008：225-227.

生活,是现实的生活,是属于幼儿自己的生活。所谓“亲身经历”意味着生活是幼儿通过感官认识、探索的,是可感知的;所谓现实意味着不是虚拟的,是真实发生、真实存在的;所谓“自己的”意味着生活是属于幼儿自己的,不是成人的生活。幼儿真实的生活是幼儿自身对外界的感受与建构,是任何人都无法代替的,更不能用成人的生活经验代替幼儿的生活经验与感受。因此,在课程资源开发过程中,教师首先可以通过倾听、对话的方式了解幼儿的兴趣,以平等的师幼关系走进幼儿的生活世界。其次可以创设幼儿真实感知与探究的环境,给予幼儿充分探究的时间与空间,避免用概念化的生活经验替代幼儿亲身体验获得的经验。例如,中班主题活动“探秘小鸡”中,幼儿对于“为什么不同的蛋孵出鸡宝宝的时间不同?”这个问题非常感兴趣,教师取消了关于“鸡蛋的奥秘”预设活动,而是根据幼儿的兴趣方向,引导幼儿大胆猜测,并提供诸多不同种类的蛋供幼儿观察、操作,引导幼儿感受不同蛋的外形特征、重量等,鼓励幼儿在比较不同种类的鸡蛋的基础上大胆猜测鸡蛋种类与鸡宝宝出壳时间的关系,促进幼儿经验的生长。

二、课程资源开发的原则

(一)健康安全原则

保证幼儿身心健康是幼儿园一日生活的重中之重,因此在课程资源开发时健康安全原则也应该放在首位。首先,教师为幼儿提供的可操作的材料应该是安全的、无毒的,对幼儿无安全隐患的。其次,教师为幼儿创设的活动情境也应该是安全的。如在“我和大树”为主题的自然体验活动中,教师可能会让幼儿与大树亲密接触,抱一抱大树、量一量大树,教师需要提前踩点,规避一些安全隐患,并和幼儿讨论在户外自然活动中如何保护自己,确保幼儿安全有效地与资源互动。

(二)因地制宜原则

《幼儿园保育教育质量评估指南》指出:“以游戏为基本活动,确保幼儿每天有充分的自主游戏实践,因地制宜为幼儿创设游戏环境,提供丰富适宜的游戏材料,支持幼儿探究、试错、重复等行为,与幼儿一起分享游戏经验。”因地制宜原则要求对课程资源的开发与利用应从实际出发,发挥当地地域资源优势,合理开发课程资源。因此,在课程资源开发过程中,要结合幼儿园的实际情况,从幼儿与教师的实际需求出发,开发可利用的课程资源,避免不切实际导致资源的浪费,注重课程资源的适宜性。例如,对于城镇地区的幼儿园,当地文化资源、公共空间资源较为丰富,可以把公园、图书馆、博物馆、商场等周边生活配套的资源纳入幼儿园园外课程资源系统中；对于乡村幼儿园，则可以就地取材，充分挖掘与开发乡土资源，对园内外的自然资源及人文资源加以利用，为丰富园本课程内容添砖加瓦。

（三）实践体验原则

课程资源的开发要符合幼儿的学习方式与特点，即直接感知、实际操作、亲身体验。实践体验原则要求在课程资源开发时应基于幼儿的学习方式，做到从幼儿的兴趣出发，使得幼儿在持续性的好奇心驱使下引发自己与资源的深度互动，进而促进幼儿的发展。同时，课程资源的开发途径应该是多元的，满足幼儿多元感官的体验需求，让幼儿在摸一摸、尝一尝、闻一闻等环节中进一步促进知情意行的全面发展。例如，在小班“桑树资源”的开发活动中，教师引导幼儿抱一抱桑树、观察桑叶生长过程、采桑叶、采桑葚，教师为幼儿创设真实体验的自然环境，让幼儿在与桑树亲密互动的过程中进一步生发关于桑叶的探究性活动，促进了幼儿关于桑树、桑叶的经验生长。

（四）全面整合性原则

课程资源的教育价值需要教师从多元角度进行开发与利用，全面整合性原则即是指在资源开发时需要从幼儿全面发展的视角开发相应资源，以便最大化地发挥资源的教育价值。例如，在开发“樱花”课程资源时，教师需要思考“樱花资源除了开展写生、拓印等常规的艺术活动，还可以开展哪些活动”，于是教师和幼儿讨论“你想和樱花做什么”。有的幼儿想认识不同的樱花，有的幼儿想做“樱花雨”，有的幼儿想用樱花做标本等。教师把幼儿不同领域的发展需求有意识地整合在课程资源开发中，这是深度挖掘课程资源教育价值的有效途径。

（五）合作性原则

合作性原则是指在课程资源开发的过程中，相关人员要通力合作、协同开发，建立课程资源库以便全体教师共同使用资源。其中，相关人员包括教师、家长、社区人员以及课程专家资源等，以上这些人员要密切配合、协调合作，形成幼儿园课程资源开发的合力。在课程资源开发管理上，负责人员需要加强资源开发与利用的过程性管理，如建立相应的课程资源管理制度、制定课程资源运行方式、架构课程资源运行模式、汇总课程资源开发的案例集等，为教师的课程实施提供参考与支架。在课程资源开发的成果上，负责人员需要加强成果的梳理，确定课程资源开发的实施办法、活动方案、实施细则等内容，引领教师深度开展课程实践活动。

三、课程资源开发的步骤

（一）建立园内外各类资源库

根据资源的不同类型，对园内资源开发的人员进行分组，形成课程资源中心组。每一组负责相应资源开发的具体事宜，包括对园内各类资源进行删选与审议，思考究竟哪些资源可以纳入课程，并从资源种类、资源的开发建议、资源的开发要点以及对应的实践时间等方面建立园内外各类资源库，为教师具体开发课程资源提供可参考支架。

（二）构建资源开发的方式

建立课程资源库之后，要筛选符合课程资源开发要求并且可及性强、便于课程实施的资源，进一步构建具体实施方式。同时，也需要思考各类资源的背景与特点，选择适合幼儿开展真实体验的活动素材，特别是园外的一些文化资源、社会资源、公共场地的资源、自然资源等。教师可采用多种形式与园外资源的负责人进行商讨，如采用具体踩点的形式对公园、博物馆、图书馆等公共资源的开发形式进行商讨，并对资源的类型和活动系列进行匹配，如针对图书馆、社区超市可以开展哪些活动。对于社会人力资源、家长资源等，可以邀请他们来园详谈，拟定初步的活动时间、形式或者方案等，构建具体的资源开发思路。

（三）汇总课程资源开发案例

每一种课程资源开发后都需要及时汇总，按照资源类型、年龄分门别类地梳理。可以从两个层面梳理案例，一是同种资源，多样化使用，即同一资源在不同年龄段开发的案例，有的是通过活动多元使用，有的则是基于资源开展了丰富的活动形式。二是多种资源，整合性开发，即在一个活动中可以整合多种园内外资源，进而发挥课程资源的最大教育价值。案例汇总后，可以编制园内课程资源开发案例集，为教师今后开展活动提供参考与支架。

（四）反思与评价优化资源开发

教师需要采用多元的形式来对活动的效果进行评价，如采用观察形式、评价表形式等，收集幼儿、家长以及其他教师对活动的评价，调整活动的薄弱环节。教师也可采用反思与总结的形式，进一步思考活动优化的空间与内容。

四、自然体验课程资源开发实施路径

自然体验课程资源的开发与利用旨在增强幼儿园课程与幼儿生活之间的联系，最大限度地满足幼儿在直接感知、实际操作、亲身体验的活动中获得发展。

（一）以课程资源梳理为抓手，在实践中理清幼儿经验与资源的关系

课程资源地图的制定不仅能够为教师开展主题活动提供一定的支架与方向，而且能在某种程度上引导教师关注幼儿的周围生活，用幼儿的视角去看待园内外环境，促进教师有意识地开发资源。一日生活皆课程，幼儿的生活即课程，幼儿的生活也是重要的课程资源。我们以园所为中心分门别类梳理、汇总三公里以内的可利用资源，同时把幼儿生活中感兴趣的人、事、物、节日、文化、民俗等都纳入课程资源，做有准备的课程，同时也促进幼儿在与这些课程资源交互作用中获得有益经验的发展。

例如，我们从资源种类视角梳理了园内外自然资源地图，包括自然现象资源、动植物资源；当地社会文化资源梳理地图，包括园内人力资源、园外周边人文资源；节日节气资源，包括深受幼儿喜欢的节日以及苏州当地人重视的节气资源，如立夏、冬至等。依据《3～6 岁儿童学习与发展指南》中各年龄段幼儿的发展方向，围绕资源的价值、幼儿前期经验、适合开展哪些活动以及实施时指导要点继续全面架构，科学预设的同时适当留白，以便幼儿在活动中随机生成其他活动。

（二）录入各类资源的明显特征，架构课程资源的操作路径

编制课程资源地图后，如何合理设计操作路径将影响课程资源开发的成效。我们主要从以下五个方面进行操作。一是梳理各类资源的明显特征，为教师开发具体资源提供方向指引及时间参考。例如，从季节层面梳理“南方家禽、水禽观测与照料汇总”（见表 3-1）、“南方蔬菜四季种植”（见表 3-2）等各类自然资源的明显特征，丰富教师关于花鸟鱼虫等各类自然资源的知识储备，从而为接下来深度开发各类资源做好铺垫。

表 3-1　南方家禽、水禽观测与照料汇总表(部分)

序号	家禽（水禽）名称	生长日期	繁殖日期	备注（照料注意事项，如刚出生时注意事项，换毛、繁殖期注意事项，食物喜好等）
1	鸡	4～6 个月	2 月上旬—8 月下旬	选择生态环境优越的天然草原、天然坡地、果园等适宜放养的场所饲养，放养地周围无大污染源，有丰富的草，温度最高不超过 25 摄氏度，鸡舍要求光照好，绿荫、水源丰富，取水方便，水质达到人饮水标准

表 3-1(续)

序号	家禽(水禽)名称	生长日期	繁殖日期	备注(照料注意事项,如刚出生时注意事项,换毛、繁殖期注意事项,食物喜好等)
2	鸭	2～3 个月	3 月上旬—9 月下旬	合理设计圈舍并进行环境管理,同时定期检查饮水和饲料供应。散养鸭则需要选择合适的水域并采取防控捕食动物的措施。合理的饲料供应包括提供适宜的饲料配方、控制投喂量和频率。疾病防控方面需要定期进行健康检查、预防接种和清洁消毒。此外,还需注意观察鸭群的行为和环境,及时发现异常情况并采取相应措施
3	鹅	3 个月	9 月上旬—4 月下旬	以草食为主,养鹅应选在水资源丰富的区域,并且保证水资源零污染。每只成年肉鹅每天可以耗费 1.5～2.5 千克绿草
4	鸽子	3～4 个月	3 月上旬—5 月下旬	鸽子是一夫一妻制的鸟类,鸽子性成熟后,对配偶具有选择性,一旦配对就感情专一,形影不离。以植物性食料为主,主要有玉米、麦子、豆类、谷物等,一般不吃虫子等肉食。习惯吃生料,人工喂养的也可适应熟食。鸽子的活动特点是白天活动,晚间归巢栖息。鸽子具有很强的记忆力,甚至产生牢固的条件反射,对经常照料它的人很快与之亲近,并熟记不忘
5	孔雀	22 个月	4 月上旬—9 月下旬	在繁殖孔雀时,应该注意孔雀的配对和孵化。孔雀的配对应该根据孔雀的性别和品种进行选择,避免近亲繁殖。孔雀孵化后应该及时进行幼雏的喂养和保护
6	兔子	3 个月左右	一年四季	居住环境要卫生、干燥、通风。幼兔没有饱感,不建议给幼兔吃蔬菜

表 3-2　南方蔬菜四季种植表(部分)

序号	植物名称	播种期	收获期	备注(照料注意事项,如土壤要求、光线要求、肥料要求等,需详细)
1	苦苣	春播 2 月中旬—4 月中旬 秋播 8 月中旬—10 月中旬	春播 5 月—6 月 秋播 10 月—12 月中旬	苦苣可以采取直接播种的方式育苗,将种子撒播在潮湿的土壤上,上面覆盖 1 厘米左右的细土,之后覆膜。 当多数苗出齐后,要撕掉薄膜,并适当通风,防止植株徒长。 当小苗长出 2～3 片真叶的时候就可以进行分苗了,拔掉长势不好的幼苗。当真叶长出 5～6 片的时候就可定植,一般株距在 20 厘米左右。 苦苣缓苗期视情况一般浇两次缓苗水,生长盛期要操持土壤潮湿,收获期要适当沥水。 苦苣以采收嫩叶为主,一般在播种 90 天后左右,叶簇旺盛时采收
2	香菜	春播 2 月—4 月 秋播 9 月—10 月	春播 4 月—6 月 秋播 10 月—12 月	一年四季都可以种植,耐弱光。 水分要求: 香菜生长需要的水分较多,尤其是叶片需要大量水分才能够茁壮生长。 其本身也喜水,所以在香菜的生长过程中要经常浇水。 但一次浇水不可过量,香菜吸收过多水分容易徒长变老,且浇水过多容易在土壤中形成积水。香菜不耐涝,其根系脆弱,积水容易堵塞其呼吸作用和对养分的吸收,根系也容易因浸泡而腐烂。 播种技巧: 香菜的种子外面有一层坚硬的外壳,为了提高其发芽率,在种植前可以先将种子用擀面杖、木棒等进行按压,使其分裂

二是链接《3～6 岁儿童学习与发展指南》,预设活动。通过问卷调查、儿童会议、倾听与观察等途径发现幼儿感兴趣的资源,教师围绕某个资源对接《3～6 岁儿童学习与发展指南》预设相应的活动。借助多元方式,如分享交流、绘画表征等了解不同幼儿之间的个性化兴趣与发展需求,兼顾个性与群体之间的经验

差异。

三是躬身活动现场，灵活调整活动方向。基于资源的特征与教育价值预设的活动对幼儿是否适宜，还需要教师深入活动现场，以观察者的角色审视幼儿与资源互动的情况，从幼儿活动的积极性、参与性以及情绪情感等行为表现做出价值判断。同时要敏感捕捉幼儿在活动中的真实问题与兴趣，为接下来优化活动内容提供方向。

四是游戏后的分享回顾，促进幼儿经验的生长。活动结束后，教师需要就幼儿与资源互动过程中的经历与体验、探究与发现进行分享交流，丰富幼儿的活动经验。游戏后的分享交流因年龄段不同，聚焦的方向也不同，小中班主要聚焦幼儿的发现和问题，大班主要聚焦幼儿在活动中发现问题、解决问题的过程。

五是持续性观察，动态开发资源。课程资源开发不是一次活动就能完善的，而是需要持续性观察、与幼儿商讨、及时支架投放等，让课程资源充满新的生命力。

（三）以构建典型样本为突破口，提升教师资源利用的意识与能力

课程资源的有效开发不仅取决于园级层面的引领，而且取决于教师的自主开发意识，如果教师缺少资源开发的意识，那么再具有教育价值的资源也是枉然。

因此，根据课程资源的类型，我们鼓励教师每学期至少认领一个资源进行深度挖掘与开发，进而提升教师资源开发的自主意识。借助年级组教研的形式就某一类型的资源进行深度研究，形成典型资源的开发样本，为教师开发班本资源提供启发。例如，小班年级组就“春天里植物资源的开发与利用”进行教研，聚焦玉兰花资源的开发与利用，以“‘玉’见玉兰”为主题梳理资源开发的五个基本路径。一是主题的源起及开展的意图是什么，幼儿关于玉兰花的当下经验有哪些；二是主题的目标是什么，玉兰花指向幼儿哪些关键经验的发展；三是主题活动的开展路线或发展方向是什么，从儿童视角可预设哪些关于玉兰花的活动；四是与主题相关的环境创设如何呈现，包括主题墙、区域等环境；五是关于玉兰花的其他资源有哪些，包括绘本资源、艺术资源、周边资源以及家长资源等，如何将这些资源纳入主题活动中。通过集体教研，梳理出以上主题资源的开发路径，不仅为落实资源开发提供着陆点，也在一定程度上促进教师课程资源开发能力的发展。

（四）以课程审议为重点，提高课程资源管理的质量

课程审议是教师有质量地开发课程资源的有力支架，我们通过三级课程审

议制度，即园级—年级组—班级，对课程的价值、对幼儿的发展以及对资源的实施与动态调整做出科学的判断与决策。

在课程前审议阶段，园级主要借助以往课程内容以及周边当下课程资源进行辨析，与中层组长商讨资源与幼儿发展之间的生发点，初步确定主题活动内容；在年级组课程前审议中，由教研组长组织级部教师依据《3～6岁儿童学习与发展指南》，并结合各班幼儿的已有经验和兴趣，使得课程资源与幼儿发展的关键经验建立联系，确定主题实施框架；在班级班本化的审议中，教师基于年级组的主题实施方向，确定自己班级的资源开发路径，梳理幼儿活动的线索与内容。

在课程中审议阶段，主要是回溯主题开展过程中遇到的问题以及产生的新的活动方向，基于幼儿真实兴趣与问题生成新的活动，这意味着有新的课程资源纳入主题中，教师需要及时对主题活动方向进行动态调整，从而使得课程的开展更具适宜性。

在课程后审议阶段关注资源的有效利用，主要聚焦资源是否符合幼儿身心发展的特点、是否促进幼儿经验的提升、是否有效达到了主题活动的预设目标。课程管理者在后审议中需要注重资源开发素材的梳理，借助"实施—评价—改进—再实施"的行动研究式的资源开发路径，不断提升园内教师资源开发的理论与实践水平，确保幼儿园课程实施的高质量。

第二节　自然体验课程的审议

课程审议是指课程开发的主体对具体教育实践情境中的问题反复讨论、权衡，以获得一致性的理解与解释，最终做出恰当的、一致的课程变革的决定及相应的策略。[①] 课程审议是编制幼儿园课程必不可少的环节，通过课程审议，教师结合已梳理的园内外课程资源有意识地开发适宜儿童发展的活动内容。随着幼儿园课程改革，幼儿园课程审议的作用越发重要，它不仅决定了幼儿园的活动内容，还影响着幼儿的活动形式。

一、课程审议的背景分析

自然体验课程注重幼儿的真实参与、自然探究，这就决定了自然体验课程的审议人员是多元的，以实践中的真实问题为聚焦点，以适宜幼儿发展需求为取向，权衡选择适合的行动方案，而自然体验课程审议正好满足了课程研究的多层次需求。

① 张华.课程与教学论[M].北京：教育科学出版社，2000：21.

(一) 源于幼儿发展的需要

陈鹤琴提出:“所有的课程都要从人的实际生活及经验里选出来。”[①]因此,为了使课程真正适宜幼儿、支持幼儿开展有意义的学习,在课程前审议,即课程编制前期,教师需要结合《3~6岁儿童学习与发展指南》各领域幼儿发展的关键经验,对各年龄段的幼儿特点、发展需求、生活经验等因素做全面、客观的分析与研究。例如,在中班“探秘竹笋”主题活动中,课程审议前期教师要思考“竹子与幼儿发展”之间的联结,了解“幼儿对竹子的前期经验”、梳理“竹子与中班幼儿各领域发展关键经验的关系”。同时,基于幼儿的经验,分析幼儿前期关于竹子的兴趣及关注点,关注幼儿当下与竹子资源互动的行为表现,并初步编制主题活动的思维导图。

例如,清明过后,教师带领幼儿来到园内竹林处进行日常观察,竹林深处已有一些竹笋冒出了尖尖,孩子们对竹笋展开了讨论,各种问题也随之而来。教师有意识地将问题收集起来,并具体分析问题指向的领域和方向(见表3-3),并基于此拟定中班“探秘竹笋”自然体验主题活动思维导图。

表3-3 “探秘竹笋”主题活动幼儿问答记录(节选)

幼儿的问题/可探究的问题	指向可能的领域或方向
幼1:这些是竹笋吗? 幼2:是的。 幼1:怎么和我在山里看到的竹笋不一样,山里的竹笋很粗	竹笋的种类 竹笋的生长习性
幼1:清明节的时候,我和爸爸在旺山挖过好大的竹笋。 幼2:我也挖过竹笋,用锄头挖的。 幼3:我也挖过竹笋,但是我没有挖出来,妈妈说竹笋长得太深了	挖竹笋的方法 挖竹笋的工具
幼1:竹笋每天都长得很快吗? 幼2:我奶奶说竹笋一天就可以长大,我不相信。 幼3:老的竹笋不好吃,要吃没长大的竹笋	测量竹笋的生长过程 吃竹笋的方法

从幼儿真实的问题出发,并预设活动方向,这样能确保课程内容适宜幼儿的发展需求,也更加契合幼儿的真实生活。

(二) 源于教师专业发展的需要

课程审议是幼儿园的一项日常活动,主要针对课程实施过程中的问题而展

① 陈秀云,陈一飞.陈鹤琴全集(第二卷)[M].南京:江苏教育出版社,2018:27.

开,也以解决这些问题为目的。对教师而言,参与课程审议不仅是工作职责,也是促进专业成长的重要途径。因为在课程审议的过程中,具有不同理念的教师将带着自身的观点进入审议的过程,尤其是关于教学、游戏与课程资源等基本问题上的不同看法。通过课程审议的形式,借助交流、辨析,教师在与他人交谈、倾听的过程中区分自己与他人所拥有的课程理念的异同,并进一步完善自己的观念。可见,课程审议能促使教师理清自身的课程观,并再造关于课程实施的适合路径。在这样的过程中,教师的基本教育教学能力得到了不断的反思与调整,课程实践能力得到提升,因而课程审议是教师专业发展的重要措施。

（三）源于课程适宜性的需要

后现代课程观认为课程内容及其组织形式不是线性的、封闭的、一成不变的,而是开放的且螺旋上升的,是随着学习者的发展需求及周边情境灵活调整的。因此通过课程审议,以课程实施过程中真实的问题为出发点,可以对课程的影响因素进行分析与优化。以课程审议促进课程优化,在审议的过程中发现更加适宜幼儿发展的内容,这样使得审议与发展形成良性循环。课程审议的质量不断提高,课程适宜性就会不断提升,进而促进幼儿园课程质量的不断发展,促进教育质量的不断提升。

二、课程审议的步骤

幼儿园课程审议聚焦课程实施中的真实问题,借助集体智慧解决问题,最后达成共识又超越集体智慧。幼儿园课程审议的步骤如下。

（一）明晰问题

意识到课程实施中存在的问题是课程审议的前提条件。教师发现的问题既可以是教育理念层面的,如“对项目活动中驱动性问题的辨析”,也可以是具体技术层面的,如“户外自然区域中投放哪些材料支持幼儿深度学习”。同时,进入课程审议的问题一般以年级组或园本的共性问题为主,不是所有的问题都有审议的价值,只有那些对课程实施、教师教育理念有促进与提升作用的真实的问题才值得审议。

（二）探讨问题

问题分析是解决问题的前提。参与审议的人员对问题的性质、出现的原因进行商讨。一是对问题的性质进行研讨,这个问题有哪些外在的表现？哪些表现是该问题的核心表现？二是梳理问题产生的原因,问题来自哪里,是教师的理念问题,还是具体的实施方式问题？哪些因素造成了问题的出现？

（三）达成共识

经过对问题的分析,最终要形成相应的解决问题的策略。由于审议人员提出的解决问题策略大部分是从自身出发的,这些策略之间有可能是矛盾的,因此,在课程审议时还需要借助集体的智慧,对提出的策略再次进行研讨,提升解决问题策略的可操作性。这就要求审议时必须从实际出发,把策略与幼儿园的实际状况结合起来,讨论策略的可行性,并达成广泛的共识。

三、课程审议的内容

（一）审议主题目标及关键经验

审议人员需要参照《3～6岁儿童学习与发展指南》,结合幼儿园孩子的兴趣、经验等,结合预设的活动内容,将主题课程的目标体现在各领域中。要将目标进行操作化的表达,使每位教师都明确幼儿可以通过课程活动做什么、达到何种发展水平。

（二）审议主题课程的内容

在进行主题课程内容审议时,需要注意以下两点内容。一是幼儿的兴趣和要求。如有关春天的主题,教师应该询问幼儿想知道些什么、玩些什么、怎么玩。在确立主题内容时,将幼儿的需求、先期经验与主题课程的目标和内容对接,使得幼儿喜欢玩,能玩得充分,能在玩中得到发展。二是课程内容的逻辑问题。要审议课程内容在幼儿经验的获得方面,是否是由浅入深、逐步递进的;要考虑活动的内容是否把幼儿的自主发现、尝试探究、互相分享学习放在了前面,把教师的指导放在了后面;要考虑活动的内容是否需要形成系列等。

（三）审议儿童前期经验

任何活动都是以儿童原有的经验为基础开展的,因此在课程前审议时对儿童的生活经验、五大领域发展的经验进行梳理和研讨是非常必要的,这也是确保主题活动适宜性的重要依据。

（四）审议主题课程资源

审议课程资源,从小处说,可以促进主题课程更丰富、有趣;从大处说,可以促使教师将幼儿教育的视野从幼儿园转向大自然、大社会,更好地实现幼儿园与家庭教育、社会教育的联动。自然体验主题课程资源主要包括:自然资源、社会文化资源、家长资源、节气资源等,值得强调的是,主题课程资源还包括园内的课程资源库。多数教师在实施主题活动时会习惯性地依赖教材,造成此现象的一部分原因是教师缺乏设计活动的能力，另外一部分原因可能是教师缺少可供参考的园本主题课程资源库。例如，在小班自然体验项目活动“枇杷熟啦”预设前期，教师根据园内课程资源库分类寻找相关支架，发现资源库中有根据幼儿经验及问题生成的其他类似的活动，如“探秘竹笋”“制作龙须酥糖”等关于植物的活动，教师参考后将现有的内容进行班本化调整，构建新的自然体验项目活动。

（五）审议课程的活动形式

幼儿园的活动有生活活动、区域活动、集体活动等主要形式，也包括拓展性的亲子活动、社会实践等。每一种活动都有其存在的价值，不可以脱离教育的情境、教育的内容、幼儿的需要而简单地判断每一种形式的好坏。教师要逐渐淡化活动形式这一概念，增强活动的整合意识。能潜移默化地去影响孩子的，就不要刻意去追求活动的形式，正所谓“大道无形”。教师要尽可能多地让孩子在真实的生活、生动的情境中探究、体验、分享、反思，避免生硬的说教。

（六）审议主题课程的环境、节气、节日

在审议环境时，要打破原有的“打造环境”的思维定式，强调环境的生成。也就是说，主题课程的环境应体现孩子的活动过程和轨迹，环境是随着孩子的活动逐渐丰满起来的，而非教师去填满，也非只在环境中布置些孩子的成品（如孩子的绘画）。在审议时，可以结合主题课程的内容思考环境的大体框架，预留一些板块。同时还需要将当下的节气、节日资源纳入主题活动中，培养幼儿热爱传统文化的美好情感。例如，在六月的主题活动中，可以将端午节纳入课程内容中，结合园本艺术节的主题，引导幼儿参与到制作香囊、编织五彩绳、做龙舟等活动中，让幼儿在亲身体验与动手操作中感受传统节日文化。

四、课程审议的形式

为提升课程审议的生命力与质量，幼儿园需要建立三级审议机制：园级与年级组的前审议—班本的中审议—园级与年级组的后审议。通过提高管理者的课程领导力、教师的课程实施力以及幼儿的生长力，赋能课程审议全过程，确保多层次、多维度、多主体地参与课程审议，从而使得课程审议真正发挥效能。

（一）园级与年级组前审议，关注价值分析

前审议以园级和年级组为单位，在园部审议环节，我们主要是帮助教师明确主题的教育价值及实施方向建议，而非确定具体活动。例如，“秋之果·采摘节”园本特色活动,园级与教研组长共同审议主题活动方向,预设主题价值、主题目标、主题线索以及主题可利用和可挖掘的资源。在园级课程审议会上,中层组长围绕每个年级组对所预设主题活动的思考进行交流和讨论。讨论聚焦于以下问题:主题活动是否来源于幼儿生活?主题目标能否契合幼儿的最近发展区?如何将幼儿经验的逻辑与知识的逻辑紧密结合在一起?通过这样的思想碰撞和经验交流,每位教师都会带着思考而非答案回到自己的年级组进行实践。

年级组审议主要是中层带领级部教师对园本特色节气性活动、专项课程、班本课程等现状进行审议。前审议机制是“三审六步制”。所谓“三审”即一审儿童、二审目标、三审路径。所谓“六步”,第一步指面对偶发事件要有敏感度,并做好价值判断,即主题背景的审议;第二步指了解幼儿已有经验,让资源与幼儿建立联结,即儿童前期经验;第三步指发现幼儿的兴趣与需求,预设可能的主题目标,即主题活动目标的审议;第四步指将幼儿的已有经验、发展需求与主题目标进行对接,即儿童发展关键经验的审议;第五步指基于幼儿的兴趣与需求,拟定主题实施可行的路径,即编制主题实施网络图与活动形式;第六步指充分挖掘与主题相关的园内外资源,丰富课程内容,即环境创设、节气、节日的审议。同时从儿童的心理与学习发展逻辑出发,确定主题的实施线索,并预设主题每周活动内容,并用主题课程审议线索表进行呈现,给予教师整体参考。例如,在中班“探秘竹笋”自然体验主题课程中,根据幼儿的兴趣、经验及问题,围绕“认识身边的竹子的多样性”“了解竹笋的生长方式”“准备挖竹笋”“好吃的竹笋”四个发展点组织开展,并根据每个发展点预设教学活动、游戏活动以及生活活动等。(见表 3-4)

(二)班级基于实施过程,赋能课程中审议

中审议在主题实施两周左右后进行,形式为班级教师自主审议。班级组审议的环节,我们更加关注具体的活动走向及活动开展效果。首先是主题活动的进展情况,每个班级需要把主题活动线索细化到每一周的活动中,思考每一周该如何围绕这条线索去开展相关活动。其次是具体的活动安排,每个班级安排周计划活动时可以基于主题活动的走向,也可以从幼儿在活动中真实的问题和兴趣出发去选择、设计活动,一步步推进幼儿经验的提升。最后是教学活动的设计,为了使每周活动更加贴近幼儿的学习经验,每个班级需要设计符合本班幼儿经验与兴趣的教学活动。这些活动可以围绕主题活动目标和线索,也可以从幼儿兴趣出发设计,有助于推进主题活动、提升幼儿经验。班级教师结合园级与年级组前审议的内容,针对主题实施现状进行思考:幼儿在五大领域已获得哪些经验,哪些领域需要在接下来的主题活动中重点关注、班本区域活动做

表 3-4　中班“探秘竹笋”自然体验主题课程审议线索表

<table>
<tr><td>资源线索</td><td colspan="3">1. 自然资源：春天竹林里长出来的大小不一的竹笋
2. 社会资源：大湾公园有一大片竹林，幼儿生活的小区也有竹林；清明节假期家长带幼儿去吴中旺山挖过竹笋；亲子共同查阅资料，了解不同种类的竹笋；幼儿提前了解几种关于竹子好玩的游戏
3. 其他资源：关于竹笋的绘本资源</td></tr>
<tr><td rowspan="12">主题线索</td><td colspan="3">专题一：认识身边的竹子的多样性</td></tr>
<tr><td>游戏活动</td><td>生活活动</td><td>教学活动</td></tr>
<tr><td>1. 语言区：竹子的故事
2. 科学区：有趣的竹筏
3. 音乐区：竹竿舞</td><td>1. 来园计划：分享关于竹子种类的问卷调查
2. 餐后散步：观察幼儿园竹林里的变化</td><td>1. 社会活动：我认识的竹子
2. 科学活动：竹林里的寻宝
3. 语言：竹子的故事
4. 音乐：好玩的竹竿舞
5. 美术：彩泥竹竿</td></tr>
<tr><td colspan="3">专题二：了解竹笋的生长方式</td></tr>
<tr><td>游戏活动</td><td>生活活动</td><td>教学活动</td></tr>
<tr><td>1. 语言区：有趣的竹笋
2. 科学区：竹笋迷宫图</td><td>1. 餐后散步：观察竹笋成长样态
2. 儿童会议：我观察到的竹笋</td><td>1. 数学活动：我会测量竹笋
2. 健康活动：竹笋接力赛
3. 美术活动：可爱的竹笋
4. 综合活动：竹笋成长日记
5. 语言活动：勇敢的小竹笋</td></tr>
<tr><td colspan="3">专题三：准备挖竹笋</td></tr>
<tr><td>游戏活动</td><td>生活活动</td><td>教学活动</td></tr>
<tr><td>1. 生活区：剥春笋
2. 美工区：水墨竹、趣玩竹节人</td><td>1. 生活活动：认识不同的竹笋
2. 儿童会议：挖笋工具大调查</td><td>1. 综合活动：挖笋工具
2. 数学活动：挖笋小锋队
3. 健康活动：我会挖笋
4. 科学活动：探秘竹笋内部构造</td></tr>
<tr><td colspan="3">专题四：好吃的竹笋</td></tr>
<tr><td>游戏活动</td><td>生活活动</td><td>教学活动</td></tr>
<tr><td>1. 语言区：竹笋变身记
2. 科学区：测量竹笋</td><td>1. 生活活动：好吃的春笋
2. 儿童会议：竹笋美食汇</td><td>1. 综合活动：我吃的竹笋美食
2. 综合活动：制作笋干
3. 亲子活动：竹笋品尝会</td></tr>
</table>

了哪些班本化调整。教师要明确班本活动的生发点,对园本课程进行班本化调整的内容等进行回溯、反思、小结,并制订主题周计划、日计划,实施过程中可根据幼儿的生成兴趣灵活调换活动内容,也可动态生成新的活动内容。

例如,小班上学期关于春天的主题活动是“春天的花园”,这个主题已实施了两年,目的是以春天的花为切入点,让幼儿观察春天、感知春天到来后花发生的变化,进而引导幼儿感受春天对自己生活产生的变化。然而在课程中审议时,有教师表示幼儿在花果园寻找春天、观察春天的变化过程中,对花果园地上的蚂蚁产生了兴趣。于是,为了顺应幼儿的兴趣与需求,年级组对“花果园的蚂蚁”这个话题从教育价值、促进幼儿关键经验发展等角度进行审议,决定在“春天的花园”主题中生成新的“花果园的蚂蚁”主题活动。

(三)园级与年级组基于幼儿赋能课程后审议

后审议主要以年级组为单位,中层组长带领教师根据主题活动实施的实际情况,审议主题的核心价值与关键经验是否体现在活动过程中,哪些目标已经实现以及效果如何,哪些经验未能实现以及原因,哪些目标是未预设而在活动过程中生成的,这些新生成的目标是否适宜等。园级全过程参与课程后审议,并针对主题活动的亮点与问题开展教研活动,研讨教师对幼儿的观察、幼儿参与主题活动的效度等,总结经验并调整教师支持策略,为接下来的主题开展提供参考支架。中层组长组织教师参照主题前审议预设内容进行梳理、汇总,形成具有园本特色的主题活动资源包,汇总的内容主要包括主题课程素材库、主题资源包等。

同时开展相关主题评估活动。根据幼儿在主题活动中获得的经验及学习行为表现、教师观察记录、家园互动等内容,对本次主题活动进行反思,开展一系列主题评估活动,包括梳理一对一倾听过程性评价文本内容,形成幼儿月发展资料,评估幼儿主题学习过程,开展家长主题月评价等。

第三节 自然体验课程内容的开发

自然体验课程的内容建构包括两个基本维度,即在具体内容上以大自然、大社会为对象,在实践方式上凸显儿童的主体性。[①] 自然体验课程以幼儿为主体,并追随幼儿的发展需求,因此在建构维度上强调儿童视角,要建构属于幼儿自己的而非成人主导的课程内容;在课程内容上强调要具有可操性、真实性和

① 阳思思.亲自然教育实践的分析研究:以欧洲森林幼儿园为例[D].宁波:宁波大学,2018:21-22.

多样性，同时必须建立在幼儿真实的生活和鲜活的兴趣基础上；在展开方式上强调要满足幼儿亲身体验、深入探究以及多元参与的活动需求。

一、自然体验课程内容开发的指导思想

（一）关注《3～6岁儿童学习与发展指南》

《3～6岁儿童学习与发展指南》的"说明"中明确指出："幼儿的学习是以直接经验为基础，在游戏和日常生活中进行的。要珍视游戏和生活的独特价值，创设丰富的教育环境，合理安排一日生活，最大限度地支持和满足幼儿通过直接感知、实际操作和亲身体验获取经验的需要。"幼儿园自然体验课程选择内容时也关注《3～6岁儿童学习与发展指南》提出的基本要求，即活动内容来源于幼儿的生活与游戏，来源于幼儿生活中能接触到的资源，寓自然体验教育活动于生活、游戏中。

（二）关注幼儿的年龄特点与需求

自然体验课程内容还应关注幼儿的年龄特点，不仅要适宜幼儿当下发展需求，还要能促进幼儿经验的螺旋发展，兼具挑战性、拓展性。因此，自然体验课程内容的组织应基于幼儿的现有经验与生活，以幼儿的最近发展区为前提，在关注幼儿目前发展需求的同时促进幼儿核心素养的发展，为幼儿适应未来社会生活奠定基础。

（三）关注课程内容的开放性

课程内容价值影响着课程内容的选择。在自然体验课程中，课程内容兼顾社会发展、教师发展、个体发展以及课程本身的发展等，在选择课程内容时以上四个角度都需要统筹考量。课程内容本身承载着多重的价值，这种多重性不仅仅局限于园内的人员发展，还需要对国家发展、未来社会的发展做出回应。有价值的课程内容一定是多元的，同时也是能满足多角度发展需求的，这样的课程内容不仅对幼儿的发展具有促进作用，同时也是随着社会发展时时更新与开放的。因此，自然体验课程内容不仅具有开放性，而且具有较强的生命力，它追随幼儿活动兴趣的同时也聚焦未来社会发展需求。

二、自然体验课程内容的开发路径

自然体验课程内容的开发主要是通过主题活动、项目活动、生活活动与游戏四种形式组织开展的。这四种形式相互整合、相互渗透，主题活动是自然体验课程的主要活动形式，项目活动是自然体验活动的重要补充形式，生活活动与游戏是幼儿一日生活的基本组织形式，是主题活动和项目活动的重要载体。

(一)主题活动的开发

1. 主题活动的形成

在自然体验课程开发中,主题的选择、设计均需遵循一定的价值取向和基本路径。

(1)主题活动选择的依据

在课程开发的初期,主题活动内容大部分来自幼儿生活中的兴趣与问题,如根据幼儿的兴趣进行的"'玉'见花开""枇杷熟啦"等主题活动,如"竹笋每天都长这么快吗?""野趣园的蚯蚓到底吃什么?"等根据幼儿的问题形成的自然探究类主题活动。随着主题活动不断深入开展,通过课程审议、沙龙与研讨,我们开始根据自然体验课程的宗旨与目标,逐步梳理并汇总自然体验主题活动的选择依据,主要包括以下六个问题框架。一是,注重儿童获得的核心经验,即主题活动的目标是什么,指向了儿童哪些核心经验的发展。二是,注重儿童视角的落实,即主题活动的预设发展脉络图是什么,在主题发展的过程中如何体现儿童视角。三是,注重主题来源于儿童,即主题的来源与组织实施的意图是什么,是否来源于儿童的真实生活。四是,注重儿童视角的环境营造,即如何将主题活动落实到区域环境、生活环境、游戏环境中,并从儿童视角营造以上环境。五是,注重主题资源的可利用性,即主题活动的资源是否便于幼儿获得,是否能支持幼儿多元表达与操作。六是,注重主题活动的价值多重性,即主题活动实施过程中是否可以生成多元活动形式,如项目活动、亲子活动等,以支持幼儿持续性经验生长。

(2)主题活动的源起

怀特海指出:"教育只有一个主题,那就是五彩缤纷的生活。"[①]可见,主题应该来源于儿童的生活,这里的"生活"既是名词性的生活,即儿童的生活内容,又是动词性的生活,即主题活动的过程,就是儿童真实生活的历程与经验。只有在生活的立场上,主题的生成过程才能真正体现出主题的统一性,而"主题的统一性有助于儿童培养连续性和安全的感觉、和生活一致的感觉"[②]。这里的主题的统一性是指不同主题之间具有内在的连续性,主题的这一特点也符合幼儿经验的连续性特点。根据幼儿生活的不同,可将主题分为不同来源:来源于社会生活的主题,如探秘社区、体验超市、神奇的汽车、参观图书馆等主题;来源于幼儿自我生活的主题,如参观小学、亲密一家人、玩具本领大、去春游啦等主题;来

① 怀特海.教育的目的[M].徐汝舟,译.北京:生活·读书·新知三联书店,2002:12.

② 梅休,等.杜威学校[M].王承绪,等译.北京:教育科学出版社,2007:48.

源于自然生活的主题，如秋天博物馆、小鸡生蛋、探秘竹笋、蔬菜保卫战、下雪啦等主题；来源于节日、节气活动的主题，如我的冬至、制作腊八蒜、好吃的酒酿、好玩的龙舟、制作龙须酥糖等主题。

经过几年的实践研究，笔者所在幼儿园从儿童视角出发，以儿童与自我、儿童与社会、儿童与自然、儿童与传统文化角度，初步形成了小、中、大班各年龄段一系列的主题活动（见表3-5）。

表3-5　各年龄段主题活动汇总表

<table>
<tr><th>学期</th><th>小班</th><th>中班</th><th>大班</th></tr>
<tr><td rowspan="10">上学期</td><td>我上幼儿园啦</td><td>我升班了</td><td>我长大了</td></tr>
<tr><td>亲亲一家人</td><td>有趣的交通工具</td><td>欢乐国庆节</td></tr>
<tr><td>石榴丰收啦</td><td>迎中秋，庆团圆</td><td>探秘秋天</td></tr>
<tr><td>橘子的秘密</td><td>采摘秋天</td><td>我是中国娃</td></tr>
<tr><td>大湾公园寻宝记</td><td>大湾公园畅游节</td><td>民族联欢会</td></tr>
<tr><td>冬爷爷来了</td><td>秋天的展览会</td><td>探秘山塘街</td></tr>
<tr><td>新年亲子游园会</td><td>动物运动会</td><td>制作龙须酥糖</td></tr>
<tr><td>好吃的冬至</td><td>庆元旦，迎新年</td><td>元旦舞台剧</td></tr>
<tr><td>喜迎春节</td><td>过冬至节啦</td><td>腊八节</td></tr>
<tr><td></td><td>长大一岁了</td><td>春节大揭秘</td></tr>
<tr><td rowspan="13">下学期</td><td>玩具大家玩</td><td>我爱我的社区</td><td>探秘小学图书馆</td></tr>
<tr><td>我的图书角</td><td>图书漂流</td><td>我是故事大王</td></tr>
<tr><td></td><td>图书跳蚤市场</td><td>设计绘本剧</td></tr>
<tr><td colspan="3">亲子图书游园会</td></tr>
<tr><td>花果园的春天</td><td>探秘竹林</td><td>我们在春天里</td></tr>
<tr><td>花果园的小动物</td><td>小鸡“蛋”生记</td><td>我的大树朋友</td></tr>
<tr><td></td><td></td><td>鸽子的秘密</td></tr>
<tr><td>大湾公园畅游节</td><td>自然拼摆节</td><td>大湾公园帐篷节</td></tr>
<tr><td>我是种植小能手</td><td>我劳动，我快乐</td><td>小学畅想曲</td></tr>
<tr><td>感恩劳动者</td><td></td><td>寻找乐乐小学</td></tr>
<tr><td colspan="3">六一亲子游园会</td></tr>
<tr><td>一起玩水吧</td><td>“粽”情端午</td><td>我要毕业了</td></tr>
<tr><td></td><td>夏日的欢乐</td><td>再见，幼儿园</td></tr>
</table>

2. 主题活动的构建

主题活动的构建是以主题脉络图作为线索逐步构建的。教师首先将核心事件分解为一个个相关的网状结构，分解可以从与核心事件相关的问题出发，也可以从与核心事件相关的情境出发。主题脉络图为核心事件提供了多元的可能性，这些可能性皆以网状图的形式存在于主题框架中，为主题的发展与实施提供了新的线索，如小班主题活动"'玉'见花开"(见图 3-1)。

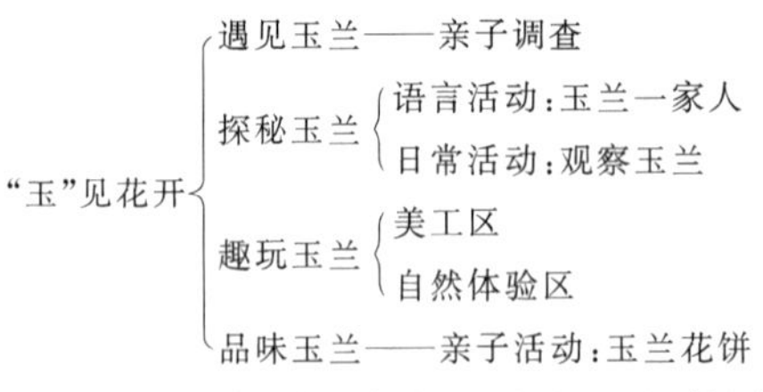

图 3-1　小班主题活动"'玉'见花开"网状图

但仅有主题脉络图是不够的，因为其未能为主题活动的开展提供具体的实施路径，如杜威所言："地图并不能告诉旅游者走向何处去，只是旅行者的愿望和计划才能决定他的旅行目的，就如同旅行者自己的早先的愿望和计划决定了他现在所在的地方，以及他现在要从哪里出发一样"[①]。因此，在具体活动开始前设计好的主题网状图为了让儿童认识既定的知识，而较少涉及通过何种路径让儿童学习和掌握设计的知识，这时候就需要主题脉络图作为路径的支架。主题脉络图是将主题可能发展的方向及预设的内容用脉络的方式串起来以清新呈现活动内容的图形。脉络图就像一条线，将散落的核心事件串联起来，使得主题活动更具连续性与整合性，进而促进幼儿获得经验的连续发展。如在中班主题活动"蔬菜保卫战"脉络图(见图 3-2)中，将"菜叶上有洞洞""怎样保卫菜叶""萝卜成熟了"三个核心事件串联起来，使得主题发展的走向以及每个核心事件中的关键情境清晰呈现，使得教师在实施主题活动时有了具象的支架。

3. 主题活动的启动

开展主题活动前，教师需要思考主题活动的启动应以何种形式着手实施。我们认为可以从幼儿的生活经验、现有课程资源、调查问卷以及文学作品等途径开启主题活动。教师需要对班级幼儿的生活经验了如指掌，根据班级的实际情况选择合适的方式，满足班级幼儿兴趣与需求。幼儿的生活经验就是当下幼儿较多关注和家园多次涉及的内容，如春天家长会带幼儿外出踏青、野餐、春游

① 杜威. 我们怎样思维·经验与教育[M]. 姜文闵，译. 北京：人民教育出版社，2005：67.

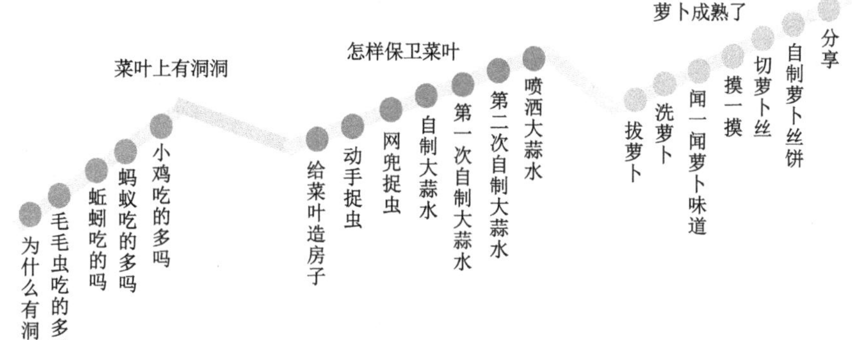

图 3-2　"蔬菜保卫战"主题脉络图

等。现有的课程资源就是当下园内外存在的、易于开发利用的资源，如小学图书馆、社区超市、周边公园等，这些资源也是非常好的主题活动启动的切入点。教师基于幼儿在一日生活中的问题和兴趣，借助调查问卷方式深入了解幼儿前期经验和兴趣，为主题活动的实施奠定基础。文学作品也是开启主题活动非常好的路径，在语言区、亲子互动时都可以选择与主题相关的作品进行探讨，进而引导幼儿进入主题活动。具体可参考表 3-6 主题活动类型及其启动的方式。

表 3-6　主题活动类型及其启动的方式

主题名称	年龄段	来源	选择依据	启动方式
我要毕业了	大班	幼儿生活	在即将离开幼儿园之际，幼儿通过讨论毕业的意义感受成长的喜悦，并学习用自己的方式向一起生活的老师和同伴表达感谢之情。这些都促进了幼儿做好幼小衔接的社会性准备、身心准备	儿童会议
花果园的春天	小班	自然环境	小班教室门口正对着花果园，花果园里花卉类、果树类资源丰富，有月季、桂花、石榴、枇杷、海棠、乌桕树等。幼儿每天户外活动都可以随时走进花果园，观察花卉、树木的变化	自然观察
有趣的交通工具	中班	社会生活	幼儿园南门对面有长三角智能汽车研究中心，周边有大湾地铁站。随着幼儿来园，交通工具成为幼儿真实生活中的话题	问卷调查 现场参观
我的大树朋友	大班	自然环境	幼儿园附近的大湾公园，拥有丰富的树木资源，幼儿能方便地与树木互动	现场体验

表 3-6(续)

主题名称	年龄段	来源	选择依据	启动方式
小鸡"蛋"生记	中班	幼儿生活	饲养区的公鸡、母鸡成为幼儿感兴趣的话题,《母鸡萝丝去散步》绘本本身蕴含了诸多可供幼儿学习的内容	绘本作品
一起玩水吧	小班	幼儿生活	到了夏天,玩水是小班幼儿最喜欢的活动。幼儿对玩水有一定前期经验,制造泡泡水、玩水粉等内容都可成为教育活动	游戏"好玩的泡泡"

(二)项目活动的开发

1. 项目活动的价值

2016 年,我国发布的《中国学生发展核心素养》重点强调了批判性思维、创造性、交往和协作等内容,这就要求基础教育目标的时代转型,同时也直接影响学校学习形态的变革。相较于集体教学的传授式教育,项目活动源于幼儿感兴趣的话题,由集体或小组合作制订计划、实施计划,在实施过程中回顾与反思实施效果,并及时调整计划,进而持续性地进行下一轮探究活动。幼儿在持续性项目探究活动中获得一系列的认知与社会性发展,尤其促进了批判性思维、合作能力等核心素养的发展。项目学习哲学的创立者克伯屈(Kilpatrick)认为,在项目学习中,儿童能够表达自己的独特性,发现同伴的个体性,并通过关心、关切与学习不断形成自我与他人之间的交往性。① 可见,幼儿在参与项目活动的过程中能够促进自身的个体性、独特性成长。

2. 项目活动的内容来源

教师在开展项目活动前需要对项目进行课程前审议,并思考项目是否符合以下三个条件。一是生成性,一个项目活动要可以引出更进一步、更丰富的活动。二是融合性,教师在选择自然体验项目活动时,需要注意不同领域之间的渗透与整合,既要关注同一领域之间的连续性,又要关注其他领域之间的整合。三是可行性,项目活动要符合幼儿的年龄特点,并且能够落实儿童立场理念,在适宜幼儿发展需求的过程中转化为儿童真实生活需求。项目活动主要根据语言、健康等五大领域的关键经验、幼儿的身心发展特点以及自然体验课程的理念、目标,进行灵活调整与整合而预设的,其主要来源有以下几方面。

首先是来源于幼儿真实的问题,此类项目活动主导目的是解决问题。人是一种理智性的存在,提出问题并尝试解决问题是人的生存本能,问题性的项目

① 张华.论克伯屈的项目学习哲学[J].远程教育杂志,2023(5):16-27.

活动正是基于人的“探究本能”。幼儿在一日生活中会产生五花八门的问题，这些问题便是引发项目活动最好的课程资源。其次是来源于做具体物质形态的活动需要，这类项目的主旨是“做、制造或实现以物质形态体现观念或期望”①。这里的物质形态是生活中具体存在的，可以是陶泥、积木、布料等，也可以是排练一个绘本剧本、绘画一幅主题海报等。幼儿在此类项目活动中与同伴合作、协商，既发展动手操作能力，又促进社会性发展。最后是来源于掌握具体知识技能的发展需求，此类项目活动的主要目的就是促进个体获得某项知识技能，如学习踢足球、拍皮球、练习用筷子等。知识技能类项目活动注重幼儿在活动中的主动性与积极性，至于是否立刻习得知识技能则并不重要。同时，此类活动不宜过多，要给予幼儿充分自主学习与练习的时间与空间。

尽管不同的项目类型来源不同，但在实际项目活动开展过程中，这些类型是相互穿插、渗透且相互作用的，问题在所有的项目活动中几乎都会涉及，因为问题是项目活动进程的推进剂。

（三）生活活动与游戏的开发

生活活动与游戏是幼儿在园一日生活中最基本的活动形式，它们往往反映着幼儿真实的生活经验与兴趣发展方向。教师需要及时捕捉幼儿生活中真实而又灵动的发展需求，借助生活活动与游戏促进幼儿在自我服务能力、自我管理能力以及与同伴合作能力等方面的发展。与此同时，幼儿生活能力的发展又在一定程度上促进幼儿游戏经验与游戏水平的提升，如幼儿掌握了穿衣、穿鞋等生活技能，那么幼儿在娃娃家就可以将此项生活经验迁移到照顾娃娃的游戏行为中。因此，生活活动与游戏时常相互影响、相互渗透，同时在主题活动和项目活动中也得到了拓展与丰富，从而使得课程实施路径更加多元与灵活。

第四节　自然体验课程环境的创设

蒙台梭利认为，幼儿园教育要为幼儿提供有准备的环境，要让幼儿的天性在适宜的环境中得到充分且自由的发展。② 幼儿园环境是幼儿在园生活重要场所，也是幼儿园重要的课程资源，更是幼儿实现发展的重要活动支架。《幼儿园教育指导纲要（试行）》明确指出：“环境是重要的教育资源，应通过环境的创设和利用，有效促进幼儿的发展。”环境是隐性的教师，优质的幼儿园环境不仅能促使幼儿积极参与到环境中去体验和探究，而且能让幼儿参与创设与打造环

① 张华.论克伯屈的项目学习哲学[J].远程教育杂志，2023(5)：16-27.

② 郭法奇.外国学前教育史[M].北京：北京大学出版社，2015：185-186.

境,让幼儿成为环境的主人。自然体验背景下的幼儿园环境创设应抛弃成人主导的价值取向,要基于生态视角审视当下幼儿园环境创设的现状,思考如何从自然环境、儿童参与、幼儿生活等层面出发为幼儿创设课程环境,满足幼儿开展自然体验活动的需要。

一、自然体验课程环境创设的意义

课程实施需要一定的空间与时间,而幼儿园环境与课程实施之间是相辅相成的双向关系,课程的架构是基于环境因素的考量,课程的实施又通过环境得以彰显与表达。同样,幼儿与环境之间也是相互影响、相互作用的关系。可见,环境创设对课程与幼儿都有着重要的作用。

(一)回应幼儿亲近自然的天性,促进其养成热爱自然的态度

儿童是自然之子,亲近自然是儿童天性的自然表达。我国幼儿教育之父陈鹤琴认为,“大多数的小孩子都是喜欢野外生活的。到门外就欢喜,终日在家里就不十分高兴”[①]。在充满不确定性的大自然中,幼儿的天性得以释放与表达。大自然是儿童天生的乐园,大自然中的四季流转、鸟语花香对于幼儿而言都是促进其发展的优质资源,幼儿面对天空的云卷云舒、山间的泉水潺潺、草木间窸窸窣窣的虫鸣充满了无限欣喜,这种欣喜不仅是直接体验到的情境感知,还有内心的满足以及对生命的认知。因此,自然体验课程环境的创设不仅回应了幼儿天性自然的需求,而且让幼儿在感知自然的过程中形成热爱自然、关爱自然的态度。

(二)满足幼儿体验游戏的需求,促进其知情意行的全面发展

游戏是幼儿的基本活动,幼儿喜爱游戏,在游戏中他们可以肆意地奔跑、天马行空地想象、无拘无束地欢笑。国内外研究表明,与室内游戏相比,户外游戏在满足幼儿游戏需求、促进幼儿身心各方面发展方面更具优势,限制幼儿的户外游戏会严重损害其身心健康。[②] 游戏作为儿童本性抒发和探索世界的重要方式,它让幼儿在各种形式的交往活动中不断打开自我。[③] 幼儿是用身体的直接感知与体验参与游戏的,在游戏中幼儿用眼观察、用手触摸、用耳倾听、用鼻嗅闻,在充分调动感知觉过程中体验到、感受到人与自然、人与社会互动与联系的乐趣。幼儿园环境是幼儿开展各项学习活动的依托,环境不仅仅包括自然的环

---

① 北京市教育科学研究所.陈鹤琴教育文集(上卷)[M].北京:北京大学出版社,1983:599.

② KERN P, WAKEFORD L. Supporting outdoor play for young children: the zone model of playground supervision[J]. Young children,2007,62(5):12.

③ 张斌.“江韵文化”童趣体验课程的建构与实施[J].学前教育研究,2012(11):17-19.

境，它还涵盖了幼儿的生活以及本土文化等内容。因此，创设一个融合自然、生活、文化要素的幼儿园环境，不仅能促进幼儿对周边环境的参与、探究的兴趣，也能够促使自然体验的课程开展按照幼儿的本性进行，促进幼儿知情意行全面发展。

（三）激发幼儿探究自然的兴趣，促进其深度学习能力的发展

幼儿天生就有探究的欲望与本能。事实上，幼儿也正是通过自己自发的探究而不断地加深对世界的认知和理解。[①] 对于幼儿而言，亲身体验的过程就是探究的过程，幼儿探究过程并不等同于传统意义上的被动学习或识记，而是幼儿通过自己的方式与周围环境发生互动的过程。无论是一根树枝、一片落叶抑或一朵盛开的花，都是幼儿探究的重要资源，也是幼儿与自然交流互动的切入口。主动探究是幼儿深度学习的起点，在开放、宽松的自然环境中，幼儿更易被周围的真实的自然现象所吸引，也更易于发现问题，进而对问题进行猜测、验证等深度学习。因此，在实施自然体验课程中，需要为幼儿创设自然而又真实体验的活动环境与氛围，也只有在这样的环境中，才能满足幼儿直接感知、动手操作、亲身体验的学习需求，从而为促进幼儿深度学习提供支架。

二、自然体验课程环境的基本特征

自然体验是以自然环境为活动场所的，因此自然体验课程环境是一个开放的、自然的生态系统。这样的系统可大可小，大的可以是一个公园，小的可以是一方种植地。这样的环境空间无论大小，都具有以下特征。

（一）开放性

开放性是自然体验课程环境的一项重要特征，也是自然体验课程环境保持活力的重要基础和前提。只有保持开放性才能使得环境中的物质、信息在环境的内部与周边自由交换与流动，从而促使自然体验课程环境更加适宜幼儿的体验与探究的活动需求。所谓开放性，是指两个维度的开放：一是环境内物质材料的开放性使用。例如，在户外的野趣园中，泥土在跳泥坑游戏中可以用来实验与搭建，在娃娃家游戏中可以用来制作各种美食或作“护身法宝”等。二是空间利用的开放性，在自然体验环境中弱化游戏场地之间的边界，满足幼儿自主、自由探究的需求。室内环境与室外环境不是割裂的，而是相互联系与整合的。例如，幼儿可以将户外收集的树叶、花朵、树枝等自然材料带到室内进行探究与拼搭；在户外种植园地，幼儿既可以观察、照料农作物，又可以开展绘画写生、插

---

① 任长松.探究式学习:18条原则[M].福州:福建教育出版社,2005:7.

花花艺等园艺类活动。对于自然体验环境，幼儿可以自由迁移到任何学习情境中，借由亲身体验激发探究兴趣，进而促进经验多元的发展。

（二）自然性

实证研究表明，在有较多自然元素的游戏环境中，幼儿会表现出更多与环境互动，展现出更多建构性、发展性、假装性游戏，而较少出现功能性或重复性的行为。[①] 自然体验课程环境的自然性之所以重要，不仅仅是因为自然环境满足幼儿的自然天性，而且因为自然环境为幼儿的生活及发展提供了基本的条件与空间，幼儿在与自然交互作用的过程中实现了对自然的体验与感悟生命成长的意义建构。这种自然性特征体现在两个方面，首先是关于自然本身的环境，包括树木、山坡、花卉等，这些是幼儿园自然环境具象化的体现，也是大部分幼儿园都存在的自然资源；其次是在优化自然环境基础上增添的人为设计自然元素，如在树林之间挖一个泥坑供幼儿进行多元游戏与探究、围绕沙池打造一个圆形池塘、在水池上方投放一个木桥等。总体而言，创设自然体验课程环境，特别是户外环境，应尽可能地保留环境中的自然因素，能够让幼儿在充分体验中认识自然中事物相互联系的生态关系。

（三）体验性

幼儿的学习是以直接经验为基础的，因此在创设自然体验课程环境时，园内的一草一木都应得到充分的保留，这正好满足了自然体验课程的体验需求。自然环境中的开放性资源给予幼儿丰富、多层次的体验，幼儿通过多元感官，包括观察、倾听、闻闻、触摸等方式来发现自然、了解自然进而体验自然、探究自然。幼儿持续性观察樱花从含苞待放到落英缤纷、桑葚从青色到紫红色、蚕宝宝的成长变化等一系列的生命成长过程，不仅获得敏锐的观察能力，同时通过提问与自主探究进行思考，获得逻辑思维能力的发展。当幼儿用手搭建沙子城堡、用泥土制作各种泥塑作品时，幼儿不仅使用了手指的精细动作和手臂的肌肉，而且体验到沙子和泥土的区别，体验到粗糙与光滑、体验到沙子与泥土能否溶于水的特征。

（四）动态性

自然体验课程环境不仅要支持幼儿深度探究，包括各种提问与反复的试错，还要支持幼儿体验式学习。例如，在下雨天时候，面对幼儿的问题“下的雨

---

① HESTENES L, SHIM J, DEBORD K. The measurement and influence of outdoor child care quality on preschool children’s experiences[C]//Biennial Conference for the Society for Research in Children Development, Boston, UK. 2007.

去哪了""我想到外面玩雨""为什么会有下雨的声音"等，教师需要支持幼儿下一步体验式学习的环境与物质材料。也就说自然体验课程环境中的场地、材料、空间规划等元素不是一成不变的，而是要随着幼儿的兴趣与需求做动态性调整与优化，这样才能真正适宜幼儿的发展。例如，幼儿在看了《小猪佩奇》中跳泥坑的游戏后，对跳泥坑这个游戏非常感兴趣，但目前幼儿园缺少这样的场地，怎么办？于是教师组织幼儿商议泥坑的选择、泥坑的设计、泥坑需要的材料等，在解决以上这些问题后，泥坑也顺利打造好了。在自然体验课程环境中，保持开放性的同时势必要求环境的动态调整，要始终将幼儿的活动需求视为创设环境的方向，遵循幼儿身心发展规律的同时追随幼儿的兴趣。

三、自然体验课程环境创设的原则

（一）发展适宜性——以回归幼儿为前提

儿童在成为社会个体的同时就天然地具有自然的属性，这种属性不仅意味着幼儿是自然生态系统的组成部分，也意味着幼儿的成长要基于自然的环境，对幼儿的教育也应该回归幼儿的本真。[①] 教育回归幼儿本真是指教育要回归人的本性和真实面貌，要将人确立为教育的原点，要能唤醒主体的生命自觉和激扬个体的生命潜能，要能在全面发展的基础上培育学生的自由个性和塑造学生完整的人格。[②] 幼儿园自然体验课程环境的创设同样也需要回归到幼儿本身，强调回归幼儿不仅是自然体验课程环境创设的重要原则，也具有强烈的现实意义。要做到环境回归儿童，首先需要满足的是环境创设需符合幼儿的天性。何为幼儿天性？陈鹤琴认为，儿童的天性表现为他们喜爱游戏和模仿、喜欢野外生活和具有好奇心。[③] 因此，回归儿童的环境应该是真实且富有教育价值的，可以让幼儿自由游戏并能激发幼儿深度探究的环境。其中富有教育价值强调环境资源的多元性，不仅包含自然环境，而且包含幼儿生活的一切资源，如社会文化资源、生活事件等，唯有如此方能真正回归幼儿本身，这样的环境对幼儿而言才是适宜的。

（二）目标导向性——以促进幼儿经验发展为目标

幼儿园环境是幼儿开展各项学习活动的依托，户外环境不仅包含自然环境，还涵盖了幼儿的生活以及本土文化等内容。[④] 在创设自然环境时，我们需要

---

① 张更立.异化与回归：走向"生活批判"的中国儿童教育[D].南京：南京师范大学，2011：42-54.

② 冯建军.回归本真："教育与人"的哲学探索[M].北京：中国人民大学出版社，2019：3.

③ 陈鹤琴.家庭教育[M].武汉：长江文艺出版社，2013：16.

④ 李莉.发展生态学理论视域下幼儿园本土文化环境创设探究[J].教育探究，2019(5)：2-5.

明确创设环境的最终目标是指向幼儿经验发展的,因此不管是场地的设置、材料的投放还是场地的利用都需围绕此原则进行。幼儿发展是整体性的,自然体验环境也是整体性的,也就说我们需要从整体的视角理解园内外的环境之间的联系性与和谐性。首先,从生态学整体系统的视角审视幼儿园的环境,就会发现不同于日常视角的环境存在,包括动物环境、植被环境、土壤环境、景观环境等,这些环境之间是相互联系的,都有存在的价值与意义,同时也应该受到关注与开发利用。其次,上述的环境因人为的原因被分割在不同功能区域,如户外涂鸦区、攀爬区等,在创设这些区域时需要树立整体性视角,弱化区域之间的边界,允许幼儿整体性地使用区域环境。例如,幼儿在户外涂鸦区是否只能玩涂鸦游戏?答案显然是否定的,因为户外涂鸦区场地有植被环境、有土壤环境,这些都可作为幼儿开展其他自然体验活动的支撑,只要幼儿在区域获得经验的发展即可。最后,从整体性视角出发,我们在创设自然体验课程环境时还需将幼儿园周边环境纳入系统中,因为社区环境、社会环境都是幼儿园环境的组成部分。

（三）儿童参与性——以儿童参与为创设途径

根据《儿童权利公约》中儿童参与的条款“强调评价城市不仅仅是为了儿童,同时更应该让儿童来评价城市”,儿童有权利参与到幼儿园空间规划中来。实际上,儿童对于生活空间最在乎的是能否给自己带来私密感、可控性和安全感。因此,在创设自然体验课程环境时,需要将儿童的视角、儿童的需要通过儿童参与的形式落实。例如,幼儿园开辟了饲养区,到底需要饲养哪些小动物呢?教师可以组织幼儿进行儿童会议,针对问卷调查填写“饲养意愿表”,每位幼儿推荐两到三类小动物,并就“为何推荐该小动物”“该小动物的特征”“该小动物的饲养注意事项”等进行分享交流,最后通过儿童投票的方式确定饲养的小动物。根据克拉克(Alison Clark)的阐述,马赛克方法是多种方法的框架,其结合了传统的观察法和儿童访谈法,访谈法使用的参与式工具包括照相机、旅行、制作地图、绘画和角色扮演等,每一个方法都是马赛克方法的一部分。① 因此,在创设自然体验课程环境时,教师还可以引导幼儿制作地图,以了解幼儿对幼儿园空间的认识、对空间的体验和建构,进而为创设适宜的环境做好准备。

四、自然体验课程环境创设的策略

（一）规划区域布局,满足幼儿活动需求

为实现幼儿在自然体验中发展,我们应该善于把已拥有的自然资源转化为

① 倪海燕.让儿童的声音在场:马赛克研究方法的发展及启示[J].早期教育(教科研版),2020(6):2-6.

幼儿可直接体验和探索的学习资源。根据园内的空间现状以及倡导的自然体验理念，致力于打造自然、生态的环境，我们尝试按照“一场、一廊、一区、一角”的思路重新规划和创设园内自然环境，以实现幼儿园环境的可参与性与体验性。其中，所谓“一场”，是指以整体性视角创设幼儿园的户外游戏区域，聚焦每个区域中的自然生态体系的种类、数量和变化，并为幼儿亲近自然、探究自然提供各类工具和材料。所谓“一廊”，是指利用幼儿园的公共走廊、楼道转角等空间，创设具有自然与艺术相整合的诗意空间，展示种植、饲养等与自然亲密互动的活动过程及成果，丰富幼儿关于自然的经验。所谓“一区”，是指创设具有园本或班本特色的自然体验区域，充分体现园所自然体验的个性化特点。所谓“一角”，是指在班级和幼儿园大厅创设用于收集和展示四季流转变化的角落，可以是一个或多个角落，展示的材料以自然资源为主，为幼儿近距离亲近自然、观察自然创设机会。

1. “一场”——户外环境的创设

我园户外空间开阔，充满生机。园内种植大量不同品种的树木，还拥有富有挑战性的运动设施。我们根据场地位置和类型将户外空间划分为沙水园、农乐园、野趣园、花果园、艺乐园、种植园地、骑行区等七大区域，为幼儿开展各类户外活动提供更多的可能性。

(1) 沙水区的创设

沙水区位于幼儿园的中庭位置，沙子采用白沙和黄沙混合，并在沙水池旁创设洗手台、蓄水区等，为幼儿进行深度沙水游戏提供支持。沙水区提供多种玩水的材料，如自制打井器、风车等，鼓励幼儿与水亲密互动，探究沉浮的秘密。

(2) 综合游戏区域的创设

所谓综合游戏区，就是指该区域的游戏功能是多元的，不单指向某一游戏，而是指向幼儿整体性发展的。农乐园位于沙水区隔壁(见图 3-3)，主要以草坪地面为主，创设了休闲区、野餐区、凉亭区等区域供不同年龄段的幼儿开展多元的角色游戏，鼓励幼儿充分利用大自然中的材料如树枝、树叶、野菜等进行游戏。

野趣园(见图 3-4)，位于农乐园的旁边，之所以称为野趣园主要是为突出自然与趣味。该区域有蜿蜒的水池、茂盛的草地供幼儿进行嬉戏与探究；提供各式观察虫子的工具和记录表，以便幼儿带着工具自由在园内发现虫子与探究生命的奥秘。

花果园(见图 3-5)靠近幼儿园的南操场，该区域中有多元的果树、花卉供幼儿观察、欣赏与探究。果树类有枇杷树、桑树、橘子树、黄桃树、石榴树等几十种树木，花卉类有桂花、紫荆、玉兰、月季、蔷薇、波斯菊、樱花、海棠等。为了让幼

图 3-3　农乐园场地

图 3-4　野趣园场地

图 3-5　花果园场地

儿充分感受四季变化对植物生长的影响,我们种植了乌柏树、榉树、栾树、银杏等。在丰富多元的植被系统下还存在丰富的微生物,这些生命的存在也是幼儿自然探究的丰富资源。

艺乐园分为户外涂鸦和音乐两个板块，除了固定的户外乐器区，我们尊重幼儿自由自主的游戏精神，不固定户外涂鸦区的具体位置，只是提供画板、推车等材料供幼儿自由作画。

(3) 种植饲养区域的创设

幼儿园的三楼有个宽阔的种植园地平台，各班都拥有一块种植地。同时，为了便于幼儿观察、照料农作物，我们单独开辟了一块操作后备区，主要包括种植工具间、观察工具间、蓄水间、造肥料间等，还添置了轻便、可携带的塑料凳子供幼儿观察、写生使用。改造后的种植园地配套设施完善，为幼儿参与种植活动提供了条件。同时，在种植园地的另外一侧开辟了饲养区域，饲养的小动物也是幼儿自主参与商定的，主要有鸽子、小兔子、鸡、鸭等，这些小动物有的是班级提供的，有的是园级申购的。为了培养幼儿关爱小动物、积极参与劳动的习惯，饲养区域小动物的日常照料、卫生打扫等都由相应的班级轮流值日完成。

2. 室内环境创设

在室内的自然体验区，我们主要聚焦两个维度，一是班级的自然体验区创设，二是走廊的自然展览区。

(1) “一廊”——走廊的自然展览区的创设

“一廊”的主要创设目的是为幼儿营造亲近自然的环境，让幼儿感受自然在日常生活中的作用，体验自然创造带来的美。例如，在走廊创设了“特色自然展”(见图 3-6)，以年级组为单位每月进行自然活动的展示，可以是幼儿的自然游戏、自然观察日志，也可以是利用自然材料生发深度学习的过程性展示。旨在通过展示、观看等方式，进一步激发幼儿对自然的好奇心与探究兴趣，鼓励幼儿积极投入到与自然的互动过程中。

(2) “一区”——班级自然体验区的创设

所谓班级自然体验区，就是在室内提供幼儿与自然互动体验的区域，主要包括自然角、自然拼摆区、泥工区、生活体验区等。自然拼摆区一般需要的空间较大，建议放在班级的团讨区域内；泥工区因为需要使用水，建议创设在水源附近；生活体验区因为需要幼儿进行动手操作，甚至需要幼儿洗、切、剥等，也建议创设在靠近水源的角落处。

区别于传统的自然角环境创设，自然体验区一定是给予幼儿真实感知、实际操作的空间。例如，在自然拼摆区(见图 3-7)，幼儿针对收集到的各类自然材料进行自主分类，有种子类、叶子类、沙石类等，幼儿根据教师提供的拼摆支架或自主设计拼摆计划进行拼摆艺术创作。在创作的过程中，幼儿体验到自然材料的外形、粗细等特征，同时结合材料特征有目的地艺术化表达。又如，在生活体验区中，教师可以根据季节的不同提供多元的瓜果蔬菜供幼儿操作，包括春

图 3-6　走廊的自然展览区场地

班级走廊的自然体验区场地

班级内的自然体验区场地

班级室内自然拼摆区场地

班级室内自然沙画区场地

图 3-7　自然体验区

季的蚕豆、豌豆，夏季的冬瓜、玉米，秋季的莲藕、橘子，冬季的白菜、萝卜等，让幼儿在切一切、闻一闻、剥一剥的过程中感受瓜果蔬菜的外部与内部构造的异同，进而为生成自然探究类活动做好铺垫。

（二）减少人工设备，增加自然元素

自然环境是实施自然体验课程活动的媒介，自然体验课程环境的创设应优先考虑环境的自然元素。因此，我们在创设环境时有意识地将更多的自然元素引入到室内外游戏环境中，通过源于自然来为幼儿创设生态的游戏环境，满足幼儿亲近自然的需求。首先，在自然体验课程环境规划与创设过程中，应充分保留原始的自然元素，如保持原来的地形地貌（高低不平的、非规整性的地形）、原有的生物（树木、花草等）。这些原有的自然元素不仅不会影响幼儿的游戏，反而会增加环境的游戏性、挑战性，因为环境的变化与新奇会引发幼儿更多的探索活动。其次，环境中应充分增加自然元素，减少人工设备，如大型的滑滑梯等器材。这些器材不仅占用大量的空间，而且因为其玩法单一、固定，缺乏供幼儿深度探究的条件。与固定的人工设备相比，低结构的自然材料更是连接幼儿与自然之间的桥梁，也更能支持幼儿的大胆猜测与探究，满足幼儿个性化学习与发展的活动需求。

（三）弱化观赏性空间，提升体验性

幼儿是以亲身体验为学习方式的，因此在创设自然体验课程环境时应最大程度弱化观赏性的区域空间，提升环境的可体验性，从而使得幼儿能够在与环境的双向互动中获得身心全面发展。首先是转变课程实施的思维，将静态的景观进行优化并纳入课程资源中。一般情况下幼儿园都有观赏性景观，此类空间的利用大都以教师带领幼儿进行观赏为主要活动形式，并未将景观纳入课程资源中进行深度开发。因此，我们需要将园内景观与幼儿产生联系来生发更多的教育价值。在创设景观时可以让幼儿参与，种植哪些景观植物、景观的道路如何设计等，都可以从儿童视角进行规划，以提升幼儿对景观的认可度与参与度。与此同时，在景观的空间创设时应留给幼儿充分的活动空间，景观种植切勿太密集以及成片地铺展，建议采用小型的、分散的、多元的景观创设方式给予幼儿多感官体验。其次是提升静态绿植的可体验性，对绿植的外形进行改造。园内靠近墙面周边一般会种植大量的绿植作为防护与隔离，这样的设计不仅占用空间，同时千篇一律的绿化也缺少供幼儿体验的条件。为此，我们可以通过优化绿化的外观与内在的形态来提升其可体验性。例如，对墙面附近的绿化进行修剪，内部留出蜿蜒的迷宫式的道路供幼儿行走来吸引幼儿。

(四)弱化环境区域边界,建构整体性联系

目前,幼儿园室内外空间主要依据不同的教育功能进行划分,如室外空间有沙水区、涂鸦区,室内空间有娃娃家、阅读区、科学区等。虽然此种类型的空间划分便于幼儿明确该区域的活动内容,然而在强调空间的功能性和边界性时,也在无形中限制了幼儿在该空间的活动创造性和再生产性。幼儿园空间构建的根本目的是产生更多的儿童活动空间,让儿童随时可以游戏,进而喜欢生活在该空间里。显然,教师事先精心划分的高结构性活动空间容易使幼儿的活动空间碎片化,难以满足幼儿整体性发展的需求。因此,在创设幼儿园自然体验课程环境时,需要从转变空间观、弱化边界观两个角度来解放幼儿园环境,进而为幼儿创设更具开放性的活动空间。

幼儿园环境构建应从碎片化空间转变为整体化空间。所谓整体化空间,是将原有碎片式的活动空间按照相同类型整合在一起,如把原来的户外涂鸦区、写生区等零碎区域整合成一个较大的艺术创作区域。教师在区域中只需投放相关活动材料,对于幼儿在区域中具体的游戏内容,教师不去干涉,而是给予幼儿充分的游戏和创造空间。此外,教师还应弱化空间内材料的边界,不硬性规定儿童必须在哪个区域游戏,不限制儿童探究游戏材料的玩法。儿童在幼儿园环境中产生的自主性、主动性、积极性、生产域(指儿童能够在多大空间范围内进行活动)和自由度构成了幼儿园教育空间的生命特征。教师应给予儿童自由、自主的游戏机会,支持儿童用自己独特的方式探究游戏材料的不同玩法,把构建空间的自主权归还给儿童。

正如陶行知先生所呼吁的,我们要解放小孩子的空间,让他们去接触大自然的花草、树木、青山、绿水、日月、星辰以及大社会中之士、农、工、商、三教九流,自由地对宇宙发问,与万物为友,并且向中外古今三百六十行学习。[①] 我们也需要保持幼儿园环境与社区、社会之间的关联性,不仅要将本土文化资源有意识地引入幼儿园环境创设中,而且要将幼儿园环境资源拓展到周边的更大、更真实的社区及社会自然环境中。例如,我们充分开发幼儿园附近的公园资源,春天开展“自然畅游节”“自然拼摆节”“自然帐篷节”,秋天开展远足、采摘节等活动。这样不仅拓展幼儿的活动空间,为幼儿创设更多的亲近自然的机会,而且使得幼儿的经验得以丰富、迁移与生长。

---

① 戴自俺,龚雪.陶行知幼儿教育的理论与实践[M].成都:四川教育出版社,1987:92.

第四章　幼儿园自然体验课程的实施

课程实施是指把静态的课程方案转化为动态课程实践的过程，其本质是课程再设计过程①，课程的实施需要考虑诸多因素，包括实施途径、组织形式、教学策略、时间以及教师专业水平等。尽管幼儿的自然体验学习可以发生在任何时间内，但我们还是要思考课程以何种实施形式才能最大化地让幼儿获得经验的整合发展以及相关核心素养。自然体验主题活动、项目活动、生活活动与游戏是自然体验课程四大实施途径，这四大实施途径为教师进行自然体验课程实施提供了多元的方式，为幼儿的学习提供了多样化的通道。

第一节　自然体验主题活动的实施

一、幼儿自然体验主题活动特点解析

（一）强调儿童参与的主题环境

根据《儿童权利公约》中儿童参与的条款，参与权是所有儿童的基本权利，也是构建儿童友好环境的核心，必须建立有包容性的儿童参与机制和流程，营造尊重儿童的文化，使之确信成人会认真听取他们的意见并充分加以考虑。② 因此，儿童有权利参与到幼儿园空间规划中来，实际上儿童对于生活空间最在乎的是能否给自己带来私密感、可控性和安全感。在主题环境规划时，教师可以通过两个途径来落实儿童参与：一是邀请儿童亲自参与空间规划，如提供班级环境的照片、视频等，请儿童说一说喜欢或不喜欢哪些地方，然后启发他们思考如何改善现有的空间环境；二是通过马赛克方法中的绘制地图、儿童会议等研究工具来收集儿童的想法，为教师规划班级空间提供新的视角。如在“说一说班级中你不喜欢的地方”时，教师发现，原本认为儿童会喜欢的空间，实际上在儿童群体中并不受欢迎，通过儿童会议讨论得知“现成的游戏空间没有挑战性”。

---

① 冯晓霞.幼儿园课程[M].北京：北京师范大学出版社，2001：94.

② 陆振杰，程秀兰.回归生活：学前教育对儿童友好城市建设的必要回应[J].教育评论，2022(11)：61-70.

在主题环境创设时，可以通过以下两个途径来落实儿童参与。首先是投放多元、开放的活动材料。主题活动所投放的材料必须符合幼儿的年龄特点，需要考虑材料的可操作性以及层次性，满足幼儿不同层次的发展需求。除了根据主题活动目标投放预设的材料，还需要增加低结构材料、自然材料、记录操作用的纸和笔以及绘本等相关活动支架。如在中班自然体验主题活动“蔬菜保卫战”中，在益智区投放蔬菜的不同生长过程排序游戏、在生活区投放真实的蔬菜供幼儿操作、在科学区投放不同的保护菜叶材料供幼儿探究，在自然体验区投放树枝、树叶、花瓣等多元的自然材料供幼儿拼摆与体验，引发幼儿进一步的探究兴趣。

其次是环境中呈现幼儿探究学习的过程。主题环境包括主题墙、活动室各区域环境以及户外区域环境，以往这些环境大部分由教师主导创设，对幼儿教育作用甚微。而儿童参与的环境，从环境规划、环境内容具体呈现都要从儿童视角进行创设，同时在环境布置时教师还要学会适当“留白”，用“留白”的空间等待主题活动中随机生成的活动内容，真正展示幼儿经验生长过程，让儿童的学习“看得见”。以中班自然体验主题活动“小鸡‘蛋’生记”为例。在万物生长的春季，中班幼儿在饲养区看到了不同的鸡，有公鸡、母鸡、芦花鸡、芦丁鸡等，为了认识不同的鸡，探究关于鸡的各种奥秘，教师引导幼儿收集关于鸡的前期经验，并在班级主题墙上进行呈现。全班幼儿对饲养区的鸡进行分组，一组是“公鸡和母鸡”，一组是“两只一样的芦花鸡”，还有一组是“芦丁鸡与其他鸡”。幼儿为饲养区的鸡起名字，并把鸡画下来贴在主题墙上（见图 4-1），每天观察、照顾鸡并做观察日志。到了 4 月，随着饲养区的母鸡开始下蛋，幼儿对“如何用鸡蛋孵出小鸡”产生了兴趣。

图 4-1 “小鸡‘蛋’生记”主题墙环境

为了更好地营造活动氛围，教师和幼儿商议在班级的生活区开辟了一块“小鸡的家"的区域环境(见图 4-2),投放了孵蛋器、受过精和未受过精的芦丁鸡鸡蛋、芦花鸡鸡蛋供幼儿探究与尝试。幼儿在等待孵蛋的过程中,每天用观察记录的方式记录孵蛋器里的变化,教师提供树枝、彩泥等材料引导幼儿为小鸡造新家。

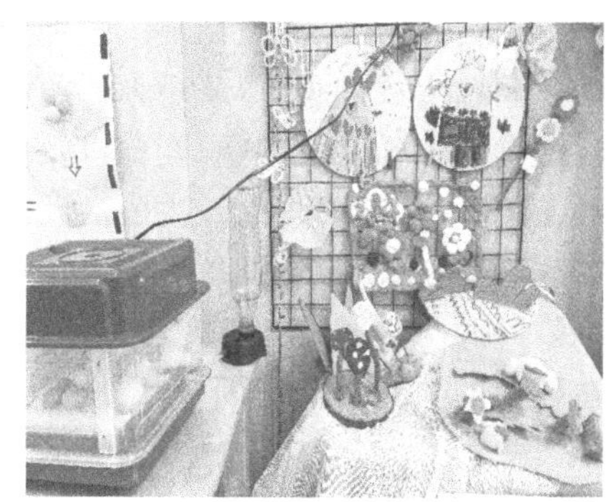

图 4-2　"小鸡的家"区域环境

到了 5 月,小鸡终于出壳了,幼儿满怀欣喜地给新出生的芦丁鸡起名字、照顾它们,教师灵活提供了不同蛋放在区域中供幼儿观察、比较与猜测,拓展幼儿关于"蛋"的经验。同时提供彩泥、树枝、小棒等材料鼓励幼儿为长大的小鸡制作新家(见图 4-3),并在班级环境中营造"鸡的一家"(见图 4-4)活动场景,激发幼儿对小鸡产生更多的探究兴趣。由饲养区的鸡到新出生的芦丁鸡,这只贯穿春季到夏季的"鸡",就是对幼儿学习探究过程轨迹的记录。这种公开展示幼儿学习过程的环境,极大激发了幼儿的学习动机与学习兴趣。

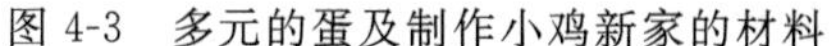

图 4-3　多元的蛋及制作小鸡新家的材料

图 4-4　"鸡的一家"场景

(二) 注重活动预设与生成的有机结合

幼儿园教育活动是儿童获得经验的意义空间,是成人文化与儿童文化相互交融的场所,是人类既有的知识世界与儿童生活世界对话的地方,可以说幼儿园教育活动的质量直接影响教育质量。随着我国幼儿园课程进一步改革,在课程实施过程中越发强调“主题是非预设性的,应该来自儿童真实的生活经验、兴趣和问题”①。因此,生成活动在幼儿园课程中的价值与意义越发凸显。教师在实施自然体验主题活动中往往需要灵活处理预设和生成的关系,采用弹性的教学计划,将预设与生成有机结合,依据实际活动过程中幼儿的兴趣、经验以及问题进行灵活调整。在预设方面,通过年级组的课程审议会预先设计主题活动的总目标,整体把握不同年龄段幼儿发展的关键经验,这样的预设是一种课程设计,以确保幼儿在主题活动中能获得经验发展,同时与幼儿的生活产生联结,促进幼儿将所学的经验迁移到实际生活中。在预设的主题活动计划中,各项活动都是有目的的,并且适宜幼儿发展的。例如,小班主题活动“‘玉’见花开”的主题目标是希望幼儿在观察、照顾玉兰花的过程中,能认识玉兰花和喜欢亲近大自然,并能多元表征自己眼里的玉兰花,所以对应的子主题开展的逻辑是从“观察幼儿园的玉兰花”到“认识我家周边的玉兰花”再到“我眼里的玉兰花”,层层递进,循序渐进地促进幼儿在主题活动开展的过程中习得关于玉兰花的多元经验。

如果说自然体验主题活动在预设活动时,系统规划活动逻辑以及幼儿的行为表现是为了保证主题活动顺利开展,那么在实际的活动中,因偶发事件、幼儿兴趣生成的部分活动则是支持幼儿深度体验的有效途径。主题活动内容的预设不是封闭式范围,而是为教师提供一种实施活动的线索与生成活动的铺垫。此类生成的活动往往是基于幼儿在实际活动中的问题和情境开展的,通过教师的适宜介入与支持,激发幼儿问题解决与进一步的探究兴趣。例如,在开展大班自然体验主题活动“野趣园里的虫虫”时,教师根据主题内容引导幼儿认识、了解野趣园地上生活的虫子,同时创设问题情境“野趣园的地下是否也存在虫子,你知道的都有哪些虫子”,激发幼儿进一步思考与经验的迁移。幼儿发现,野趣园的地下不仅有西瓜虫、蚂蚁等一些常见的虫子,还存在着蚯蚓、蜈蚣等其他动物。随着蚯蚓被发现,幼儿对蚯蚓越发感兴趣,并提出了自己的问题,如“蚯蚓是虫子吗?”“蚯蚓的嘴巴在哪里,它吃什么?”“蚯蚓的身体有多长?”等。教师根据幼儿的兴趣,引导幼儿认识蚯蚓、了解蚯蚓的生活习性,并通过蚯蚓与农作物生长之间的关系,引导幼儿理解动物与植物生长之间的生态关系,进而创设问题情境“如何让我们种植园地的蔬菜长得更好”,让幼儿设计蚯蚓塔,幼儿在探究蚯蚓塔的内部构造、动手制作蚯蚓塔的过程中获整体性发展。在预设

① 蔡东霞,张冬梅.瑞吉欧教育中的师幼关系及其启示[J].佳木斯大学社会科学学报,2012(5):150-151.

活动提供的问题与情境框架下，幼儿可以积极参与到探究活动中，进而生成更多的富有生命力的活动内容。

杜威用“地图”来比喻主题，并做了形象的阐述：“地图是一个总结，一个对以往经验有准备、有顺序的观察，是用来作为对于将来经验的向导，地图不能代替实际旅行。”[①]由此可见，自然体验主题活动更像是一张有着起点和终点的地图，至于从起点如何到达终点，具体行走的路线、行走过程中会遇到哪些偶发事件，这些都存在不确定性，需要根据实际“行走”过程，即主题活动的实施过程，灵活调整、弹性生成。

（三）注重在自然情境中活动

学习的实质是学习者参与共同体实践，与他者、周边环境等互相影响的过程，具有情境性、实践性、探究性、反思性等特点。[②] 一般而言，在自然体验主题活动开展过程中，往往伴随着幼儿丰富的直接经验，因此真实的情境在自然体验活动中显得尤为重要，因为幼儿在情境中通过感知与体验才能获得经验与情感发展。自然体验主题活动注重活动内容来源于幼儿生活实际，来源于真实的情境，反对将知识技能孤立于幼儿的生活。在某种程度上，自然体验活动是基于情境的行动，不仅重视幼儿在情境中解决问题，同时更为关注幼儿能否整合性地将已有的经验迁移、运用到不同的问题情境中。因此，营造适合幼儿的自然体验活动氛围，将学习内容与周围环境相结合，有利于激发幼儿对活动内容的兴趣，更能引导幼儿在情境中深度探究并理解所学内容的本质。

布罗迪认为，非正式情境的学习中融合了各种各样的因素，包括活动的探究性、多样性等因素，个人的好奇心、兴趣、内驱力等因素，不同参与者多样化的世界观、学习状态、已有知识等因素。[③] 可见，在具体的情境中幼儿获得的经验是整合性的，并且将个人、社会等影响因素共同纳入原有的认知结构，从而促进自身的全面发展。例如，在中班年级组“大湾公园自然畅游节”的主题活动中，幼儿了解到公园中一些树的前期零散经验，然后幼儿走进大湾公园的真实现场，共同详细地研究了树的种类、树的外形特征、树的基本作用等。幼儿对树获得了更深度的经验，同时他们也在自然环境中充分体验到树对我们生活的重要性。显然，在真实的情境中更利于幼儿获得整合性的经验。

（四）注重培养幼儿的问题意识

自然体验活动是幼儿在兴趣和问题的内在动机驱动下积极主动地探究问

① 杜威. 学校与社会·明日之学校[M]. 赵祥麟，任钟印，等译. 北京：人民教育出版社，2015：121.

② 李敏. 深度学习理论与实践[M]. 长春：东北师范大学出版社，2019：68.

③ BRODY M. Learning in nature[J]. Environmental education research，2005，11(5)：603-621.

题的一种活动,幼儿能否在活动中积极探究以及发现问题是决定活动质量的关键要素。因此,在活动实施过程中教师需要做到以下两点:一是给予幼儿充分体验的时间与试错的空间,二是认真倾听与观察幼儿的活动行为。

【案例 4-1】

在“蔬菜保卫战”的主题探究过程中,关于解决“如何保护菜叶不让虫子吃掉”问题,教师通过儿童会议引导幼儿商量解决问题的办法,有的幼儿认为要“动手捉虫子”,有的认为用“纸箱把蔬菜罩起来,这样虫子就没有办法吃到菜叶了”,还有的幼儿认为“可以用网布把菜叶盖起来”。于是教师准备了纸箱、捉虫盒子、网布等工具,教师开始并没有限制幼儿使用工具的方式与数量,而是放手让幼儿自己去尝试。幼儿一拿到工具就跃跃欲试,迫不及待地到种植园地的蔬菜上面进行试验。幼儿针对工具进行分组试验,过了三天后,捉虫子的小组发现菜叶上还是有虫子,用纸箱罩住的小组发现菜叶变黄了,用网布盖住的小组发现虫子还是在吃菜叶。面对这样的试验结果,幼儿纷纷讨论起来。

《幼儿园保育教育质量评估指南》针对教育过程的活动组织提出:“以游戏为基本活动,确保幼儿每天有充分的自主游戏时间,因地制宜为幼儿创设游戏环境,提供丰富适宜的游戏材料,支持幼儿探究、试错、重复等行为,与幼儿一起分享游戏经验。”当幼儿在种植园地发现“菜叶被虫子吃”的问题后,教师并没有急于告知幼儿解决的方法,而是提供多样的材料供幼儿自主探究,在体验中推进与支持幼儿深度学习。

【案例 4-2】

到底如何解决“保护菜叶不让虫子吃掉”的问题,教师借助家园调查引导幼儿在家中亲子共同查找办法。在分享问卷调查时,教师给予幼儿充分的自主表达空间,并倾听幼儿的想法,激发幼儿积极自主地设计“除虫大蒜水”。幼儿与同伴商讨合作怎么制作大蒜水、制作大蒜水需要哪些材料、怎样浸泡大蒜的除虫功能更强大。教师组织幼儿分组到种植园地现场喷洒大蒜水来验证大蒜水的除虫功能,并引导幼儿发现大蒜是否捣碎与除虫功能之间的关系。在第一实验阶段,幼儿在蔬菜地现场喷洒大蒜水,验证后发现还是有虫子,幼儿纷纷陷入思考中。在第二实验阶段,幼儿将大蒜捣碎并浸泡一星期,然后急迫地到蔬菜地喷洒大蒜水,过几天发现蔬菜上果然没有虫子了。

从上述“试错”过程中可以发现,幼儿能全程充满兴趣地积极参与,围绕“蔬菜保卫战”充分发挥自己的积极性,与同伴相互合作制作大蒜水,但发现大蒜的形状、浸泡的时长以及大蒜和水的配比等影响大蒜水的除虫功能。幼儿通过不断尝试、发现问题并做出及时调整，最终成功制作出除虫效果良好的大蒜水。

（五）注重教师的支架式教学

自然体验主题活动的开展离不开教师的有效教学，教师只有提供适宜的支架，幼儿才能获得更好的发展。支架教学源于维果茨基的最近发展区理论，其认为现实中儿童存在两种发展水平，即儿童现有的发展水平以及儿童将要达到的发展水平，那么成人如何帮助幼儿从原有的水平发展到可到达的水平？这就需要教师给予幼儿发展支架，一般而言在自然体验主题活动中主要有两种支架：一是情境性活动支架，二是哲学对话支架。

所谓情境性活动支架，即自然体验教学活动是在一定的情境下开展的。维果茨基认为：直接教授概念实际上始终是不可能的，在教学上是无效的，试图走这条路的教师一般除了使学生掌握空洞的词语、空洞的言语表达之外什么效果也达不到，而这些东西仅仅是重复和模仿儿童现有的概念。[①] 教师需要思考如何根据幼儿的兴趣及问题，创设情境激发幼儿自主探究与思考，进而获得经验生长。例如，在中班自然体验主题活动“小鸡‘蛋’生记”中，幼儿对饲养区中的公鸡和母鸡非常感兴趣，不仅给小鸡们起了好听的名字，也对“小鸡从哪里来的”“怎样才能孵出小鸡”产生了探究的好奇，教师鼓励幼儿大胆分享自己的想法，并就孵蛋的方法、孵蛋的工具等进行讨论。然后，教师在班级环境中创设丰富且有层次的情境吸引幼儿进一步探究，在生活区投放了孵蛋器，鼓励幼儿对孵蛋的环境、孵蛋的条件等内容进行探究；在语言区投放了关于孵蛋、公鸡和母鸡等一系列绘本，引导幼儿进一步了解小鸡的特性；在科学区投放了多元自然材料，如稻草、木条、棒冰木片等材料，鼓励幼儿参与制作鸡窝的活动中（见图 4-5)；在美工区投放折纸（见图 4-6)、彩泥（见图 4-7)、图片支架等，吸引幼儿用多元方式表征自己眼里的小鸡。在这些活动中，通过有效情境的创设，幼儿围绕小鸡的话题持续地沉浸在“小鸡一家”的美好期望中。浓厚的活动情境激发了幼儿主动学习，不断探究与尝试中，让幼儿获得了生动又有生命力的知识经验。

所谓哲学对话支架，就是通过教学活动中的师幼对话来促进幼儿思维的提升与经验的生长。夏威夷儿童哲学非常鼓励儿童将自己的内容想法表达出来，并鼓励儿童与同伴形成对话式关系，在倾听与表达中走进儿童真实世界。夏威夷儿童哲学强调凡事不可急于求成，只有在事情放慢节奏的时候，生活中的深

---

① 维果茨基. 维果茨基教育论著选[M]. 余震球，译. 北京：人民教育出版社，2005：186.

图 4-5　科学区制作鸡窝的材料

图 4-6　美工区制作折纸小鸡

图 4-7　美工区彩泥小鸡场景

层联系才会显露出来。儿童智性的觉醒生发于对话主题的智性平等立场中,也就说,教师和儿童在互动交流的过程中,"智力"应当是平等的,成人应当变成赤脚的苏格拉底,面对儿童保持谦卑,承认自己的无知,对儿童、对知识保持同样敬畏。[①] 在对话过程中,教师只有弱化"知识传授者""知识权威者"的形象,以倾听者、合作者的角色参与对话,并给予儿童充分的自由与安全感,儿童才能充分展示真实的自己,儿童的思维才能得到自由地解放。在对话场域中,儿童与成人的关系已超越因文化不同而产生的二元对立,每个人都是对话者与倾听者。

【案例 4-3】

在建构区为小鸡搭建新家时,"关于屋顶"遇到了以下问题。

幼 1:我在建构区搭小鸡的家时,小鸡家的屋顶不好搭。

幼 2:我的小鸡的家的屋顶也不好全部盖起来。

---

① 刘晓东.童心乃哲学之根:兼评一堂儿童哲学课[J].上海教育科研,2018(1):5-9,32.

师：你认为小鸡家的屋顶可以是什么形状的？

幼 3：我看到过有三角形的屋顶。

幼 4：我看到过尖尖的屋顶。

通过师幼对话，幼儿逐步认知到小鸡家的屋顶可以是平的，也可以是三角形的。在对话中，教师发现幼儿对于小鸡家的屋顶的认识较为单一，也缺乏盖屋顶的经验，因此通过儿童会议、亲子活动等方式引导幼儿收集关于屋顶的资料，同时帮助幼儿了解并澄清屋顶形状与功能之间的关系。在现场参观了幼儿园饲养区其他小动物家的屋顶后，经过商讨，幼儿决定为小鸡家搭建三角形的斜坡式屋顶。

（六）注重在一日活动中落实目标

自然体验主题活动注重培养幼儿的完全人格，注重幼儿知情意行的完整发展。因此，除了引导幼儿走进自然环境，幼儿园自然体验活动的实施还需要转变其实施样态，更为关注幼儿在活动空间中的学习行为，减少结构性的时间与空间的影响。幼儿园需要改变以往机械的、刻板的一日作息时间安排，给教师与幼儿充分自然体验的时间。例如，在开展“户外自然体验日”时，为确保幼儿自然体验活动的有效性和质量，教师以“户外体验公约—户外体验预告—户外体验准备—户外体验开展—户外体验回溯”为流程，在相应的时间内有力提升户外自然体验的成效，同时也打破以往以集体活动、区域活动为主的活动形式，以多元整合的活动形式支持幼儿自然体验活动的开展。将自然体验理念整合在幼儿的一日生活中，特别是过渡环节，将班级的自然体验区、生活区、自然角等区域充分纳入过渡环节，引导幼儿在观察、照料等体验中鼓励幼儿亲近自然，进而促进幼儿的整体性发展。例如，在餐前美食播报环节，播报的幼儿根据每周食谱提前准备午餐食物的介绍，从食物的种植来源、食物的烹饪到食物的营养价值，这样的活动不仅激发幼儿食欲，而且引发他们对食物的好奇。

（七）参与式的家园合力

幼儿园课程的实施不应局限于幼儿园的场域中，而应延伸到幼儿的家庭生活、社会生活中。鼓励家长采用多元的参与方式，为幼儿的自然体验主题活动提供课程资源；同时，引导家长更好地了解自然体验主题活动的价值与意义，进而在家庭中也可开展亲子类的自然体验活动，为幼儿的自然体验学习提供支持。

首先是挖掘家长资源。家长是幼儿园重要的人力资源，教师可以根据家长的职业开展自然体验主题活动，鼓励家长参与幼儿园的教育教学活动。例如，中班“有趣的地铁”自然体验主题活动中，教师根据家长在地铁控制中心工作这一契机，组织幼儿走进地铁控制中心，现场观摩与体验地铁的运行、控制的方法，了解地铁和火车的异同,丰富幼儿的经验。又如,中班“制作酒酿”自然体验主题活动,教师根据苏州冬至习俗,鼓励亲子制作酒酿,教师和幼儿探讨制作酒酿的材料、步骤以及方法,让幼儿了解酒酿的制作流程,然后借助家长资源,幼儿在家中尝试做酒酿。在“亲子购买酒酿材料—蒸酒酿—观察酒酿—品尝酒酿”这一系列活动中,家长逐步成为自然体验主题活动的参与者,达到了良好的教育效果。

其次是及时与家长共享活动信息。在现代信息技术发展的背景下,教师可以充分利用家长群、视频记录、家长半日活动观摩等及时向家长分享自然体验主题活动的意图以及对幼儿发展的重要性,进而携手家长共同构建幼儿发展愿景。例如,在幼儿园探秘竹笋的活动中,教师可以向家长分享幼儿每天观察竹笋成长变化的照片、视频以及幼儿制作的观察日志,用具象化的手段向家长清晰呈现幼儿对竹笋持续性探究的全过程,展示幼儿学习行为背后蕴藏的教育价值,进而促进家长更好地支持教师活动的开展。

二、自然体验主题活动的具体实施

幼儿园自然体验主题活动的实施不仅仅是教师将预设的活动付诸实践的过程,更是幼儿自主探究、体验以及解决问题的过程,它需要师幼共同参与实施并动态建构主题活动的实施方向。

(一)主题活动实施前

在实施前,教师需要明确自身与幼儿在实施活动中的角色,即幼儿是主题活动的实施主体。后现代课程观认为课程是动态发展与生成的,活动目标与活动过程并不是封闭的、线性的关系,在活动实施过程中存在着诸多的不确定因素,如幼儿的兴趣、幼儿的好奇点以及幼儿的问题等,因而教师在主题活动实施前应通过对话、倾听、观察等途径支持幼儿的自主学习,并在过程中敏感捕捉真实的教育契机进而生成新的活动内容。

(二)主题活动实施路径

儿童是自然之子,大自然为儿童生理机能的健全发育提供了吻合其生命磁场的原料和养分,大自然中的一草一木和各种声音、形状、色彩等都在形塑着儿童的认知与精神世界。[①] 可见,幼儿唯有先认识自然、亲近自然,才能进一步发现自然、探究自然。

自然体验主题活动有两条路径强化幼儿与自然的联结与探究。一是亲近

① 徐凤雏.重建儿童与自然的联结:自然体验教育的理论与实践研究[D].武汉:华中师范大学,2020:9-10.

自然类主题活动，此类活动主要以园内外自然资源为活动内容，包括二十四节气感知、农耕种植、动物饲养三个板块。其中，二十四节气感知主要是让幼儿在日常生活中感受大自然的变化对人们生活的影响，进而感受人与自然的亲密关系和人文内涵；农耕种植主要以园内各班的种植园地为资源，引导幼儿种植农作物、照顾农作物、收获农作物等，基于“全种植”理念开展系列主题活动，让幼儿全程参与，感受植物生长变化的神奇与秘密；动物饲养主要以各班的饲养角以及园内的饲养区为资源，引导幼儿全程参与照顾小动物，包括鸽子、兔子、鸡、鸭、鹅等，让幼儿在照顾小动物以及亲身体验小动物成长的过程中感受生命与自然的关系。

二是探究自然类主题活动，此活动以幼儿在主题活动中发现的真实问题、真实兴趣为切入点，引导幼儿深度探究一些自然现象和问题。探究自然类主题活动强调幼儿探究的层层递进，通过师幼互动、倾听与观察等方式支持幼儿经验的螺旋上升，鼓励幼儿通过调查、猜测、对比等探究方式尝试自己解决问题，进而促进幼儿探究能力的发展。

三、自然体验主题活动实施注意事项

（一）注意整体性规划

在主题活动实施过程中，教师需要根据幼儿的发展水平提前整体性规划课程内容，确保课程内容中五大领域对幼儿发展促进的可能性。例如，我们在实施自然体验主题活动时，以传统的春生夏长、秋收冬藏的文化理念为切入点，结合节日节气、本地节庆风俗以及幼儿年龄发展特点等来规划一学年的主题活动内容，如“春之声・悦读月”“春之华・劳动月”“夏之乐・艺术月”“秋之果・采摘月”等，每个主题聚焦幼儿的领域的发展。比如，在“春之华・劳动月”主题活动中，基于园内动植物资源、种植园地资源、园外的大湾公园，小班组开展“枇杷熟啦”“‘玉’见花开”等主题活动，中班组开展“探秘竹笋”“小鸡‘蛋’生记”等主题活动，大班组开展“鸽子的秘密”“有趣的昆虫”等主题活动；同时，结合大湾公园资源，开展“自然帐篷节”“自然畅游节”“自然拼摆节”等亲子体验活动。每项活动的设计都要考虑幼儿发展的需求，并在实际实施的过程中对规划内容进行优化，让主题活动成为可供幼儿持续性探究的过程。

（二）注意幼儿经验的持续与迁移

每一个主题活动的开展都是建立在幼儿原有经验基础上的，而新经验的获得又有助于促进幼儿将来经验的发展。经验的持续要求教师在实施主题时要对幼儿经验做详细的分析，包括幼儿已有经验以及即将获得的关键经验。只有让幼儿体验到主题活动与自己生活之间的深刻联系，才能激发幼儿参与主题活动的内在动机，让主题活动的内容真正适宜幼儿的发展需求。由此，教师需要在活动实施时引导幼儿多元感受与体验活动内容，同时要及时倾听幼儿的真实想法，根据幼儿的反馈推进活动的进程。在幼儿参与深度学习的活动过程中，学习迁移是必不可少的过程，强调将幼儿已有的知识经验外显化与可操作化、间接经验直接化、抽象知识具体化等，这是高阶思维能力的具体表现。[①] 经验的迁移要求在活动实施中，教师需要尽可能创设迁移经验的情境，比如在幼儿知道做鸡窝的方法后，教师在生活区、建构区提供多种材料及工具鼓励幼儿继续搭建鸡窝，激发幼儿探究兴趣。

（三）注意幼儿学习品质的培养

美国学者马里奥·希森（Marilou Hyson）提出学习品质框架主要包括两大维度：一是情感/动机，即对学习的热情；二是行动/行为，即学习中的投入。[②] 幼儿在学习过程中表现出的积极参与学习的态度以及良好的学习习惯，都是未来社会适应者必备的品质，也是幼儿阶段发展的核心素养。

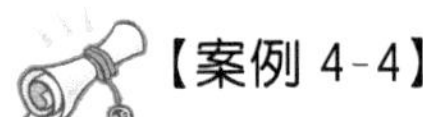
【案例 4-4】

幼儿在探究孵蛋需要什么条件的过程中，纷纷说出自己的猜想：孵出小鸡"需要有阳光""小鸡要喝水""要有温暖的地方"，等等。面对不同的猜想，教师与幼儿收集孵蛋需要的材料，并将同一母鸡生的蛋放在不同的孵蛋环境下进行观察。一个月后没有孵出小鸡，于是幼儿又讨论解决办法，并一致同意购买孵蛋器，同时对"能孵出小鸡的蛋有哪些特点"进行深度讨论。教师与幼儿一起着手准备不同的蛋并验证猜想，幼儿坚持观察孵蛋器中鸡蛋的变化。在参与活动中，每一位幼儿都能非常感兴趣、积极主动地投入活动中，遇到困难也能主动想办法解决。

幼儿在自然体验主题活动中所表现出来的积极主动、坚持尝试、勇于试错等积极的学习品质，能够帮助幼儿更好地解决活动中所面临的问题，保证活动有序开展的同时促进幼儿各方面的发展。因此，培养幼儿学习品质，不仅需要教师提供物质环境，更为重要的是需要一个有归属感、安全的心理环境，只有在这样的环境中，幼儿的学习品质才能得到更好的发展。

---

① 王小英. 幼儿深度学习的理论与实践探索研究·理论篇[M]. 北京：清华大学出版社，2021：89.

② 希森. 热情投入的主动学习者：学前儿童的学习品质及其培养[M]. 霍力岩，房阳洋，孙蔷蔷，译. 北京：教育科学出版社，2016：24.

第二节　自然体验项目活动的实施

2014 年颁布的《教育部关于全面深化课程改革落实立德树人根本任务的意见》提出"核心素养"之后，关于核心素养的研究一直是教育界研究的热点。近年来，学前教育领域有关核心素养的探索有所加强，特别是对于五大领域的关键经验的强调与关注尤为明显。那么，如何让幼儿在幼儿园阶段能拥有获得核心素养的机会？幼儿园课程实施过程中又通过何种途径来培养幼儿的核心素养，让幼儿有准备地应对未来社会的挑战？我们尝试通过自然体验项目活动来培养幼儿的社会参与、科学精神、实践创新等核心素养。

一、自然体验项目活动的内涵与意义

（一）概念界定

1918 年，美国教育改革家、哲学家克伯屈（William Heard Kilpatrick）发表了《项目教学法》（The Project Method）一文，"项目"的理念就此掀起教育研究的热潮。克伯屈将项目界定为"在特定社会环境中所发生的、需要全身心投入的、有目的的行动"①。自项目理论进入我国教育领域后，关于项目理论的阐释呈现出百家争鸣的境况，代表性观点主要有：项目活动、项目教学法、项目化学习、项目课程等诸如此类的界定。1989 年，美国教育家凯兹和查德在他们的著作《激发儿童的思维：项目课程》中指出："项目活动是儿童早期课程的一个重要的模式，更应当称为一种'课程'，而非一个教学'方法'或学习'模型'"。② 不管上述关于项目理念的理解如何千差万别，都涉及该理念中两个重要的元素，即儿童的学习与教师的教学。那么，在实施项目的过程中如何权衡儿童学习与教师教学的关系，将直接影响到对项目理念的内涵把握。

综合现有的研究评述，我们认为从课程视角解释项目理念，能突破"儿童的学习与教师的教学"二元对立的混乱局面，同时也符合其实施过程中"儿童的学习与教师的教学"两个维度的应有价值。因此，我们将项目课程定义为：一种以儿童兴趣与需求引发的项目为核心，支持儿童在真实的问题情境下积极参与、合作探究与多元展示的生成课程模式。③ 而自然体验项目活动则更加突出以幼

---

① 钱雨．项目课程的内涵、特征与生成[J]．全球教育展望，2022(8)：15-27．

② KATZ L，CHARD S. Engaging children's minds：the project approach[M]. Norwood：Ablex Publishing Corp，1989：12．

③ 钱雨．项目课程的内涵、特征与生成[J]．全球教育展望，2022(8)：15-27．

儿的真实问题为基础,教师围绕解决问题设计系列教育教学活动,引导幼儿在真实情境中通过直接感知、动手操作、亲身体验的方式生成并迁移新经验,进而逐步养成批判性思维、创造性及团队协作等核心素养。

（二）重要意义

从儿童学习的视角而言,自然体验项目活动能够支持幼儿的主动学习。建构主义者相信学习者的任务不是通过模仿获得知识,而是通过积极的思考来内化知识、改造知识、转换知识。[①] 建构主义强调幼儿是学习的主人,幼儿的学习得以发生需要其自身积极地参与和主动地建构。美国儿童心理学家韦卡特等人认为,主动学习包含四个基本因素:直接操作的物体,对活动进行思考,内在的动机、意向和动力,解决问题。[②] 在自然体验项目活动中,项目内容是幼儿自主选择的,通常以小组合作的形式对自己感兴趣的问题进行深度的、持续性的探究。在项目活动实施过程中,教师追随幼儿的兴趣并就真实的问题灵活提供支持,幼儿借助儿童会议、调查、操作、体验等途径表达自身的发现和思考。项目活动实施是一个充满开放性和挑战性的过程,这就意味着幼儿将拥有更多的自主权利,也意味着幼儿的学习经验将拥有更宽广的生长空间。

从教师教学的视角而言,自然体验项目活动能够促进教师转变课程理念。教师在实施项目活动时需要重视幼儿前期经验和最近发展区,需要敏感捕捉教育契机以随时取舍教育教学计划,需要追随幼儿当下情境所产生的问题并就该问题提供支架。在开放与僵化、生成与控制两类理念的冲击之下,教师不得不重新审视自身已有的课程观,并积极更新教育理念,与幼儿共同直面项目活动所带来的全新的教育生活体验。

二、自然体验项目活动的核心特点

相较于其他的项目实施形式,自然体验项目活动有着至少以下四方面的核心特点。

（一）内容的生成性

与传统的学科课程相比,项目活动因其鲜明的不确定性、动态发展性而对实施者提出了诸多的挑战。所谓生成性,是指由一个活动引出更进一步、更丰富的活动。[③] 项目活动的内容来源于幼儿的真实生活,而幼儿的生活不是一成不变的,是整体的,是正在转变之中的,是有生命力的。可见,不存在固定的项

① 奥恩斯坦,汉金斯.课程:基础、原理和问题[M].柯森,译.南京:江苏教育出版社,2002:125.

② 刘延梅.主动学习研究综述及对幼儿主动学习的分析[J].山东教育科研,2000(7/8):56.

③ 张华.论克伯屈的项目学习哲学[J].远程教育杂志,2023(5):16-27.

目活动内容，幼儿的兴趣和问题就是项目活动的实施“大纲”。幼儿擅长解释他们听到的、见到的、感受的、闻到的以及体验的事情，而不必总与我们成人对世界的理解相一致。由于幼儿在探究中会随机生成连续性的问题，例如，幼儿观察饲养区里的小鸡一家后，提出了诸如“这些鸡是公鸡还是母鸡”“怎么区分公鸡和母鸡”“怎样用鸡蛋孵出小鸡”等问题。因此，教师在实施项目时从幼儿视角出发，灵活调整预设内容，鼓励幼儿在生活、游戏中大胆表达自己的思考与发现，进而推进项目活动的持续性生长。

（二）实施的体验性

虞永平在《生活化的幼儿园课程》中指出：“幼儿园课程不是一个冷冰冰的文本，而是一系列源源不断、引人入胜的体验活动，是一幅儿童自身生活的画卷。”[①]幼儿是通过直接经验学习的，而亲身体验便是较符合幼儿年龄特点的学习方式。根据具身认知理论可知，幼儿学习过程中不仅要有认知，而且幼儿的情感、态度等知情意行要全面参与，这样幼儿才能获得较好的学习效果。所谓体验性，强调在项目活动实施的过程中要为幼儿创设多元参与和体验的时机与空间。总之，自然体验项目活动的实施空间不仅仅局限于“在自然环境中”，还需要“通过自然”“为了自然”等途径给予幼儿充分体验的条件。

（三）过程的螺旋性

为了弥补已有知识与要达到的目标之间的差距，儿童会将注意力聚焦于与自身问题相关的探究，推动项目活动的进行。[②] 幼儿的问题是项目活动的实施抓手，能助推项目活动往纵深发展。相关研究表明，根据问题的分类不同，对项目活动的推动性也呈现诸多差异。其中，驱动性问题是影响项目活动实施的关键，所谓驱动性问题是来源于幼儿生活的真实问题。高质量的驱动性问题不仅能够激发幼儿的好奇心与探究的兴趣、调动幼儿主动学习，还能根据项目活动的框架目标在层层递进中促进项目的螺旋式开展。根据布鲁姆的理论，从认知过程和教育目标出发可将问题分为以下类别，即识记、理解、应用、分析、评估、创造。[③] 识记与理解的问题涉及幼儿对某些事物的概念了解，如“怎样区别公鸡与母鸡”“蚯蚓的嘴巴在哪里”等，此类问题是激发幼儿对事物好奇心的切入点，也是项目活动开展的源起。应用、分析、评估等问题涉及项目活动具体的探究

---

① 虞永平．生活化的幼儿园课程[M]．北京：高等教育出版社，2010：16.

② BARRON B，SCHWARTZ D，VYE N，et al. Doing with understanding：lessons from research on problem and project-based learning[J]. Journal of the learning sciences，1998(3-4)：271-311.

③ 骆昀．设计驱动性问题，引领项目式学习：以《百变换装秀》为例[J]．中国信息技术教育，2021(S2)：21-23.

过程,由刚开始对问题的好奇逐步到尝试解决问题,此类问题能够驱动幼儿深度学习和探究。因此,在项目活动的实施过程中对于问题的设置,教师需要遵循幼儿的认知发展规律,由浅入深、循序渐进地提供问题引发幼儿思考,使得幼儿在不断地探究与解决问题的过程中获得经验的发展。

(四)评价的儿童视角

从项目活动的源起到项目活动的实施,儿童视角始终作为项目活动的主线,它将幼儿感兴趣的真实问题以及在过程中生成的惊喜串联在一起,从而编织成一条光彩夺目的“项链”。1989 年联合国《儿童权利公约》的颁布让人们清晰、具体地看到儿童应当享有的权利,其中包括“成人应当认真听取、重视并思考儿童的意见”①。项目活动的评价追随儿童视角,旨在通过儿童的“一百种语言”审视项目的适宜性,进而探寻、发现儿童内在的世界。马赛克方法就是有效的儿童参与评价的途径。例如,在项目活动“‘玉’见花开”中,孩子们观察玉兰花后,尝试记录自然观察日志,并用儿童摄影、创编儿童诗歌等方式表达自己的所见所想,用多元表征如选出自己最喜欢的照片、绘画、制作观察玉兰花画册等表达自己真实的想法。教师可通过一对一倾听、师幼对话等途径发现幼儿对项目活动的体验及评价。

三、自然体验项目活动的实施阶段

(一)生成阶段

此阶段是项目活动实施的第一阶段。此阶段的重点在于师幼在倾听与对话中找寻项目的聚焦话题,了解幼儿关于该话题的前期经验,基于幼儿已有经验确定可探究的驱动性问题,并就幼儿的最近发展区初步规划项目活动发展框架。在项目活动生成前期,教师通常会借助儿童会议的形式组织幼儿讨论、回顾、交流前期活动中有趣的发现、想法以及遇到的问题。教师倾听并积极记录幼儿的声音,通过适当的提问帮助幼儿梳理问题,引导幼儿思考、规划下一步的行动方向。确定项目活动将要聚焦的话题是这一阶段的关键之处,科林斯(Collings)提出三个问题式的原则供教师思考,以便审视聚焦的话题是否适宜,具体包括:“所提议的目的真正能吸引住孩子们吗?所提议的目的是孩子们能成功实现的吗?所提议的目的在实现过程中能前瞻性地引向其他和不同种类的目的吗?”②

---

① 倪海燕.让儿童的声音在场:马赛克研究方法的发展及启示[J].早期教育(教科研版),2020(6):2-6.

② 张华.论克伯屈的项目学习哲学[J].远程教育杂志,2023(5):16-27.

从科林斯选择项目话题的原则中可见，确定的话题首先需要与幼儿的生活紧密联系。项目话题想要吸引住幼儿，唯有与幼儿生活世界产生关系，与幼儿的前期经验产生关系。例如，在春天的时候，幼儿的生活中有大量的花草树木等资源可成为项目话题；在夏天的时候，幼儿生活中出现的玩水、各类瓜果、昆虫、动物等资源也可成为项目话题。其次，确定的话题要有可行性。所谓可行性，是指话题要符合幼儿的年龄特点，并能转化为幼儿可持续探究的系列活动。因此，项目活动的目标能否实现，取决于话题的内容是否可行。只有话题能转化为项目活动实施的手段，并提供相应的资源支持，幼儿才能带着兴趣与好奇心参与到项目中。同时，只有话题对幼儿的认知与原有经验提出挑战，幼儿才能在尝试解决问题、直面困难的过程中获得经验的发展。例如，“鸡蛋如何孵出小鸡”这个项目话题对于小班幼儿而言有点困难，对于大班幼儿有点容易，但对于中班下学期的幼儿却是适合的。最后，确定的话题要有可探究性，也就是说项目话题是整合的，不是孤立的。尽管项目生成源于一个话题，但在话题的背后却蕴含着多个可拓展的子话题，有待幼儿进一步发现和探究。例如，项目话题“枇杷熟了”，苏州的孩子们关于枇杷有着丰富的前期经验，但却缺少枇杷由绿变黄的成长过程性经验，基于话题生成了观察枇杷花、枇杷叶、枇杷果以及尝试采摘枇杷果等系列活动。

（二）探究阶段

此阶段是项目活动的主要实施阶段，教师针对确定的项目话题，多元支持幼儿的探究活动。探究阶段没有固定时间，可以是几周，也可以持续数月，时间的长短主要取决于幼儿的探究兴趣。探究的起步阶段，幼儿主要围绕话题中的驱动性问题收集信息，通过调查、实地考察、查阅资料、家长资源或专家助教等方式探寻解决问题的办法。

【案例 4-5】

在“端午的咸鸭蛋”项目活动实施过程中，幼儿对腌制咸鸭蛋产生了浓厚的兴趣。但由于幼儿只吃过咸鸭蛋，而缺少腌咸鸭蛋的经验，于是教师与幼儿关于腌咸鸭蛋展开了讨论。

师：你们知道怎样腌咸鸭蛋吗？

幼 1：我只吃过，不知道怎么腌咸鸭蛋。

师：那我们怎样才能知道腌咸鸭蛋的方法呢？

幼 2：我可以让妈妈帮我上网查资料。

幼 3：我们小区有卖咸鸭蛋的，我可以问问他们是怎么腌制的。

带着问题,幼儿通过调查发现腌咸鸭蛋常用的多种方法,有盐水腌制法、红泥腌制法等。在语言区,教师投放了腌制咸鸭蛋的绘本故事、音频等为幼儿提供多元信息,为接下来的探究活动做好铺垫。同时针对不同的腌制方法,幼儿进行投票,相同的腌制方法为一组,并就腌制方法进行讨论,绘画表征制定腌咸鸭蛋的计划。在小组真实体验腌咸鸭蛋的环节,幼儿邀请家里会腌咸鸭蛋的奶奶、外婆等来到探究现场。幼儿与家长积极互动并大胆提问自己的想法,进而不断丰富自己的经验。

探究的关键阶段是幼儿尝试解决问题。幼儿是通过直接经验学习的,幼儿只有在实际操作和亲身体验中才能激发其探究的本能。幼儿尝试解决问题的形式是多元的,可以是小组合作、亲子合作等形式;幼儿尝试解决问题的方式是多元的,可以通过调查、测量、搭建、绘画等尝试解决问题。

通过与不同的资源互动,包括同伴、家长、专家等互动,幼儿积极调整自己的想法,并通过多元方式探究并解决问题。在解决问题的过程中,又会生成新的问题,从而促进幼儿经验的不断建构与拓展。

（三）展示与评价阶段

项目活动的展示阶段一般接近项目的尾声,教师和幼儿进行讨论,确定展示的形式以及参与人员。展示形式是多元的,常用的形式包括画展、作品展览、艺术展演、品尝会、游园会,以及比较综合的博物馆之夜等。例如,在项目活动“有趣的薄荷”的展示中,幼儿在园内大厅举办“薄荷展览”,展示不同品种的薄荷、薄荷的植物标本、品尝薄荷茶等;在项目活动“探秘秋天”的尾声中,幼儿采用“秋天博物馆”的形式进行展示,幼儿先是设计博物馆如何布展,拟定分场馆名称、博物馆讲解人员等,分别开设了“大闸蟹—赏秋馆”“秋食—品秋馆”“水墨—绘秋馆”等,幼儿用照片、绘画等方式展示了在秋天中的发现和行动。

项目活动的展示也是项目活动评价的一种方式,通过展示、交流显性的多元表征,幼儿参与到项目活动的过程性评价之中。克伯屈认为“项目即个人”。因为项目是每一个人、每一个儿童的热情的目的性行为,它就是个人目的的化身,体现了人的意志,指向人的个性体、独特性之成长。① 幼儿参与项目、做项目的过程就是其个人生活的过程,幼儿对项目的展示与评价,亦是对其生活的评价。通过邀请家长或同伴参与展示活动,幼儿向他人介绍展示的内容时无形当中回溯了自己在项目开展过程中的收获与思考。幼儿做项目时获得成长,同时也在发现问题、解决问题的过程中获得主动学习的能力,这项能力对其终身发

① 张华.论克伯屈的项目学习哲学[J].远程教育杂志,2023(5):16-27.

展具有重要意义。

四、自然体验项目活动的实施要点

（一）聚焦最近发展区，及时提供适宜支架

根据维果茨基的“最近发展区”理论，幼儿从现实的水平发展到较高的水平需要经历一系列有目的、针对性的认知学习活动。但幼儿在达到最近发展区的道路上并非一蹴而就的，需要教师敏感捕捉教育契机，并适时提供促进幼儿发展的支架。而支架的提供则需要教师能充分了解幼儿现实的发展水平、已有经验等，唯有此才能确保支架是满足幼儿个性化发展需求的。例如，幼儿在玩沙水游戏时候，提出疑问：“为什么水倒进沙子里就不见了？”教师迅速捕捉幼儿的问题，并以驱动性问题“怎样才能在沙子里挖个池塘？”，鼓励幼儿收集多元材料，不断尝试，理解不同材料的不同防水作用。想要促进幼儿向“最近发展区”发展，需要教师认真倾听、观察每位幼儿的行为表现，在讨论与对话中引导幼儿借助梳理、回顾、归纳、总结等方式理清思路，收获新的经验。

（二）注重身心体验过程，把握课程的本质

对于幼儿来说，生活是整体的，生活体验与认知学习是统一的，生活体验与认知发展也是相互影响的。幼儿期的学习来源于经验的发生方式，而情境是经验发生的土壤，不同项目活动的活动情境是不同经验的获得之所。[①] 因此，为了更好地把握项目活动的本质，我们需要将幼儿的真实体验放在首要位置，在身心体验的时候促进幼儿知情意行的发展。这就需要教师在开展自然项目活动时创设多元的情境，丰富幼儿的体验经验。学校即社会，我们不仅需要提供自然的环境供幼儿感知与探究，还需要将优秀的传统社会文化、当地文化资源等纳入项目活动中，让幼儿体验开放的自然环境的同时能够参与到丰富的社会活动中。

（三）家园携手合力，实现项目的可持续发展

幼儿园任何教育目的的达成都离不开家长的参与，同样，项目活动的可持续发展也需要家长的通力合作。一方面，在项目活动实施的过程中，家长可以通过提供相应的资源、协助幼儿收集信息、实地考察等形式丰富幼儿关于项目的经验。当幼儿在探究过程中遇到问题时，家长可以和幼儿一起找寻解决问题的适合路径，以鼓励幼儿大胆试错。另一方面，项目活动也可以延伸到家中，借助亲子合作的方式让幼儿的经验在生活中得以拓展。例如，在项目活动“探秘

---

① 陈纳.幼儿应该主要学习什么[D].武汉：华中师范大学，2014：196-197.

冬酿酒”中,幼儿通过前期的信息收集,了解制作酒酿的步骤,带着绘制好的步骤图,幼儿回到家里和家长一起试验、验证制作酒酿的方法是否可行。家园携手,共同协助、支持幼儿持续地、深度地探究。

第三节　自然体验生活活动与游戏的实施

日常生活的体验与经验的质量是保育质量的核心。生活活动是幼儿在园活动的重要组成部分,具体包括来园签到、晨间体锻、用餐、如厕、散步、午休、离园和日常的劳动等与生活密切相关的活动。幼儿园教育有“生活教育化”的特点,即幼儿园教育要以幼儿的生活为基础,在生活中渗透教育,或者说在生活中融入教育。[①] 仓桥物三指出,要尊重幼儿每一天的实际生活,要通过生活学习生活、面向生活,幼儿园应当让幼儿在自然的生活中,通过亲身体验,自发掌握教育的内容。儿童的生活与学习是整体的、统一的,重视儿童的生活就是重视幼儿的发展。自然体验生活活动是课程资源的一部分,将幼儿的学习与生活整合在一起,具有基础性、体验性等基本特征。通过生活活动,幼儿得以在生活化的情境中习得活动的经验和探究的兴趣。

一、自然体验生活活动

(一)生活活动对幼儿发展的意义

生活活动的内容丰富多元、包罗万象,是支持幼儿各项生活能力发展的有效支架,也是培养幼儿自我服务能力、社会适应等能力的有效途径。

1. 生活活动支持幼儿自我适应

在幼儿园的各个年龄阶段都有对幼儿生活活动发展目标的要求,根据《3～6岁儿童学习与发展指南》的建议,在“健康——具有一定的适应能力”“社会——人际交往”等板块,生活活动是达成上述发展水平的必需的途径。例如,小班幼儿的发展方向是“换新环境时情绪能较快稳定,睡眠、饮食基本正常”,中班幼儿的发展方向是“能较快适应人际环境中发生的变化”等。教师可以借助活动之间的过渡环节为幼儿创设温馨的、宽松的心理氛围,适时播放轻音乐等帮助幼儿排遣情绪、营造与新同伴之间的交往条件。

2. 生活活动支持幼儿自我服务

喜欢生活、学会生活是幼儿生活活动的主要目标,学会自我服务是达成学

---

① 仓桥物三.幼儿园真谛[M].李季湄,译.上海:华东师范大学出版社,2014:13.

会生活目标的重要途径。根据《3～6岁儿童学习与发展指南》的建议，在"健康——生活习惯与生活能力"板块对各年龄段幼儿的生活自理能力发展水平做了清晰的阐述。例如，小班幼儿能"在帮助下穿脱衣服或鞋袜"，中班幼儿能"自己穿脱衣服、鞋袜，扣纽扣，整理自己的物品"，大班幼儿能"自己系鞋带"等。教师可以根据班级幼儿的自我服务发展水平差异，在小班生活区中投放相应的游戏材料，如小班在娃娃家投放娃娃衣服、鞋袜，引导幼儿在给娃娃穿鞋袜、衣服的游戏中学会自己穿鞋袜；在中班生活区中投放筷子、纽扣等材料供幼儿游戏，促进幼儿手指精细动作的发展；结合幼小衔接，在大班生活区中投放系鞋带、系红领巾等相关活动材料，供幼儿在游戏的同时体验小学生的喜悦。

3. 生活活动支持幼儿社会适应

人是具有社会属性的。根据《教育部大力推进幼儿园与小学科学衔接的指导意见》，从小班开始就要从社会准备、身心准备、生活准备、学习准备等方面着手衔接活动，其中社会准备中的"社会适应"被着重强调。可见，生活活动是培养幼儿社会准备中各项能力的有力途径。例如。在中班的生活活动中，可以借助"我是值日生""我是美食播报员""我是天气记录员"等途径培养幼儿积极承担集体任务、愿意帮助他人的良好社会性品质。到了大班，发展幼儿在自我服务的基础上有为集体、同伴服务的能力，在为集体服务方面，通过"我是班级小主人"的板块，教师引导幼儿对协商来园、过渡环节、区角场地的选择等事项进行规划，发挥幼儿主动参与的管理意识，发展幼儿集体主人翁的意识。

4. 生活活动支持幼儿自由自主权利

儿童在进入幼儿园之前是拥有自身的生活经验的，因此幼儿园的生活活动不仅具有整体性，还具有个性化特点。所谓个性化特点，是指幼儿园的生活要能满足幼儿多元的、不同层次的活动需求。这就要求幼儿园生活活动要有自由自主的活动内容，尤其是幼儿在园一日生活的过渡环节。例如，在两个活动的过渡环节，幼儿应该有自由自主安排自己生活活动的权利，幼儿可以去观察自然角植物的生长情况，可以三三两两地在音乐区听音乐，也可以在美工区绘制接下来的活动计划。让幼儿拥有自由自主空间的生活活动，对幼儿而言才是适宜的，是支持幼儿自主发展的。

（二）生活活动在课程中的价值

生活活动从本质上而言是综合性的活动，一日生活皆课程是幼儿园的课程理念。可见，生活活动在课程中占有重要的地位，它相较于主题活动、项目活动等活动，结构性较为松散，但却能给予幼儿更加宽松、自由的发展空间。同时，生活活动的内容与主题活动、项目活动等领域的内容相互整合、相互影响。

首先,生活活动是各类活动的来源。生活活动既是主题活动、项目活动的来源,又可作为上述活动的铺垫。例如,教师在生活区投放了不同颜色、长短不一的莲藕供幼儿进行探究,幼儿在游戏的过程中发现切开后的藕孔有的大、有的小,而且数量还不一样。幼儿边观察、边讨论,"我的藕里面有 9 个洞洞""我的藕里面有 11 个洞洞""我的藕里面的洞洞好像被我切破了"。在幼儿的讨论中,教师初步形成了一个适合中班幼儿的科学活动"探秘莲藕"。再如,到了夏天,天气变化的频率开始增加,尤其是江南的梅雨季节,上午还下雨,下午可能就阳光明媚。因为有着相关的生活经验,幼儿开始在生活区的信息墙上有意识地记录每日天气变化,教师也鼓励幼儿采用"小小天气记录员"的形式在活动的过渡环节在集体面前向大家播报天气。于是大班科学活动"夏日的天气"就孕育而生,在每天的天气记录后,教师鼓励幼儿采用不同的统计方式探究夏日天气的变化与生活之间的联系。

其次,生活活动是各类活动的延伸。因教学活动的时间有限,大部分的主题活动、项目活动的内容会延伸到区域活动中,而生活活动便是落实各项活动目标的重要途径。例如,在主题活动"枇杷熟啦"的开展过程中,小班幼儿对亲身体验剥枇杷的过程非常好奇与感兴趣,于是教师在餐点水果环节灵活投放了枇杷,满足幼儿体验动手剥枇杷的活动需求。在亲身体验中,幼儿感受到剥枇杷的动作技能,感受到劳动带来的喜悦。又如,在项目活动"小鸡'蛋'生记"中,中班幼儿对饲养区中"母鸡下蛋"的环节非常感兴趣,想亲眼观看"母鸡妈妈是如何将鸡蛋生出来的"。于是教师利用餐后散步环节、离园前的环节,有序组织幼儿来到饲养区观察母鸡下蛋的过程,幼儿在亲身体验的基础上统计母鸡下蛋的时间,并商量"如何把鸡蛋保护起来""怎样让母鸡妈妈把小鸡孵出来",促进了项目活动的持续性开展与延伸。

(三)生活活动的实施要点

1. 转变观念,树立生活即课程的理念

幼儿是在生活中学习的。教育者应当重视一日生活的教育价值,并从课程视角重新审视一日生活的课程资源,做到教学、游戏、生活三位一体为幼儿的发展服务。游戏是幼儿园的基本教育活动,教学是知识传授的主要途径,生活是幼儿园课程实施的重要途径,这是区别于中小学课程的重要特点。[①] 因此,教师应该转变自身教育观念,幼儿园的一切教育活动不仅要与幼儿的生活活动密切联系,而且生活活动要与教学活动、游戏活动相互促进。生活活动可以随机生

① 刘晓东,卢乐珍,等.学前教育学[M].南京:江苏教育出版社,2009:298.

成教学活动、游戏活动，教学活动、游戏活动又可作为生活活动的延伸与补充。例如，在每天的午餐前，教师组织幼儿开展6分钟左右的今日美食播报生活活动，旨在培养幼儿不挑食、每天定量进餐的生活习惯。但是在实际的开展过程中，幼儿对每天的午餐食材来源、食物的烹饪方法很感兴趣，“我家吃的茭白是切成一条条丝的”“黄鳝活的时候是什么样子的?”针对幼儿的讨论，教师灵活生成关于食物的系列食育课程，和幼儿商量怎样去菜场参观、购买食材等，还发动家长在每天进餐时主动和幼儿交流每种食物的营养价值。这样不仅增加生活活动的趣味性，而且丰富幼儿的生活经验。

2. 优化空间，创设具有体验性的生活空间

体验性的生活空间意味着室内环境不再是一个模式化学习场所，而是一个处处充满生活气息的活动空间。创设具有体验性的空间可以从以下角度进行，一是创设温馨的“家”的心理氛围，让幼儿体验到归属感。比如，在语言区投放与家庭图书角类似的场景材料，像软质的靠垫、毛绒坐垫；幼儿可以在自然角种植从家里带来的植物、花卉，或者饲养从家里带来的小动物；在生活区可以收集幼儿家里废旧的衣物、毛线等材料，供幼儿开展编织、整理等游戏。

二是创设真实的体验场景。自然体验的生活活动强调给予幼儿真实的感知与体验，因此不管是生活区还是其他生活活动，都要注重投放真实的自然材料。例如，在生活区（见图4-8）可以随着季节的变化投放相应的自然材料，春季投放收集来的花朵、树叶等；夏季投放各类瓜果、蔬菜，供幼儿切一切、闻一闻、剥一剥；秋冬季投放丰收的玉米、萝卜、南瓜等，鼓励幼儿用自己喜欢的方式去探究与感知。

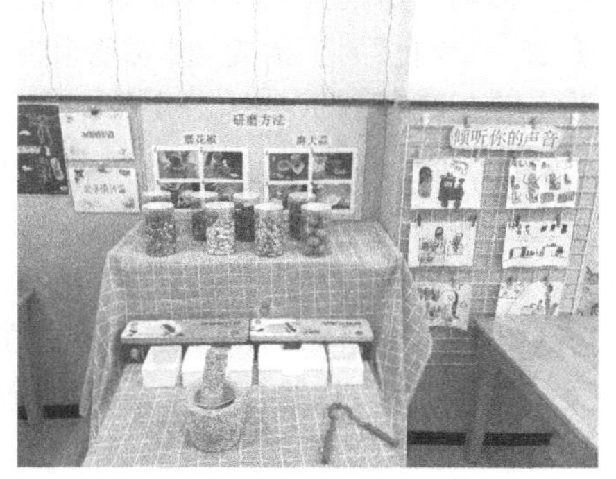

图4-8　大班组生活区环境

三是创设具有体验性的墙面环境。体验性的生活空间是具有教育价值的空间，其教育价值不仅体现在可供真实操作的物质材料上，也体现在无声却蕴

含教育指导的墙面环境上。通过创设生活信息墙面,发现不同的生活教育功能。例如,小班创设了“来园五件事”“我的心情日志”“我喜欢喝水”等墙面,提醒幼儿每天来园的准备活动,并能每天带着积极情绪喜欢来幼儿园;中班创设了“小小值日生”“我的餐后计划”“拍球小达人”“班级朋友圈”等墙面,引导幼儿参与集体劳动,养成热爱运动的生活习惯;大班创设了“天气记录墙”(见图4-9)、“小小观察员”、“儿童会议墙”(见图4-10)等墙面,鼓励幼儿做班级的小主人,参与班级管理,发展为同伴服务的生活能力。

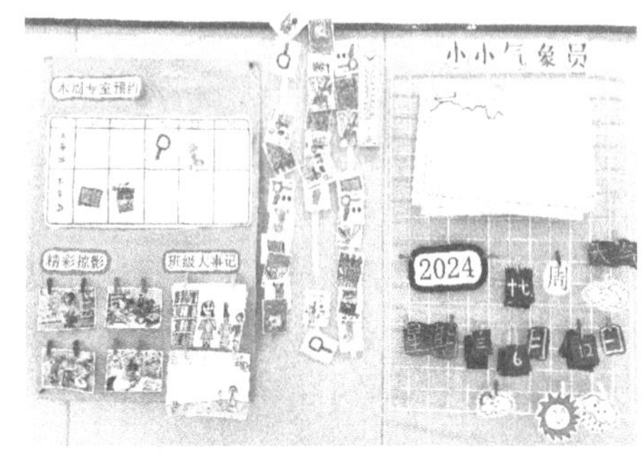

图 4-9　大班组天气记录墙

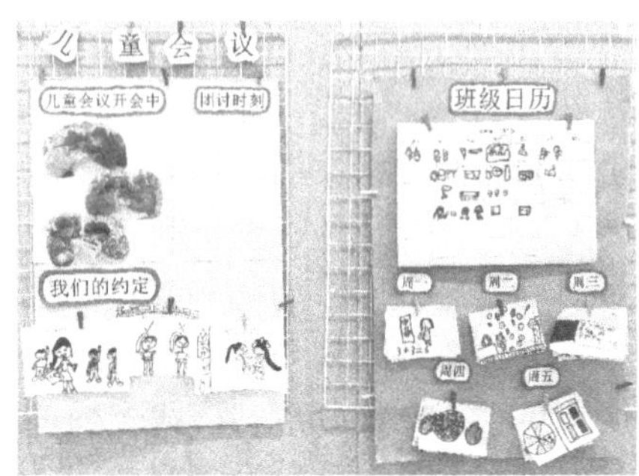

图 4-10　大班组儿童会议墙

3. 弹性实施,让幼儿过自由自主的生活

尽管一日生活的实施是教师在主导,但幼儿却是生活活动的实施主体。教师在组织生活活动时应遵循幼儿的生活节奏,给予幼儿充分的活动时间与空间,耐心地倾听幼儿真实的活动需求,避免“赶场”式催促幼儿从一个活动赶往下一个活动。所谓弹性实施的原则,是指教师不仅要遵循幼儿的生活节奏,而且要去“碎片化”的生活观,树立整合性生活观,给予幼儿充足的时间体验生活。因为一日生活计划不是教师实施活动的枷锁,也不是束缚、压制幼儿真实的牢笼,幼儿的生活节奏才是教师开展生活活动的指挥棒。

弹性实施的原则基于幼儿是自己的生活主人的教育理念,尽管幼儿年龄较小,但是幼儿有权利按照自己的生活节奏计划实施自己在园的一日生活。仓桥物三指出:“教师最大的不足之处不是在知识能力方面,而是在具体的生活性十分欠欠缺。①我们认为所谓生活性,即教师对自身及儿童生活的关注、敏感与反思的特性。要想提高幼儿园生活活动质量,教师就需要对幼儿的实际生活保持敏感性,多观察、倾听、对话幼儿,发现幼儿生活中的有趣、新奇的事物,进而生成适宜幼儿活动需求的生活活动。

---

① 仓桥物三.幼儿园真谛[M].李季湄,译.上海:华东师范大学出版社,2014:78.

二、自然体验游戏

自然体验游戏是指在尊重自然规律和幼儿身心发展规律的基础上，让幼儿在自然环境中与自然物或自然材料不断互动的游戏。自然体验游戏包括两个层面的游戏，一是在自然中游戏，二是与自然的游戏。

（一）自然体验游戏对幼儿发展的意义

自然体验游戏对幼儿具有重要的发展意义，下面从认知、情感及意识三个维度进行阐述。

首先，自然体验游戏促进幼儿多元认知能力的发展。美国心理学家加德纳于 1996 年提出了第八种智能，即自然观察智能，其核心是认识植物、动物和其他自然环境的能力①。当儿童与自然接触时，大自然对其身心发展有重要影响和促进作用。大自然充满挑战、开放的环境对幼儿而言存在着无穷的吸引力，可以改善幼儿因长期接触电子产品而导致的注意力缺陷、缺少运动等负面影响。在大自然中，幼儿可以自由自主地去探究与体验，在观察自然、探究自然的过程中生出好奇心与求知欲，提升创造力与想象力。

其次，自然体验游戏促进幼儿与自然的情感联结。美国儿童权益保护者理查德·洛夫提出，现代社会的儿童面临着“自然缺失症”，儿童在看电视、玩电子游戏方面花费大量的空余时间，“缺乏与大自然的接触，自由探索当地动植物群的机会”②，并逐渐远离大自然。因此，自然游戏的开展可以增加幼儿与大自然互动的机会，让幼儿在自然中感受自然环境的多姿多彩、五彩纷呈，在与自然物探究、游戏的过程中感受来自自然的神奇与美妙，进而培养亲近自然、喜欢自然的美好情感。

最后，自然游戏促进幼儿养成保护环境的生态意识。确保儿童以后是环保主义者的最好办法，就是在他们年幼的时候培养他们热爱大自然。③ 与自然产生情感联结后，幼儿就会逐渐地喜欢自然，并对自然中的生态关系产生好奇。在探究生态关系时，幼儿渐渐了解人类、动植物之间相互影响、相互依存的生态链，明白人类活动对大自然既有积极影响又有破坏性影响，进而激发幼儿从自身行动产生保护自然、保护地球的环保意识。

---

① RUTH WILSON. Nature and young children：encouraging creative play and learning in natural environments[M]. New York：Routledge，2008：10.

② CONDIE WARD. Connecting young children with nature[J]. Teaching young children2014(1)：24.

③ 李生兰. 美国学前教育机构崇尚自然的教育及启示[J]. 比较教育研究，2017(10)：97-105.

（二）自然体验游戏的内容来源

自然体验游戏的内容主要来源于幼儿的生活以及主题活动、项目活动等。

1. 来源于幼儿的生活

幼儿的生活是自然体验游戏最主要的内容来源。幼儿在与其周边的人、事、物接触的过程中产生直接经验，而这些直接经验就成为自然游戏的感性素材。例如，在初夏的苏州，梅雨连绵不断，幼儿想去户外感受雨水、玩雨水，于是自然体验游戏“好玩的雨水”便产生了。再如，春天万物复苏、百花盛开，在幼儿的眼里这些自然材料都是产生自然体验游戏的优质材料，可以用狗尾巴做灯笼、用花瓣做书签、用柳树枝叶做花环等。

2. 来源于主题活动

从自然体验主题活动中也可以产生游戏，这样的游戏不仅可以支持幼儿经验的延伸，而且在某种程度上可以促进幼儿丰富自身关于主题活动的经验。例如，在大班主题活动“中国娃过中国年”中，幼儿了解到苏州当地的过年习俗吃团子、吃冬酿酒等，于是就在生活区产生了用糯米粉制作面团的自然体验游戏。又如，在中班主题活动“夏天来了”中，幼儿认识了藕的秘密，于是教师在自然体验区投放了真实的藕供幼儿观察、探究，幼儿用安全小刀切开藕，观察藕的内部结构，讨论藕的味道、藕的气孔数量等。

3. 来源于项目活动

自然体验项目活动也可以转化成幼儿的游戏，如中班的项目活动“小鸡‘蛋’生记”中，幼儿通过照顾小鸡发现随着小鸡的长大不适合一直住在孵蛋器中，于是教师将小鸡家的各类自然材料投放在自然区中，并鼓励幼儿用多元材料为小鸡设计新家。

（三）自然体验游戏的实施形式

1. 自然体验类游戏

自然体验类游戏旨在通过游戏化的方式，让幼儿在自然环境中进行亲身感知、观察、体验和互动。这类游戏强调与大自然的直接接触，鼓励幼儿在自然中学习、探索和成长。根据我园实际情况，可将自然体验类游戏大致分为户外冒险类游戏、动植物类游戏、自然艺术类游戏、自然五感类游戏四大类。

(1) 户外冒险类游戏

户外冒险类游戏是一种让幼儿在自然环境中自由探索的游戏形式。通过设定任务卡，引导幼儿在户外寻找特定物品或完成特定任务，如寻找特定形状的树叶、观察昆虫的生活习性等。这类游戏能够激发幼儿的好奇心，培养幼儿的观察力和探索精神。

【案例 4-6】

小班户外冒险类游戏——冒险小路

游戏目标：运用触觉感知不同材料的感觉，体验不同的感觉，提高专注力，完善感知能力。

游戏材料：不同材料的自然物，如树叶、泥土、小草、棉花等。

游戏过程：首先取不同材料的自然物平铺在空地上；接着孩子们脱掉自己的鞋子和袜子，踩在自然物上进行感受，说一说自己踩上去的感觉。（见图 4-11）

图 4-11　小班户外冒险类游戏——冒险小路

(2) 动植物类游戏

利用自然资源开展有关动物、植物的自然游戏，如花瓣拓印、树叶贴画等，让幼儿在游戏中了解动植物等自然科学知识。这类游戏不仅具有趣味性，还能够培养幼儿的科学素养和探究精神。

【案例 4-7】

中班动植类游戏——吹羽毛

游戏目标：观察羽毛，初步感知羽毛轻的特点，发现羽毛在风的作用下会飞起来；能够在游戏中不断用嘴巴吹羽毛，不让羽毛掉在地上。

游戏准备：羽毛。

游戏过程：观察羽毛，初步感知羽毛的特点；用嘴巴吹羽毛，使其飘向空中不掉落下来。（见图 4-12）

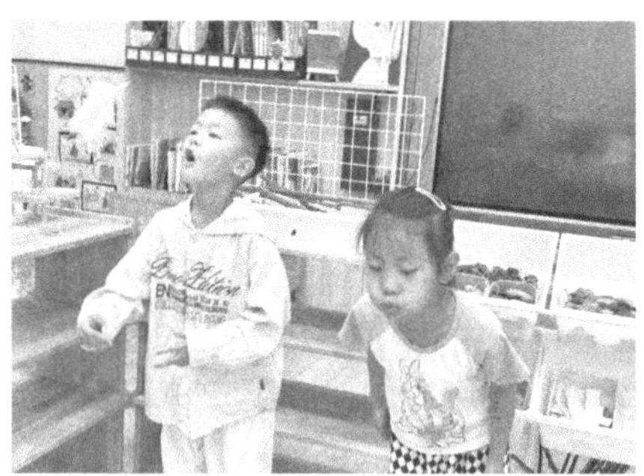

图 4-12　中班自然体验游戏——吹羽毛

(3) 自然艺术类游戏

利用自然材料如树叶、石头、泥土等进行艺术创作,如树叶作画、石头彩绘等。这类游戏能够锻炼幼儿的动手能力和创造力,同时让他们更加亲近自然、感受自然之美。例如,中班艺术类自然游戏"植物拓印",幼儿了解植物拓印的操作方法后,尝试用树叶、鲜花等材料拼摆造型,并通过敲一敲进行拓印游戏,制作出独特的植物拓印手帕,既亲身操作又能够感受自然之美。

【案例 4-8】

小班自然艺术类游戏——美丽的紫荆花

游戏目标:运用搓、团圆、压的技巧制作黏土压花;欣赏紫荆花,感受春天是个春花烂漫的季节。

游戏材料:白色黏土、紫荆花、原木底座、衬板。

游戏过程:取适量黏土,搓圆、压扁,制作底板;选择自己喜欢的紫荆花形态,创意摆放;用手掌将紫荆花用力压入黏土,晾干完成。(见图 4-13)

图 4-13　小班自然艺术类游戏——美丽的紫荆花

（4）自然五感类游戏

所谓自然五感类游戏，是指运用视觉、听觉、嗅觉、味觉和触觉等五种感官来体验和探索自然环境的游戏。这类游戏可以提高幼儿对自然的感知能力，增强对环境的认识和理解。

【案例 4-9】

中班自然五感类游戏——会发光的树叶

游戏目标：了解阳光照射在树叶上会在地上形成影子；能够尝试用不同颜色的玻璃片形成有颜色的树叶影子；在游戏中体验光影的乐趣。

游戏材料：有孔的树叶、不同颜色的玻璃片。

游戏过程：在树叶上抠出不同的形状；将树叶对着阳光投射在地上，形成影子；将有颜色的玻璃片叠放在树叶上，有颜色且会发光的树叶影子就形成了。（见图 4-14）

图 4-14　中班自然五感类游戏——会发光的树叶

2. 自然观察类游戏

自然观察日志是用图画、文字或实物等多种形式进行自然观察记录的一种方式。对于幼儿来说，“自然”不仅是知识，更是一个探究过程。幼儿对自然中的事物或现象充满好奇，在观察和体验中发现了问题，才会运用感官或工具来收集和记录资料，积累认知经验，建立与自然的关系。我们尝试运用“自然观察日志”这种新的方式，与幼儿一起开启和推进自然活动的观察记录。在实际开展自然观察日志游戏时，我们根据不同年龄段幼儿的发展水平，采用以下类别组织自然观察类游戏。

（1）空白框式

空白框式是幼儿自然观察日志中运用最广泛的记录形式。在活动观察过程中或观察后，幼儿用图画、符号、照片表征或直接将实物粘贴在白纸上，就是很好的记录。空白框式之所以最受幼儿欢迎，是因为它的无限可能性和普遍适宜性。幼儿可以在空白的纸上记录植物在生长过程中的样子，记录天空的景色，记录自然场景，记录自己的感受，记录自然体验活动中发生的故事。幼儿在观察树叶落下的样子时，可以用螺旋线做标记。这种方式适用于多种内容和不同记录水平的幼儿。例如，小班自然观察日志“玉兰观察记”（见图 4-15）。

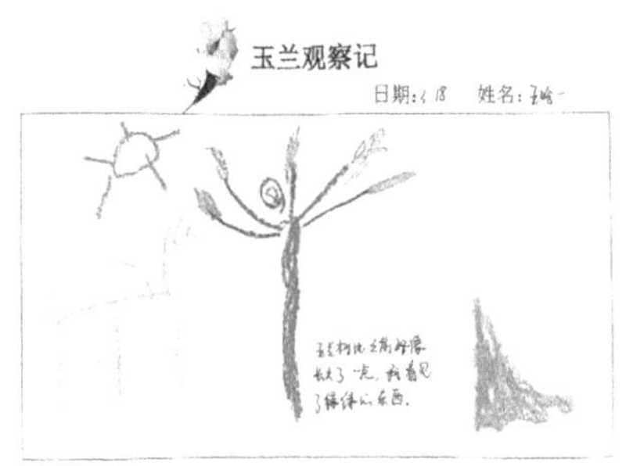

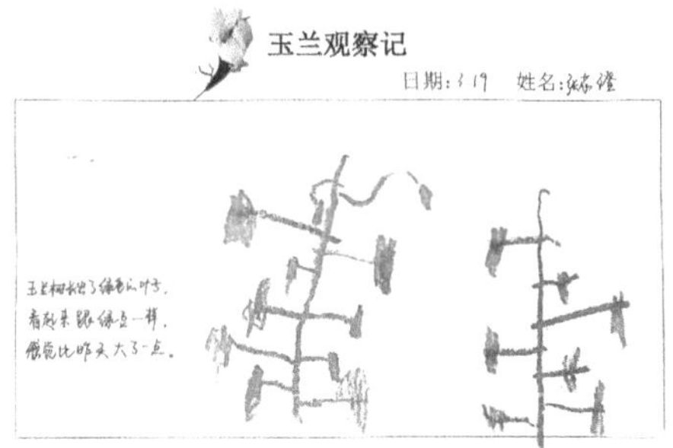

图 4-15　小班自然观察日志“玉兰观察记”

（2）记录表式

记录表式的记录常常有预设的内容和相应的要求，适用于有多项内容或内容要持续一段时间的观察记录，它对幼儿的观察内容具有较明确的引导。例如，小班幼儿春游时观察花的外形后，教师提供的表格可以有更明确的内容指向——对花瓣数量的比较观察。此外，温度记录表、月亮日记、向日葵生长记录表等也适用表格的形式。例如，中班自然观察日志“小鸡生长记”（见图 4-16）。

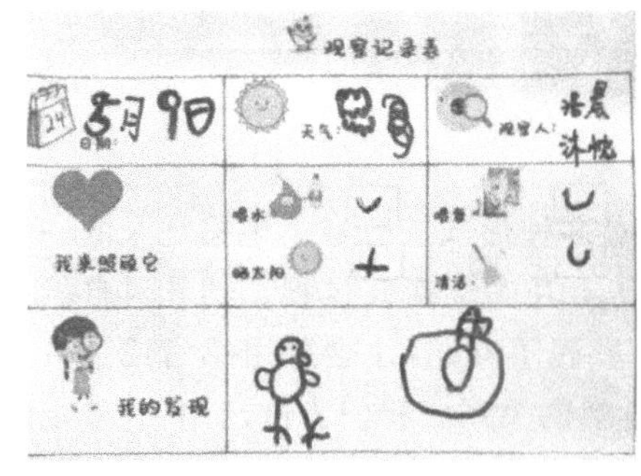

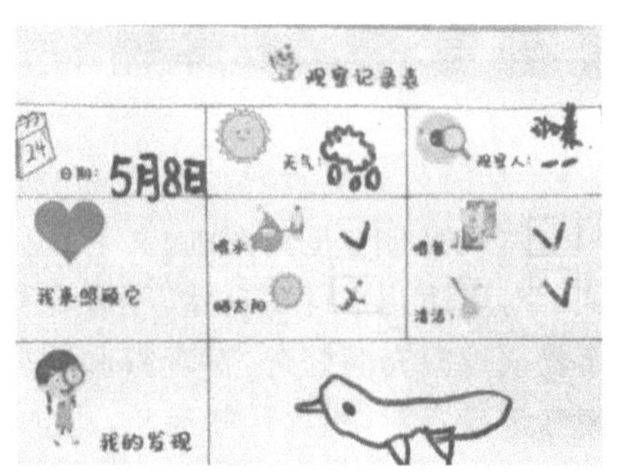

图 4-16　中班自然观察日志“小鸡生长记”

（3）自然拼摆式

这是一种收集自然物的记录方式，幼儿把收集到的种子、树叶、豆荚、果实、野花、羽毛、树枝之类自然物放在自然桌上和自然收集盒中，向大家介绍每一种物品的名称和来源，和大家一起欣赏。在秋季的大自然中有很多成熟的果实，幼儿把这些果实收集起来，直接呈现在自然盒中，而不是以绘画的形式表征。需要注意的是，在用自然拼摆式的记录方式时，材料应是幼儿在自然中捡拾的，不要为了收集而去采摘植物和破坏自然。

(4) 艺术作品式

我们对自然的感受是通过直观方式获得，但是可以用艺术的方式记录下来。教师可以引导幼儿将自然物做成创意的自然作品来呈现，也可以以小诗的形式记录对自然的感受。例如，春天时孩子们利用捡回的花瓣、树叶、石榴花，结合彩泥、树枝、白色的布料等其他材料，编制、拓印、扎染成美丽的手环、树叶挂帘，以呈现自然材料的美。又如，大班观察野趣园的蚯蚓后，用多元的材料想象地下蚯蚓生活的样态(见图 4-17)。此外，幼儿可以将大自然中观察到的春天景色用诗歌的形式记录下来。

图 4-17　大班艺术作品式自然观察记录“蚯蚓的秘密”

(5) 故事书式

这是自然体验系列活动所见所想的记录，它以连续性、深入的绘画方式展开，最终以自创的故事形式呈现出来。例如，中班幼儿对银杏树进行了一年的观察，经历了银杏发芽、长叶、变黄、落叶，捡树叶，制作树叶画，玩银杏叶游戏等一系列的自然活动后，把所有的观察记录装订成一本可展开的“我和银杏树”的故事书。又如，大班幼儿用自制绘本的方式，记录幼儿园花果园的菊樱“花苞发芽—含苞待放—樱花绽放”的自然观察过程，绘制成一本《菊樱成长日记》(见图 4-18)。幼儿在观察的菊樱的过程中，采用儿童视角带着充满爱心的话语表现菊樱生长的过程，不仅呈现幼儿持续性的、专注的学习品质，而且幼儿也感受到自然每日变化的奇妙与喜悦。

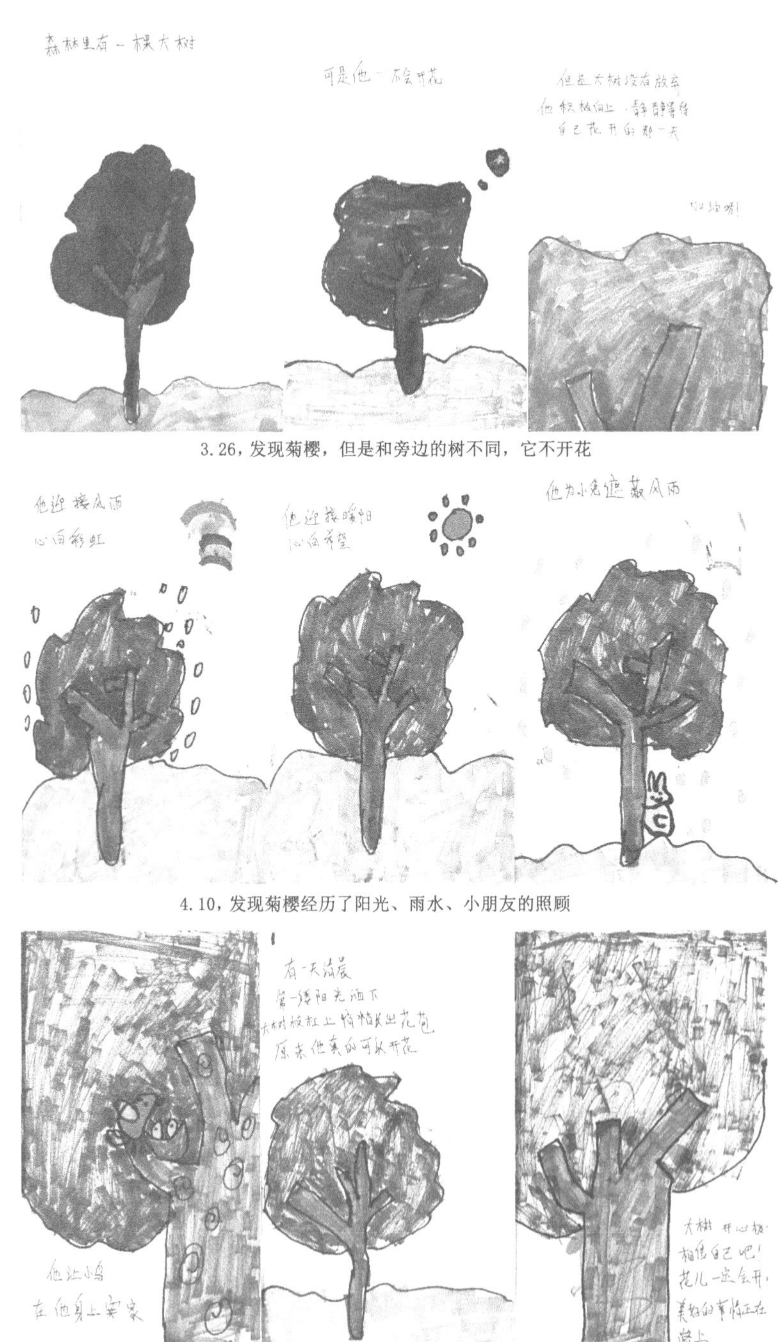

3.26，发现菊樱，但是和旁边的树不同，它不开花

4.10，发现菊樱经历了阳光、雨水、小朋友的照顾

4.18，发现菊樱开花了

图 4-18　大班故事书式自然观察记录“菊樱成长日记”

（四）自然体验游戏的实施要点

1. 教师层面的注意内容

（1）了解幼儿的活动兴趣，选择适合的活动空间

想要在自然教育活动中激发孩子的观察兴趣，首先就要从幼儿的需要出发，了解幼儿到底喜欢什么、兴趣在哪里。对幼儿的实际情况进行客观、深入的了解，才能为活动的开展奠定良好的基础，使得幼儿在自然教育活动中的探索兴趣高涨、学习兴趣浓厚、观察记录方式多样。基于幼儿的活动兴趣，选择合适的自然环境，如园内场地、城市公共绿地、公园等。在选择环境时，要充分考虑场地的安全性、资源的丰富性和环境的多样性，以确保幼儿能够在安全、有趣的环境中开展游戏。

（2）提供适宜的观察记录工具

在自然教育活动中应用自然观察日志前，教师首先需要大致罗列幼儿在进行不同自然观察活动时可能用到的工具，如观察需要用到的放大镜、手电筒、尺等，以及记录需要用到的白纸、记录表、笔、收集盒、照相机、手机等，并根据不同的观察记录方法选择适宜的工具。

（3）提供多元活动，促进幼儿持续性探究

自然体验游戏的设计要充分考虑幼儿的兴趣和年龄特点，设计丰富多彩、富有挑战性的游戏活动。同时，要注重游戏的教育性和趣味性相结合，让幼儿在游戏中不仅能够锻炼身体、培养能力，还能够感受到自然之美、激发对大自然的热爱之情。在幼儿的活动过程中，教师适时的提问十分重要，提问可以把活动引向纵深，延长幼儿对事物观察的时间，激发幼儿观察的持续性以及记录的多样性。

（4）充分挖掘本土资源，打造互动空间

本土自然资源是自然游戏的重要基础。在游戏设计和实施过程中，要充分挖掘和利用本土自然资源，如利用当地的植物、动物、地貌等开展具有特色的游戏活动。这样不仅能够丰富游戏内容、提高游戏的趣味性和教育性，还能够让幼儿更加了解和热爱自己的家乡。例如，幼儿针对苏州当地的水八仙、螃蟹、桂花、莲藕等具有本地特色的自然资源进行种植和自然探究，在与自然物互动的过程中可以与原有的生活经验产生联结。具有本土特色的活动可以延伸到家园活动中，鼓励家长和幼儿一起开展自然体验活动。同时在自然观察游戏中，教师还应为幼儿创设分享与交流的空间。幼儿的分享可以有集体分享和小组讨论两种，教师要敏锐地察觉幼儿的兴趣，捕捉幼儿的问题，引导幼儿解读自然观察日志中所记录的内容和信息，并鼓励幼儿面向同伴大胆表达。

(5) 教师要有相应的知识储备,注重活动安全

自然体验游戏的开展需要教师有丰富的知识储备,引导幼儿进行游戏活动,解答幼儿的问题,保障幼儿的安全等。教师要具备丰富的自然知识和教育经验,能够根据幼儿的实际情况和需求灵活调整游戏内容和形式。自然体验游戏的安全工作至关重要,在游戏开展前,要对场地进行安全检查,排除安全隐患;在游戏过程中,要密切关注幼儿的安全状况、及时制止危险行为;在游戏结束后,要对场地进行清理,恢复原状。

2. 家长层面的注意内容

(1) 积极参与亲子活动

教师鼓励家长积极参与亲子自然活动,如户外野餐、探险等,增进家长与幼儿的亲密关系。在活动中,家长可以引导幼儿观察自然、了解自然,并鼓励幼儿提问、探索。

(2) 合力提供家庭支持

针对幼儿园开展的自然体验活动,家长可以有目的地为幼儿提供探索自然的机会,如种植植物、饲养小动物等,让幼儿在日常生活中接触自然。家长可以与幼儿一起进行自然探索活动,如观察星空、登山等,培养幼儿的观察力和探索力。

(3) 注重家长参与和反馈

自然体验游戏的开展需要家长的积极参与和支持,幼儿园可以邀请家长参与游戏设计、场地布置等工作,让他们了解游戏的目的和意义;同时,要鼓励家长在游戏中与幼儿互动,共同完成任务。在游戏结束后,要及时收集家长的反馈意见,了解幼儿在游戏中的表现和变化,以便不断改进和优化游戏内容和形式。

第四节　自然体验教学活动的实施

自然体验教学活动主要包括导入、有效提问、有效回应、评价以及延伸五个实施环节。

一、自然体验教学活动的导入

自然体验背景下的教学导入,旨在通过一系列精心设计的活动和方法,引导幼儿积极投入到自然环境中,以亲身体验的方式感知自然、理解自然,并进而激发他们对自然科学的兴趣和好奇心。在实施自然体验背景下的集体教学活动导入策略时,我们首先要明确的是,每一个孩子都是独特的,他们对自然的感

知和兴趣点也各不相同。因此，我们的导入策略必须具备足够的灵活性和多样性，以满足不同幼儿的需求。教师可以利用自然元素和现象创设生动有趣的情境，引导幼儿主动观察、探索和发现。例如，可以利用季节变换的特点，组织幼儿进行户外观察活动，让他们亲身感受春天的生机、夏天的热烈、秋天的丰收和冬天的宁静。同时，教师还可以结合具体的自然现象，如日出日落、风霜雨雪等，引导幼儿观察、记录并思考背后的科学原理。

自然体验背景下的教学导入策略，应注重幼儿的亲身体验和感知，通过多样化的活动和方法，引导幼儿积极投入到自然环境中，感受自然的魅力，探索自然的奥秘，从而培养他们的科学素养和环保意识。我们可以利用以下策略进行导入。

（一）情境导入

情境导入通过创设与活动主题相关的情境，使幼儿在情境中感受、体验和思考，从而激发学习兴趣。例如，在开展“春天的脚步”自然体验活动时，教师可以带着幼儿去花果园中散步，引导幼儿谈论春天的变化，让幼儿在情境中感受春天的美好，为后续的自然体验活动打下基础。

（二）自然环境导入

自然环境导入是指利用幼儿园周边的自然环境资源，让幼儿亲身感受、观察自然，从而引发对自然的好奇心和探究欲望。例如，教师可以组织幼儿到附近的公园或花园散步，让幼儿观察春天的植物、动物和天气变化。在散步过程中，教师可以引导幼儿提出问题、发现细节，让幼儿在自然环境中体验学习的乐趣。

（三）疑问式导入

疑问式导入是指通过提出与活动主题相关的问题，引导幼儿主动思考、探索答案，从而激发他们的好奇心和求知欲。在自然体验背景下，教师可以根据活动主题，设计一些具有启发性和引导性的问题，引导幼儿通过观察、实践和思考，自己找到答案。例如，在开展“种子的秘密”自然体验活动时，教师可以先向幼儿展示不同种类的种子，然后提问：“你们知道这些种子是怎么长大的吗？它们需要什么样的条件才能发芽呢？”通过这些问题，引导幼儿思考种子的生长过程，为后续的探究活动做好铺垫。例如，在进行“昆虫世界”自然体验活动时，教师可以提问：“你们知道哪些昆虫喜欢在夜晚活动吗？它们有什么特点？”这样的问题能够引导幼儿关注昆虫的生活习性，激发他们的探索欲望，让他们在自然环境中寻找答案，提高学习效果。

（四）观察法导入

观察法导入是指让幼儿通过观察实物、图片或视频等直观材料，了解活动主题的相关内容，从而引发对自然世界的兴趣。例如，在进行“昆虫的世界”自然体验活动时，教师可以展示昆虫的图片或视频，让幼儿观察昆虫的外形、行为和习性。通过观察，幼儿可以更加直观地了解昆虫的特点，为后续的自然体验活动积累知识。

（五）故事导入

故事导入是指通过讲述与活动主题相关的故事，吸引幼儿的注意力，激发幼儿的想象力和创造力。例如，在开展“树木的故事”自然体验活动时，教师可以讲述一个关于树木成长的故事，让幼儿了解树木的生长过程、作用和价值。通过故事，幼儿可以更加深入地了解树木的奥秘，同时激发对自然界的敬畏和热爱之情。

（六）实验法导入

实验法导入是指通过简单的实验活动，让幼儿亲身参与、体验探究的过程，从而引发对自然科学的兴趣。例如，在进行“水的循环”自然体验活动时，教师可以设计一个简单的水循环实验，让幼儿观察水在不同条件下的变化。通过实验，幼儿可以直观地了解水的循环过程，同时培养幼儿的实验能力和科学探究精神。

二、自然体验教学活动的有效提问

问题是幼儿学习的重要前提，是幼儿探索学习的出发点，是幼儿思维的起点。在自然体验教学活动中，教师要把握教育的契机，用精心设计的问题激发幼儿探索的欲望，引领幼儿深入地探究和思考。有效提问是指教师巧妙地通过提问引导幼儿进一步思考、积极地调动幼儿学习的内在动机，丰富其经验，形成真正意义上的互动。教师需要根据幼儿的年龄特点预设和灵活生成科学性问题，才能事半功倍、更好地达到教学预期目标。因此，在教学提问时需要考虑问题的以下特性。

（一）有效问题的关键特性

一是年龄特点。教师需了解幼儿的年龄特点、身心特点及幼儿感兴趣的事物、话题等，才能设计出更有效的提问。围绕幼儿的兴趣点去提出问题，幼儿就能积极地去分析问题、解决问题，使幼儿的积极性、参与性得到提高，从而达到提问的目的，也使得幼儿通过解决问题掌握知识。

例如，教幼儿按数取物时，当幼儿按要求正确地取了相同的材料时，如果教师问“你们为什么这样取”，就会让幼儿感到茫然，因为答案是“老师要求这样取”。其实，教师应该这样问：“你们取了多少个？”在回答这个问题时，幼儿再一次练习了点数，巩固了点数技能。

二是层次性。教师提问要有层次性，从易到难递进。太简单的提问会使得幼儿失去兴趣，往往活动效果不理想；太困难的提问幼儿不易回答，会产生挫败感。因此，在进行提问时，可以先进行简单的开放式、发散思维或衔接幼儿生活经验的提问，激发幼儿的积极性，再根据活动的情节设计难度递增的问题，引导幼儿发挥想象，大胆提出自己的见解。在提问时，将简单开放式问题和有难度的思考性问题灵活结合，幼儿更能从活动中体验到回答问题的乐趣。

在幼儿进行区域自由活动时，教师有意识地去问一些不同认知层次的问题，可以从低层次开始到高层次一步一步地引导，也可以直接跳到高层次的问题。简单的问题也能引发不简单的思考，我们相信能够通过不同认知层次的问题，在不知不觉中帮助幼儿进行深度学习，从而提高幼儿解决问题的能力，并让幼儿变得更善于思考。例如，在项目活动"小鸡'蛋'生记"中，面对幼儿提出的"鸡蛋孵不出小鸡"的问题，教师可以引导幼儿："请你想想，怎样才能知道这里的鸡蛋能不能孵出小鸡呢？"这是一个发散性的问题，幼儿可以通过自己的联想和想象，从不同角度出发来思考问题，而教师则要采取接纳的态度对幼儿问题的表述表示理解和支持，这样既有利于培养幼儿的创造性思维，又使幼儿得到心理上的满足。

（二）开放性提问，指向幼儿思维的发展

在活动中，封闭式提问是最常见的。例如，"这个故事叫什么名字？""你喜欢小熊还是小兔？""你最喜欢的颜色是什么？"此类问题的答案常常是唯一的或者是二选一，没有留给幼儿充分的思考空间。而开放式提问能给予幼儿广阔的联想空间，借助问题引导幼儿进行假设、判断与思考，是带动幼儿积极参与学习的一种有效策略。例如，在绘本《啪啦啪啦——砰》的教学活动中，可以提出开放的问题："你猜猜小鼹鼠在找什么？""如果你是小鼹鼠，家被水淹了该怎么办？""你知道地下还有哪些植物吗？"

在运用这种策略时，教师往往需要对幼儿的回答进行梳理，将幼儿的回答引导指向活动目标，归纳幼儿经验并有目的地提升。教师的梳理能够帮助幼儿集中思维，更好地指向预设的学习目标。由于开放式提问的答案不是统一的，因此教师扮演着同伴、引导者等角色，通过开放性提问引导幼儿聚焦问题的深度与广度，让幼儿的新旧知识经验产生联结，进而促进幼儿高阶思维的发展。

（三）合理放权，赋能幼儿主动提问

在教学活动中，不是只有教师才可以提问，倘若幼儿能够主动提问，与教师形成互动，那么更能体现幼儿的自主学习。比如在进行语言教学时，教师尝试

引导幼儿自主阅读,通过阅读发现不懂的地方,再寻求同伴或者教师的帮助和解答,这种师幼互动的形式,往往能给幼儿带来积极愉快的情绪,满足幼儿的心理需求,使幼儿养成好奇、好问、好学的好习惯。

三、自然体验教学活动的有效回应

教师的有效回应是指教师从幼儿的反应中捕捉有价值的问题,适时适宜地回应,并引导他们去探索、去挑战、以获取有助于成长的经验和智慧。自然体验教学活动首先是一个有目的、有计划的活动,因此预设是必要的,教师必须在活动之前对自己的教学任务有一个清晰、理性的思考与安排。通过充分的预设,储备回应的素材,做到有备无患,才能在具体的教学过程中左右逢源、从容应对、避免冷场,才能敏锐地捕捉到教育的契机。例如,在科学活动"神奇的'泡泡机'"中,幼儿提出了一个问题:"老师,为什么树叶也能吹出泡泡?"那么教师应该在自然体验活动开始前,思考泡泡吹出的原理,以科学的答案进行回应,帮助幼儿积累科学知识。教师回应的方式有许多种,如肢体动作、表情、口语等,可根据自然体验活动中不同的问题、不同的个体,灵活选择不同的回应方式。

(一)提升式回应

教师在幼儿回答的基础上,采用追问、反问、重复等方法,助推幼儿思维,帮助幼儿深入理解、掌握知识,发展各种能力。当幼儿回答偏离教师的预设时,教师的追问可以帮助幼儿顺利到达终点。例如,在活动"风车转起来"中,有的幼儿语言表达能力较薄弱,回答表述不够清晰、比较零散,教师应在充分倾听的基础上,对幼儿的回答进行梳理、提炼和总结,帮助幼儿将零碎的经验系统化和条理化。

(二)引导式回应

教师在幼儿回答的基础上,进一步聚焦,使回答更加准确。例如,在活动"橘皮洗洁精"中,教师要明确活动目标以及活动重难点,注重引导幼儿寻找重点,提出新问题,拓展幼儿的回答。

(三)赏识鼓励式回应

给幼儿适当的思考空间,好的提问往往需要幼儿做出一定的思考,教师应耐心等候,鼓励幼儿回答。例如,在活动"有趣的豆荚"中,幼儿在回答豆荚有几个的时候,需要一定的时间进行思考,那么就要给予幼儿充足的时间。

(四)互动式回应

教师可以进行提问来回应,提问的内容应具有启发性、趣味性、针对性,与幼儿回应形成互动,进一步激发幼儿探究的兴趣,有效提升幼儿发现问题、解决问题的能力。例如，在活动“好吃的枇杷”中，教师可以问“枇杷里面是什么样子的呢”，从而激发幼儿探究的兴趣。

（五）评价式回应

教师应依据评价所获得的信息及时调整和改善教学过程及学习过程，给幼儿提供有效的帮助。在活动过程中，多采用赞扬、激励等肯定式评价，让幼儿对同伴的回答作出评价，也可提高幼儿的注意力和自我评价意识。

（六）多元性回应

教师应充分了解班级每个幼儿的发展，将简单的问题留给能力一般及较弱或者缺乏自信的幼儿。不要急于推进活动，尤其在关键提问后，让更多幼儿有表达想法的机会。例如，在活动“神奇的旋涡”中，教师可以向能力一般及较弱或者缺乏自信的幼儿提问“你看到了什么?”，可以向能力较强的幼儿提问“为什么会有这样的现象呢?”。

（七）展现性回应

教师应给予幼儿充分表现和语言运用的机会，让幼儿展现已有的经验和感受。教师处于倾听者立场对幼儿所做的回应，是对幼儿回答的直接展现。例如，在活动“有趣的风”中，教师应让幼儿充分感受风，从而让幼儿在已有经验基础上进行表达、表现。

四、自然体验教学活动的评价

评价是根据教学活动的目标，对教学过程和幼儿的学习过程做出描述和评定的活动。它是活动各环节中必不可少的一环，也是活动设计中极为重要的一个组成部分，其目的是促进幼儿能力的发展。自然体验背景下教学活动的评价主要包括以下两方面。

（一）镜像评价

镜像评价涉及教师和幼儿之间的信息互动，它实质上是教师关注幼儿的言行，并反馈给他们的一种评价方式。镜像评价有助于建构教师与幼儿之间的关系，因为它让幼儿知道教师正在关注他，对他做的事很重视。镜像评价也有助于支持幼儿的学习，因为它针对幼儿当下的言行提供了具体的、详细的信息。这种反馈能帮助幼儿更清晰地意识到自己的思考和学习，教师应鼓励幼儿重复、实践和巩固有助于学习的行为，减少或改变无助于学习的行为。我们可以运用镜像评价帮助幼儿重构经验。例如，孩子们来到耕乐园，对各个小角落进行探索学习活动，孩子们被耕乐园里的各种植物吸引住了。陶陶指着绿绿的番茄说“番茄”，教师可以给予他这样的回应：“陶陶真厉害，你不仅发现了一颗番茄苗，还看到了很多绿绿的番茄。”

（二）激励性评价

从词源学来看，“激”是指水流受到阻碍，被溅起，涉及人就是如何使人更加自信。“励”就是使人进步，使人振奋。激励性评价也就是二者的集合。常见的激励性评价涉及具体评价、化解危机、去标签这三个方面。

首先是具体评价。具体评价是教师对于幼儿行为的针对性评价。例如，教师对幼儿说：“你的画很特别，不仅画了小兔子，还给小兔子身上画上了花纹。”这样的评价不是泛泛而谈，是具体确切的评价，能够激发幼儿积极向上的内在动机，让幼儿获得更好的发展。

其次是化解危机。激励性评价能够帮助幼儿，避免其陷入恶性循环之中。例如，教师发现幼儿因自己的画不好而沮丧时，教师可以肯定幼儿作品好的地方：“你画面上的东西好多呀，既画了小车，还给小车加上了乘客。”“你的颜色涂得很均匀，一点都没有涂出来呢。”这会大大减轻幼儿的焦虑情绪，帮助幼儿建立自信心，让幼儿创造更多的可能性。这样的激励能让幼儿从焦虑、自卑的恶性循环进入到自信、积极的良性循环中。

最后是去标签。幼儿在成长过程中，总是容易被贴上各种各样的标签，如“好孩子”“坏孩子”，等等。这样不同类型的标签对幼儿的负面作用极大，会限制幼儿的发展，还可能让幼儿习得性无助。激励性评价的出现便会帮幼儿撕掉这样的标签，让幼儿拥有无限的可能。

五、自然体验教学活动的延伸

延伸是在教学活动结束以后，教师为巩固幼儿所学内容，更好地实现活动目标所设计的一切活动。集体性的学习活动之后组织的延伸活动可以帮助幼儿巩固、拓展所学的知识和经验，使幼儿积累更多的知识经验。在设计延伸活动的时候，教师的组织形式可以灵活多样，可以有小组的、区域性的、分散性的、合作性的等。延伸的内容可以为上次活动内容的继续、生成的新内容、相关知识经验的拓展、针对上次活动中幼儿感兴趣的内容来开展、活动内容的升级，等等。自然体验教学活动的延伸主要包括以下三条路径。

（一）与区域活动相整合

自然材料在区域的投放和运用是一个不断调整、不断更新的动态过程。自然材料在区域环境中的创设能够使幼儿享受到自然带来的自由与舒适，从而使幼儿天性得到充分发展。例如，在科学区域中投放泥土、树叶、树枝等自然材料和工具，让幼儿探索自然材料的秘密；在美工区中投放蔬菜、树叶等自然材料，让幼儿探索拓印和扎染的奥秘，等等。

自然材料的增添，是随着幼儿兴趣的变化而变化的，当原有的材料难以满足幼儿需要，其兴趣渐渐减弱时，则采用添加的方法去拓展游戏的目标和内容，而不是一股脑地全部投放进去。例如，在科学区探究沙的形态中，幼儿用心去观察、思考、发现沙子的形状、形态，大部分幼儿知道沙子是一粒一粒的，堆起来像一座小山，可以建造楼房、修路、挖沙坑、做沙堡、画沙画，也可以用沙锤、模具做造型等，但当幼儿对沙子逐渐失去兴趣时，教师可以提供水、木棍，引导幼儿感受水和沙的神奇组合。木棍在它们之间可以做什么呢？通过这样的增添，不仅提高了自然材料应用的难度，而且维持了幼儿开展区域活动的兴趣。区域和区域之间也能互相整合，例如，幼儿在美工区将树叶粘在一起成为“美丽的草裙”，这些“草裙”到了表演区则成了公主的“舞裙”；再如，美工区的自然材料作品“大树”“鸟巢”，到了角色区则成了“森林王国探险记”的建筑物，幼儿越玩越深入。

（二）与自然游戏相结合

利用自然资源开展自然游戏是一个动态生成的过程，幼儿在探究过程中，不断与自然资源互动，主动提出问题，观察、操作、寻找答案。教师可以根据季节、天气等自然条件，并结合幼儿园的竹林、野趣园、花果园、耕乐园开展自然体验游戏，让幼儿直接体验、亲身感知、实际操作。以“触摸自然”为例，教师可以组织幼儿在自然环境中触摸不同的植物、土壤、石头等材料，通过触感的刺激，促进幼儿的触觉感知能力的发展。

（三）与日常活动相结合

陶行知“六大解放”的教育理念与自然教育紧密相连，通过提高日常生活自然教育水平培养幼儿实践能力。幼儿在与自然资源的互动碰撞中发现问题、提出问题时，教师要及时倾听，做出价值判断，并给予恰当的支持，帮助幼儿增加对自然资源的了解，提高操作能力。例如，在春天，教师组织幼儿走进田野，感受新生的绿叶和鲜花，使幼儿通过亲身体验学会辨认植物的生长周期；在耕乐园活动中，可以组织幼儿动手种植蔬菜或水果，了解植物的生长需要，学会耕耘土地的基本技巧，让幼儿深入了解土地的利用方式、农作物的生长过程。

第五章　幼儿园自然体验课程实施案例

第一节　大班自然体验主题活动案例《中国娃迎中国年》

一、主题活动缘起

春节是我们中国的传统节日，为了引导幼儿继承和发扬中华民族优良传统美德，使幼儿进一步理解和认同中华文化，增强民族自豪感和自信，大班组从主题“小小中国娃”出发，开展“迎新年，过春节”主题课程。结合课程需要，我们将进行系列课程活动，从春节的由来、习俗等方面层层推进，引导幼儿积极参与讨论，交流了解关于春节的文化渊源，感受民族传统文化的独特魅力，用不同的方式表现自己对春节的认知、喜爱。

二、主题活动脉络图

- 中国娃迎中国年
  - 趣味福字，喜迎新春
    - 初识福字——福字的由来
    - 探知福字——贴福的位置，福字的秘密
    - 写福送福——书写福字，送福，贴福
  - 青花青城
    - 初遇青花——欣赏青花瓷(颜色、形状、花纹)
    - 探索青花——了解青花瓷的独特之处，感受美
    - 创玩青花——绘画，设计青花瓷
  - 龙腾广宇，乐享新春
    - 知舞龙舞狮——了解，感受舞龙舞狮的欢快氛围
    - 做舞龙舞狮——制作舞龙舞狮相关道具
    - 演舞龙舞狮——亲身体验，练习，表演舞龙舞狮
  - 纸上生花
    - 认识窗花——窗花的由来；种类
    - 制作窗花——纸张选择；窗花的折法；设计图案；剪纸的注意事项
    - 张贴窗花——材料的选择；张贴的地点
  - “昆”之妙音，与君共“曲”
    - 初探昆曲——参观昆曲博物馆，了解昆曲的由来
    - 欣赏昆曲——了解昆曲中人物角色、服饰及乐器
    - 体验昆曲——制作昆曲道具；设计昆曲服饰；绘画妆容；昆曲唱演
  - 千丝万缕一点甜
    - 游山塘，初印象——认识山塘街(美食，房屋建筑，街巷等)
    - 七里山塘，美食组——寻味美食，品烟火之气
    - 最爱美食，龙须酥糖——美味诞生记，龙须酥糖的制作

三、关键经验脉络图

- 中国娃迎中国年
  - 趣味福字，喜迎新春
    - 了解“福”字的意义
    - 愿意与同伴、成人大胆交流，合作探索，获得有关福字的丰富经验
    - 在区域中体验探索书写福字的乐趣，进一步对传统民俗感兴趣
  - 青花青城
    - 初步了解青花瓷花纹和图案的装饰特点与寓意
    - 能够用语言、绘画等方式大胆表达对青花瓷的审美感受
    - 对青花瓷感兴趣，初步了解青花瓷制作过程及常见器型
    - 用捏、揉、拉、压、搓、连接等技能，制作出自己的器皿
    - 在欣赏青花瓷活动中感受到乐趣，喜欢欣赏中国传统的青花瓷艺术
  - 龙腾广宇，乐享新春
    - 了解舞龙舞狮是我国传统艺术形式，感受其欢快的氛围
    - 了解舞龙舞狮的基本特征与制作步骤，愿意动手参与制作
    - 感受中国传统文化，体验民间艺术的魅力
  - 纸上生花
    - 通过调查、讨论和制作等活动，初步了解窗花的传统文化内涵及制作方法
    - 愿意与同伴合作，分享交流自己制作的窗花，获得有关窗花的丰富经验
    - 体验探索和制作窗花的乐趣，感受剪纸艺术的魅力
  - “昆”之妙音，与君共“曲”
    - 知道昆曲的由来
    - 了解昆曲是汉族传统戏剧中最悠久的一种，是世界非物质文化遗产
    - 通过尝试昆曲唱演，进一步感受苏州传统文化，激发幼儿对昆曲的喜爱
  - 千丝万缕一点甜
    - 了解龙须酥糖的制作方法，能够掌握正确的制作步骤
    - 愿意与同伴相互探讨与合作记录
    - 感受苏州文化气息，激发对苏州美食特色文化的探究兴趣

四、主题活动目标

(1) 知道元旦是新的一年的开始，感受迎接新年的喜庆氛围，激发对中国传统节日——春节的期待。

(2) 借助阅读、参观、欣赏、交流、制作等活动，了解中国传统的民俗风情，丰富有关过新年的经验，愿意探究自己感兴趣的关于过年的话题。

(3) 积极参与讨论，提出自己的设想，学习制订开展迎新年、过春节的计划。

(4) 借助语言、美术、表演等形式，运用符号、图画等不同方式积极表达自己对新年的感受、认识和想象。

(5) 通过集体活动、小组活动、区域活动及亲子活动，进一步引导幼儿体验、感知中国传统文化的魅力。

五、活动计划表

主题活动计划表中，“集体活动”“社会实践”“新子活动”“日常活动”这几列中的数字表示该类型活动的排序。例如，“集体活动”一列中的②，表示这是该主题的第二个集体活动。(见表 5-1)

表 5-1　活动计划表

活动脉络	周次	活动顺序	活动名称	集体活动	区域活动	社会实践	亲子活动	生活活动
中国娃迎中国年	第一周	活动 1	福来了	①				
		活动 2	学福字		语言区			
		活动 3	写福字		水墨区			
		活动 4	装饰班级(贴福)					①
		活动 5	送福喽			①		
		活动 6	舞龙	②				
		活动 7	制作舞龙道具	③				
		活动 8	手摇舞龙		美工区			
		活动 9	测量表演场地	④				
		活动 10	舞龙喽		表演区			
		活动 11	千丝万缕		美工区			
		活动 12	黄豆粉					②
		活动 13	麦芽发芽啦		科学区			
		活动 14	制作龙须酥糖				①	
		活动 15	各种各样的窗花	⑤				
		活动 16	剪窗花所需材料					③
		活动 17	窗花有哪些				②	
		活动 18	剪窗花		美工区			
		活动 19	窗花贴哪里					④
	第二周	活动 20	脸谱的秘密	⑥				
		活动 21	昆曲知多少					⑤
		活动 22	有趣的脸谱		美工区			
		活动 23	昆曲头饰		美工区			
		活动 24	数独游戏		益智区			
		活动 25	我知道的昆曲				③	

六、主题经验与活动链接表

按照活动与经验的关联程度加上相应的星号,密切关联★★★、一般关联★★、有关联★。(见表 5-2)

表 5-2　主题经验与活动链接表

主题活动 关键经验	1. 知道元旦是一年的开始，是中国的传统节日	2. 了解元旦的由来和习俗，知道不同地区庆祝元旦的方式，能用自己喜欢的方式庆祝元旦	3. 了解年的来历，知道过年、迎接新年的几种习俗	4. 借助调查、交流等活动，进一步了解新年的习俗，积累更多有关中国传统文化的经验	5. 能通过绘画、手工、唱歌、跳舞等活动，表达自己对传统文化的喜爱	6. 愿意与同伴、成人大胆交流，合作探索，获得有关中国年的相关经验
什么是元旦	★★★	★★★	★	★★★	★★★	★★★
怎样庆祝元旦	★★★	★★★	★	★★★	★★★	★★★
年的故事	★	★	★★★	★★★	★★★	★★★
春节的习俗	★	★	★★★	★★★	★★★	★★★
福来了	★★★	★★★	★★★	★★★	★★★	★★★
送福喽	★	★★★	★★★	★★★	★★★	★★★
舞龙	★★	★★	★★	★★	★★★	★★★
测量表演场地	★★	★★	★	★	★★★	★★★
制作舞龙道具	★	★★	★★★	★★	★★★	★★★
各种各样的窗花	★★★	★★★	★★	★★	★★★	★★★
美丽的青花瓷	★	★	★	★★	★★★	★★★
制作龙须酥糖	★	★★★	★	★★	★★★	★★★
昆曲知多少	★★★	★★★	★★	★★	★★★	★★★
昆曲头饰	★★	★★	★★	★★	★★★	★★★
有趣的脸谱	★★★	★★★	★	★★★	★★★	★★★

七、资源的开发与利用

大班活动：美丽的青花瓷（语言、艺术）

【活动目标】

(1) 欣赏青花瓷作品，了解青花瓷的传说。

(2) 尝试根据青花瓷花纹、图案的特点进行装饰。

【活动准备】

(1) 课件准备："青花瓷"组图；《青花瓷的传说》故事音频及图片。

(2) 纸面教具：青花瓷器。

(3) 材料准备：蓝色勾线笔。

【活动过程】

(1) 欣赏"青花瓷"制品。

师:你们看老师今天带来了什么?

师:你感觉它怎么样?

小结:这种白底蓝花的瓷器叫作青花瓷。青花瓷只有蓝、白两种颜色,上面的装饰花纹干净、简洁,非常漂亮。

(2) 欣赏《青花瓷的传说》,理解故事内容。

师:青花是谁? 她为什么要进山?

师:在青花身上发生了什么事情?

师:她找到需要的东西了吗?

(3) 了解青花瓷的制作过程

师:青花瓷是怎么制作出来的?

师:为什么把它叫作"青花瓷"?

小结:青花想找到一种适合画瓷的颜料来代替雕刻,就跟着舅舅进山找料石。最终,青花找到了料石但也冻死在了山顶上。小宝把青花找到的料石磨成粉末,配成颜料,用笔画在瓷坯上。通过烧制,瓷器上出现了美丽的蓝色花纹,这就是青花瓷。因为画瓷器的颜料是青花找到的,大家为了纪念青花就把青花瓷上的蓝花叫作"青花"。

(4) 幼儿创作。

师:你们想自己设计青花瓷吗?

师:青花瓷上都有什么样的花纹和图案?

师:它们分别分布在瓷器的什么位置?

小结:青花瓷的边缘,如青花瓷瓶的瓶口、瓶底位置,装饰着有规律排列的花纹,叫作花边纹。青花瓷的中间装饰着较大的图案,一般人们会选择生活中常见的花、草、动物等图案进行装饰。

师:请你们根据自己的喜好,动笔画一画吧。根据青花瓷的特点用蓝色记号笔进行装饰。

幼儿自主绘画,教师巡回指导。

师:你设计的青花瓷是什么样的?

师:用了哪些花纹和图案?

八、主题活动实施过程

"龙腾广宇,乐享新春"主题活动实施过程

第一阶段:怎样过元旦

【活动目标】

(1) 乐意为元旦活动提出设想与规划,并用图表的方式表达。

（2）能围绕话题的不同角度持续、深入地交流，逐步明确活动方案。

（3）注意倾听并尊重同伴建议，积极参与讨论。

【活动准备】

物质材料准备：元旦调查表、教师自制大张“元旦活动计划表”。

【活动过程】

（1）产生庆祝元旦活动的兴趣。

（2）自由表达庆祝元旦活动的想法，并与同伴交流、讨论。

① 教师简要介绍元旦庆祝活动的大致方向，请幼儿用简洁完整的语言讲述自己的想法，突出主要内容。

师：大家对如何庆祝元旦都有一些自己的想法。你有什么具体的想法，可以和大家清楚地说一说吗？

幼儿通过调查表向大家介绍自己的元旦计划。

② 鼓励幼儿针对同伴的方案，积极地提出建议。

师：请注意倾听同伴的介绍，你们可以及时提出补充建议。

（3）针对庆祝元旦的方案，进行细化讨论。

引导幼儿用投票的方式选出最感兴趣的活动内容和形式。

师：这里有大家推荐的元旦活动方案，怎么选出你们最喜欢的活动内容和方式呢？

幼儿围绕环境创设、活动准备、活动内容等话题提出自己的想法并和同伴交流，教师用图文的方式将幼儿的想法记录在“元旦活动计划表”上。

师：除了你最喜欢的活动，到时候我们要一起进行舞龙舞狮表演，我们要做哪些准备呢？

（4）讨论并明确元旦庆祝活动前的准备工作。

① 对照记录共同讲述，梳理和回顾需要准备的内容。

师：我们一起来看看图表上的记录，看看庆祝元旦活动需要事先做哪些准备。

教师指图，和幼儿共同讲述小结。

② 明确庆祝元旦活动的主要内容、筹备流程、大致需准备的材料和时间节点。

③ 讨论任务的分工，明确各组幼儿需要做的工作有哪些，教师将结果填写到“元旦活动计划表”中。

【教师反思】

通过语言活动“怎样过元旦”，引导幼儿为庆祝元旦活动提出设想与规划，并通过调查表达成用图表的方式表达的目标。幼儿投票选出了元旦最受欢迎的活动为舞龙舞狮，并且通过儿童会议商量出活动准备、流程、材料的收集以及人员的分工、时间节点的确定，幼儿共同商量材料的收集。下面以舞龙活动为例。

第二阶段:制作舞龙道具

【活动目标】

(1) 简单了解舞龙的风俗,知道舞龙道具的组成部分。

(2) 能够利用各种废旧材料制作龙身,发展动手操作能力和想象力。

(3) 体验制作舞龙道具的乐趣,培养团结协作的能力。

【活动准备】

(1) 经验准备:了解舞龙道具的造型特点。

(2) 物质材料准备:各种纸盒、卡纸、画笔等手工材料若干。

【活动过程】

(1) 出示舞龙图片,引导幼儿说一说自己对舞龙的认识。

师:你们知道这是什么习俗吗?你对舞龙有什么认识?

(2) 欣赏不同种类的舞龙造型。

师:这里有几张好看的图片,图片上的龙是什么样子的?

师:请小朋友仔细看看舞龙用的“道具龙”由哪几部分组成?(龙头、龙身、龙尾)

(3) 引导幼儿观察收集的材料,激发幼儿的制作愿望。

师:制作舞龙道具,我们可以怎样来做呢?需要用到哪些材料?怎样分工配合?

(4) 鼓励幼儿分组动手制作龙头、龙身和龙尾,教师参与指导。

师:请小朋友自己做一做,制作的时候注意安全。

引导幼儿画线再剪,学习画出龙身上的龙鳞。

(5) 共同展示制作完成的舞龙道具,请个别幼儿尝试舞龙。

【教师反思】

我们利用废旧纸箱和各色卡纸装饰舞龙道具,为表演做好准备。在活动中,孩子们也意识到分工合作的方式,如几个幼儿专门负责龙鳞,活动中发现有些幼儿的分工太细了,如负责贴的幼儿经常在等待。因此,我们也在活动后跟孩子商讨如何分工以减少时间浪费。

第三阶段:舞龙

【活动目标】

(1) 学习听信号合作玩走跑交替的游戏,发展动作的灵活性。

(2) 观察信号球的上下左右等方向的变化,调节自己的脚步。

(3) 在合作游戏中,体验民间游戏的乐趣,感受同伴合作带来的乐趣。

【活动准备】

(1) 经验准备:幼儿看过舞龙的表演。

(2) 物质材料准备:空旷的场地,标记筒 6 个,录音机,音乐,排头点子标记,沙包若干,锣鼓,龙头、龙身若干。

【活动过程】

(1) 激发兴趣,活跃情绪。

师:天冷了,我们一起来跑一跑吧。

① 热身活动。

幼儿与教师以一路纵队进场,在欢快音乐的伴奏下进行正向绕圈跑、绕障碍跑、两腿交叉走、之形跑、侧步走、反向跑、抬腿走等多种方式的走跑练习。

② 专项准备。

幼儿站成四路纵队,师幼呈做操队形,进行走跑交替活动,为跑步进行重点部位的专项热身,包括头部、扩胸、摆臂、手腕脚踝、脚掌腹背、压腿运动等。

(2) 自主学练,发展能力,体验乐趣。

① 听鼓声玩游戏,复习走跑。

游戏玩法:幼儿听鼓声进行走跑练习,鼓声快时就小跑,鼓声慢时就走。幼儿集体游戏一次,分组游戏一次。

② 引出舞龙的游戏情境,学习走跑交替的方法,初步尝试合作走。

A. 幼儿尝试合作玩舞龙游戏。

师:过春节有一个传统的游戏叫舞龙,今天我们一起来玩一玩吧。

游戏玩法:幼儿四人一组舞龙,自由尝试合作走的方法。

B. 师幼集中站成半圆形,共同讨论:你们的龙走起来了吗?是怎么走的?

③ 在讨论的基础上,幼儿再次游戏(教师做舞龙人)。

师:老师来做舞龙的人,请小朋友看着老师手上的花球。我把花球举高,你们就把龙举高;我把花球放低,你们就蹲下来舞龙。看看哪组最能干。

A. 幼儿游戏:幼儿看信号舞龙,教师的花球不断地变化,引导幼儿慢走、小跑、左倾、右倾等。教师边变化球的方向边用语言提示,巩固幼儿对于各个方向的认知,并做出相应的动作。

B. 集中讨论:在舞龙时,要注意什么?怎样才能四个人一致把龙舞好?

④ 分组游戏,观察同伴,调整身心。

游戏玩法:五名幼儿一组,一人做舞龙人,四人舞龙,之后,幼儿自由交换角色。(见图 5-1)

(3) 稳定情绪,放松身心。

师:今天的舞龙游戏,你们玩得开心吗?你是和谁一起合作完成的呢?和你的伙伴抱一抱,感谢大家默契的配合。

图 5-1　幼儿舞龙场景

【教师反思】

在本次主题活动“舞龙”中,主要目标为学习听信号合作玩走跑交替的游戏,在合作游戏中体验民间舞龙游戏的乐趣。在活动中我们充分利用音乐,搜集节奏鲜明、信号强的音乐引导幼儿听音乐信号,幼儿都能认真倾听音乐。但在游戏环节五个幼儿合作舞龙时,幼儿的互相配合还需在之后的游戏中进一步提高,四个操作龙身的幼儿动作配合不够默契,但都能知道慢走、小跑、左倾、右倾等动作,但是在游戏前要加强计划与沟通。

九、活动建议

(1) 各班可以根据班级开展的活动进一步形成班级的微主题或班本活动。

(2) 有效结合本班“中国娃迎中国年”的主题,系统投放区域材料,丰富幼儿的相关经验。

(案例提供:南京师范大学相城实验幼儿园　朱文萍　沈凌霜)

第二节　中班自然体验主题活动案例《温暖冬日,情满冬至》

一、主题活动缘起

冬至是中国农历中一个重要的节气,也是苏州本地的一个重要传统节日。民间自古以来就有“冬至大如年”的说法。为了让幼儿更好地感受传统文化的魅力,传承并弘扬中华民族优秀传统文化,加深对中国传统节气的热爱之情,我们开展了“温暖冬日,情满冬至”主题教育活动,带领幼儿了解冬至习俗,感受浓浓的节气氛围!

虞永平认为，幼儿园课程是从幼儿身心发展的特点和特定的社会文化背景出发，有目的地选择、组织和提供的综合性的、有益的经验。为了让活动更贴近幼儿已有的认知和经验，我们通过一张调查表来挖掘幼儿的兴趣点以及后续活动生发方向。

二、主题活动脉络图

- 温暖冬日，情满冬至
  - 识冬至
    - 认识冬至的来历
    - 冬至大调查
  - 探冬至
    - 通过绘本故事了解冬至
    - 了解冬至习俗
  - 品冬至
    - 美食投票记
    - 制作美食计划
    - 品尝美食
  - 趣冬至
    - 变暖小妙招（体育活动）
    - 欣赏冬天的诗歌以及艺术作品

三、关键经验脉络图

- 温暖冬日，情满冬至
  - 红糖糍粑
    - 了解红糖糍粑的制作方法，知道红糖糍粑的制作材料
    - 能通过揉、搓、压等技能，独立或与同伴合作制作糍粑
    - 愿意与同伴一起制作红糖糍粑，感受制作的乐趣
  - 酒酿小圆子
    - 了解酒酿小圆子的制作步骤
    - 能够通过揉一揉、搓一搓等手部技能制作小圆子
    - 感受冬至的节气气氛，喜欢和同伴一起开展食育活动
  - 冬式暖锅
    - 知道吃暖锅的习惯，知道暖锅里有什么
    - 尝试用多种方式绘画和制作冬式暖锅
    - 了解吃暖锅的安全事项，体验制作暖锅的乐趣
  - 豆芽的秘密
    - 知道冬至的传统习俗之一是吃黄豆芽，了解吃黄豆芽的吉祥寓意
    - 能够通过多种感官观察黄豆的特征，尝试猜测黄豆是如何变成黄豆芽的
    - 愿意根据自己的猜想做黄豆发芽的实验，在种植的过程中感受科学活动的有趣
  - 彩色汤圆
    - 了解彩色汤圆的制作步骤
    - 尝试动手制作手工彩色汤圆，利用多种材料装饰作品，感受冬至的节日气氛
    - 体验手工活动的乐趣，喜欢动手制作
  - 冬至饺子
    - 知道北方冬至有吃饺子的习惯，知道饺子的基本构造
    - 知道饺子的制作方法，尝试自己动手包饺子
    - 体验自己包饺子的乐趣
  - 红枣糯米雪人
    - 认识红枣糯米雪人，知道红枣糯米雪人的制作方法
    - 能用搓一搓、团一团的方式制作糯米小汤圆
    - 参与活动，感受与同伴一起制作红枣糯米雪人的快乐

四、主题活动目标

（1）知道冬至是我国二十四节气之一。

（2）简单了解冬至的饮食习俗，喜欢和同伴一起制作美食。

(3) 能通过绘画、捏泥、手工制作等多种方式制作冬至美食。

(4) 能通过说说唱唱表达自己参与民俗活动的乐趣。

(5) 积极参与冬至的民俗文化活动,感受与同伴一起过冬至的快乐。

(6) 积极参与冬季里的探索实践、体育锻炼和节庆活动,逐渐形成不畏寒冷、积极参与、勇敢向上、团结合作的良好品质。

五、活动计划表

主题活动计划表中,"集体活动"和"亲子活动"这两列中的数字表示该类型活动的排序。例如,"集体活动"一列中的②,表示这是该主题的第二个集体活动。(见表 5-3)

表 5-3 活动计划表

活动脉络	周次	活动顺序	活动名称	集体活动	区域活动	社会实践	亲子活动	生活活动
温暖冬日,情满冬至	第一周	活动 1	冬至	①				
		活动 2	冬至节	②				
		活动 3	冬至的故事	③				
		活动 4	数九歌	④				
		活动 5	为冬至暖锅做准备	⑤				
		活动 6	冬式暖锅 1	⑥				
		活动 7	冬式暖锅 2		美工区			
		活动 8	品尝冬式暖锅				①	
		活动 9	酒酿美食	⑦				
		活动 10	甜酒酿	⑧				
		活动 11	酒酿小圆子	⑨				
		活动 12	汤圆		生活区			
		活动 13	酒酿发酵记		生活区			
		活动 14	彩色汤圆 1	⑩				
		活动 15	彩色汤圆 2		美工区			
		活动 16	黄豆芽的生长	⑪				
		活动 17	我来制作如意菜	⑫				
		活动 18	如意菜		美工区			
		活动 19	黄豆芽生长记		自然角			
		活动 20	红糖糍粑	⑬				
		活动 21	红枣糯米球 1	⑭				
		活动 22	红枣糯米球 2		美工区			
		活动 23	饺子	⑮				
	第二周	活动 24	制作饺子		美工区			
		活动 25	品尝冬至美食				②	

六、主题经验与活动链接表

按照活动与经验的关联程度加上相应的星号，密切关联★★★、一般关联★★、有关联★。（见表5-4）

表5-4　主题经验与活动链接表

主题活动 关键经验	1. 知道冬至是我国二十四节气之一	2. 简单了解冬至的饮食习俗，喜欢和同伴一起制作美食	3. 能通过绘画、捏泥、手工制作等多种方式制作冬至美食	4. 能通过说说唱唱表达自己参与民俗活动的乐趣	5. 积极参与冬至的民俗文化活动，感受与同伴一起过冬至的快乐	6. 积极参与冬季里的探索实践、体育锻炼和节庆活动，逐渐形成不畏寒冷、积极参与、勇敢向上、团结合作的良好品质
冬至	★★★	★★★	★	★★★	★★★	★★★
冬至节	★★★	★★★	★	★★★	★★★	★★★
冬至的故事	★★★	★★★	★	★★★	★★★	★★★
数九歌	★★★	★★★	★	★★★	★★★	★★★
为冬至暖锅做准备	★★★	★★★	★	★★★	★★★	★★★
冬式暖锅	★★	★★	★★★	★	★★★	★★★
酒酿美食	★★	★★	★	★	★★★	★★★
甜酒酿	★★	★★★	★	★	★★★	★★★
酒酿小圆子	★★	★★★	★	★	★★★	★★★
彩色汤圆	★★	★★	★★★	★	★★★	★★★
黄豆芽的生长	★★	★★	★	★	★★★	★★★
我来制作如意菜	★★	★★	★★★	★	★★★	★★★
红糖糍粑	★★	★★★	★	★	★★★	★★★
红枣糯米球	★★	★★★	★	★	★★★	★★★
饺子	★★	★★★	★	★	★★★	★★★

七、资源的开发与利用

中班活动：冬至节（语言）

【活动目标】

（1）知道冬至是中国二十四节气之一，了解冬至驱寒补冬的饮食习俗。

(2) 能够尝试说出冬至美食,了解冬至的传统习俗。

(3) 在游戏中,感受节气的热闹氛围。

【活动准备】

(1) 经验准备:知道冬至是中国二十四节气之一。

(2) 物质准备:ppt、调查表。

【活动过程】

(1) 出示图片,通过观察图片内容,引出冬至节日。

师:小朋友们,今天我们班来了两个小朋友,是飞飞和米娅。看!他们好开心啊。你觉得他们为什么这么开心呢?(有好多好吃的、要吃大餐了……)

师:没错。这是因为要过冬至,吃好吃的啦。

小结:冬至是冬天很重要的一个节气,冬至时会有各种各样好吃的美食。

(2) 出示图片,了解驱寒补冬的冬至习俗。

师:冬至天气寒冷,所以冬至的美食习俗很多都和驱寒保暖有关。一起来看看吧。

师:这是什么好吃的?(饺子)

师:冬至这天,中国北方有吃饺子的习俗。人们常说"冬至吃饺子,不会冻耳朵"。

师:除了饺子,人们在冬至还会吃什么来驱寒保暖呢?(吃汤圆)

师:中国南方,冬至有吃汤圆的习俗。一碗热腾腾的汤圆下肚,身体特别暖和。

师:冬至的美食可不止饺子、汤圆,还有什么?谁来看图说一说?

师:冬至的习俗还有吃羊肉、喝羊汤,吃糯米饭、馄饨、南瓜饼,等等。这些都是冬至驱寒保暖的美食哦。

小结:我们的祖国很大,所以每个地方过冬至时吃的也不一样。相同的是这些冬至美食吃完都会让人身上暖暖的。

(3) 出示图片并组织游戏"冬至美食蹲",在游戏中幼儿进一步巩固冬至习俗,感受过冬至的快乐。

① 出示图片,激发游戏兴趣。

师:过冬至原来有这么多好吃的,就像过年一样。你还记得那些美食的名字吗?一起来玩"冬至美食蹲"游戏,过个暖呼呼的冬至吧。

② 介绍游戏规则。

师:小朋友们,我们需要围成圈站定。老师喊"吃饺子吃饺子,吃完饺子吃什么",请旁边的幼儿回答,该幼儿回答其他与冬至相关的美食,如喊"吃羊肉吃羊肉,吃完羊肉吃什么",并接着请他身边的幼儿回答。以此类推。我们一起来试试看吧。

③ 师幼共同游戏。

小结：原来冬至不仅有很多美味的食物可以品尝，我们还可以玩有趣的游戏，今天回家也可以和家人玩一玩这个有趣的游戏。

中班活动：酒酿能做的美食(社会)

【活动目标】

(1) 知道酒酿可以做哪些美食。

(2) 能够大胆说一说酒酿美食的做法。

【活动准备】

幼儿完成的“酒酿能做什么”调查问卷。

【活动过程】

(1) 回忆上周做酒酿活动。

师：上周我们去生活馆做了什么美食？它是怎么制作的？我们做成功了吗？(如果没有成功，那么问题出现在哪里？)

小结：甜甜的酒酿需要很多制作步骤，但我们小朋友都一一完成了，很棒。

(2) 分享调查问卷。

师：接下来，要用我们做的酒酿来制作美食啦。前两天我们下发了一张有关酒酿可以做些什么的调查问卷，谁想来分享一下你的调查结果？

小结：原来酒酿可以做出这么多美味的食物，那我们周五就要来做一做酒酿小圆子。

(3) 了解酒酿小圆子的制作步骤。

师：酒酿小圆子怎么做呢？我们一起来看一看。

观看视频后请幼儿总结操作步骤。

(4) 表征：酒酿小圆子的做法。

① 请幼儿画一画做酒酿小圆子的步骤。

② 分享与交流。

八、主题活动实施过程

“有趣的如意菜”主题活动实施过程

第一阶段：黄豆发芽

【活动目标】

在培育黄豆芽的过程中感受生命的奇迹，体验收获的快乐，养成记录的好习惯。

【活动准备】

(1) 经验准备:了解黄豆芽发芽的过程。

(2) 物质材料准备:黄豆、黄豆芽、勾线笔、记录单。

【活动过程】

(1) 引出话题。

教师出示黄豆芽:“小朋友们请看,老师手上的黄豆芽是从菜市场买来的,请小朋友们记住它的样子,等会儿老师要提问。”

小结:豆芽分为三个部分:豆芽瓣、豆芽茎和豆芽根。

(2) 教师与幼儿一起讨论“豆芽是从哪里来的”,让幼儿知道豆芽的来历。

师:前几天,小朋友们做了一个发豆芽的试验。谁能来说一说你是怎么做的,最后发现了什么?

播放课件,了解豆芽的生长过程。

师:那豆芽到底是从哪里来的呢?老师给你们准备了一个录像,我们一起来看看吧!

(3) 水培黄豆,观察黄豆芽的生长过程。

① 讲解培植步骤。

第一步:挑种。把种子中破碎的或者有虫洞的挑出去,避免它们在生长过程中腐败变质,影响其他豆芽。(见图 5-2)

图 5-2 幼儿挑选种子

第二步:清洗种子。洗两至三遍就可以。

第三步:泡种。清洗过后,我们用水没过种子,把种子进一步激活,这样种子更容易发芽。

第四步:冲洗、控干。在自来水下冲洗即可,冲洗之后要控干水分,不要有多余的水分。

第五步:催芽。用水将毛巾打湿,盖在等待催芽的芽豆上,让芽豆保持湿润。

② 幼儿操作。

师：黄豆已经浸泡了12个小时了，接下来就可以开始我们的水培活动啦！

师：我们每一组水培一盆黄豆芽，看看哪一组照顾得最好！

小结：在黄豆生长的过程中，我们也要给它经常浇水，保持毛巾的湿润，给它提供足够多的水分！浇水后一定要记得盖上小被子，保持黄豆生长的温度，每个小组都要细心照顾自己的水培植物哦，并且将自己观察到的情况记录在观察纸上。

(4) 活动延伸：种植豆宝宝。

师：你们想不想回家后自己种豆芽呀？让我们一起回家种豆芽吧！

第二阶段：我来制作如意菜

【活动目标】

(1) 知道冬至的传统习俗之一是吃黄豆芽，了解黄豆芽也叫如意菜的吉祥寓意。

(2) 尝试用捏、揉、搓等方式制作如意菜，并能自行选择其他材料进行装饰。

(3) 尝试与同伴分享自己的作品，体验美术活动的快乐。

【活动准备】

(1) 经验准备：幼儿知道冬至吃黄豆芽的习俗，之前尝试过发黄豆芽。

(2) 物质材料准备：白色、黄色等轻泥若干，人手一个纸盘、勾线笔、油画棒等。

【活动过程】

(1) 说一说冬至的传统习俗，调动已有经验。

① 引导幼儿回忆之前了解的冬至习俗。

师：我们之前已经了解了很多冬至的习俗了，你能说一说你都知道哪些吗？

② 调动幼儿的已有经验，说一说黄豆发芽后是什么样子的。

师：黄豆发芽后就会变成黄豆芽，黄豆芽长什么样子？为什么我们要在冬至吃黄豆芽呢？

(2) 尝试用捏、揉、搓等方式制作如意菜。

① 向幼儿展示真实的如意菜。

师：这就是我们吃的如意菜，它是什么样子的？

师：谁愿意来说一说，如果我们需要把它变成美丽的作品，你想用什么材料来制作？

② 请幼儿欣赏创作的作品。

师：大家说得都很好，下面我们来看看别的小朋友是怎么制作和如意菜有关的作品的。

(3) 自由创作，尝试使用不同的材料。

① 提醒幼儿在使用材料的时候要爱惜。

师：每个小朋友都可以选择自己喜欢的材料进行创作，可以先使用轻泥，再进行添画。

② 鼓励幼儿大胆创作。

(4) 互相欣赏作品，说一说最喜欢哪一个作品。

① 请小朋友介绍一下自己的作品。

师：谁愿意来介绍一下自己的作品？你制作的如意菜是什么样的？边上的添画是什么意思？

② 请幼儿自由分享。

【教师反思】

在本次主题活动中，幼儿在涂涂画画、说说玩玩中了解二十四节气之一的冬至。教师在活动中遵循幼儿的兴趣点，一步步挖掘，在多元化的活动中帮助幼儿收获关键经验，让幼儿在直接感知、亲身实践等活动中了解、体验节气，弘扬中华优秀传统文化！

九、活动建议

(1) 教师可以利用多种形式开展冬至系列活动，从了解冬至的由来以及习俗入手。

(2) 在多个领域开展，重点开展艺术领域和科学领域，鼓励幼儿从直接感知、实际操作、亲身体验中感受冬至。

(3) 积极参与冬至的民俗文化活动，感受与同伴一起过冬至的快乐。

(4) 如果能克服幼儿园安全问题，在园内开展吃冬式暖锅，效果会更好。

（案例提供：南京师范大学相城实验幼儿园　沈越　李雯馨）

第三节　小班自然体验主题活动案例《“玉”见花开》

一、主题背景

某个阳光明媚的午后，小朋友们饭后散步至花果园，其中一棵树独特而优雅的姿态瞬间吸引了他们的目光。一一充满好奇地发问：“这究竟是什么树呢?”答案揭晓,原来这是一棵还没有开花的白玉兰树。

紧接着,谦谦自信地补充道:“你们知道吗,除了白玉兰,还有紫玉兰呢!”一一听后,眼中闪过一丝惊讶,好奇地问道:“真的吗?”《幼儿园教育指导纲要(试行)》指出:“引导幼儿对身边常见事物和现象的特点、变化规律产生兴趣和观察欲望。”通过对玉兰的探究,幼儿将更深入地理解生命的意义和自然的奥秘,激发幼儿对自然科学的兴趣,培养科学探索精神和实践能力。于是,我们与玉兰的奇妙故事便悄然展开了。

二、主题活动脉络图

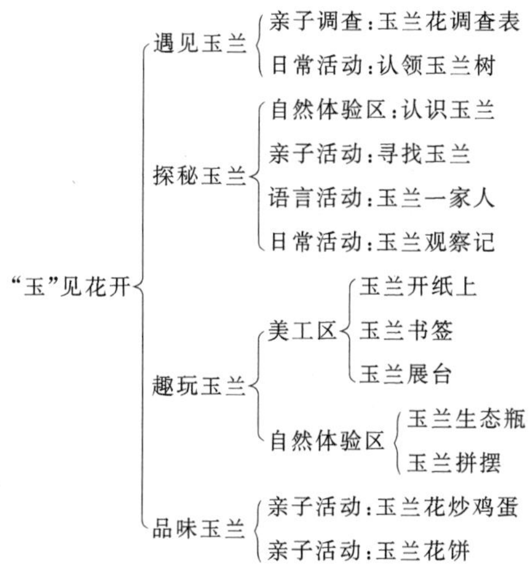

三、关键经验脉络图

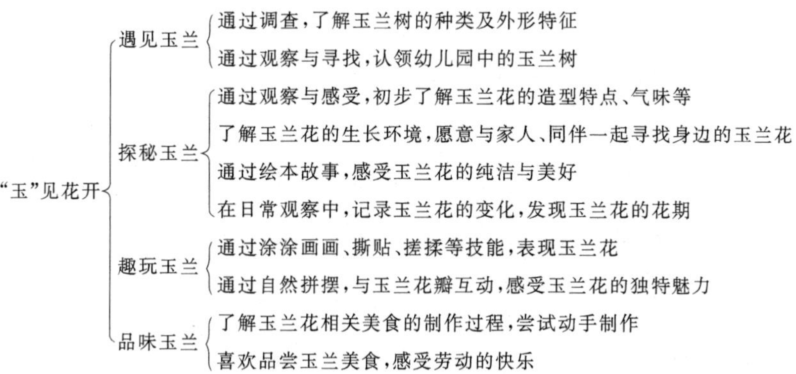

四、主题活动目标

（1）通过细致观察玉兰花的特征，培养观察力和发现细节的能力。

（2）了解玉兰花的基本生长知识，如花期、生长环境等。

（3）通过简单的玉兰相关手工制作活动，如玉兰拼贴画、玉兰纸艺等，培养动手能力和创造力。

（4）通过玉兰的文化意义，感受玉兰花纯洁、高雅等美好品质。

（5）了解玉兰花美食，尝试动手实践，愿意品尝玉兰花。

五、活动实施途径

在本次"'玉'见花开"班本主题活动中，我们以玉兰花为核心，引领孩子们走进了一场探索自然、感知生命的美妙之旅。通过集体活动、区域活动、社会实践、亲子活动、生活活动等多种形式，引导幼儿深入观察和了解玉兰花的生长过程、形态特征，感受玉兰花无可比拟的优雅美丽。具体活动见表 5-5。

表 5-5　活动内容

活动脉络	周次	活动顺序	活动名称	集体活动	区域活动	社会实践	亲子活动	生活活动
遇见玉兰	第一周	活动 1	玉兰大调查				①	
		活动 2	寻找幼儿园里的玉兰树			①		
		活动 3	认领玉兰树			②		
		活动 4	名画欣赏		①			
		活动 5	玉兰微景观				①	
探秘玉兰	第二周	活动 6	认识玉兰	①				
		活动 7	多种多样的玉兰	②				
		活动 8	玉兰一家人	③				
		活动 9	玉兰观察记			③		
		活动 10	玉兰花开	④				
趣玩玉兰	第三周	活动 11	玉兰纸上开		②			
		活动 12	玉兰书签		③			
		活动 13	趣画玉兰花瓣			④		
		活动 14	玉兰拼拼乐			⑤		
		活动 15	玉兰生态瓶		④			

表 5-5(续)

活动脉络	周次	活动顺序	活动名称	集体活动	区域活动	社会实践	亲子活动	生活活动
品味玉兰	第四周	活动 16	玉兰花的味道			⑥		
		活动 17	玉兰花炒鸡蛋				②	
		活动 18	玉兰相框		⑤			
		活动 19	玉兰花饼				③	
		活动 20	留住玉兰					②

六、主题经验与活动链接表

按照活动与经验的关联程度加上相应的星号，密切关联★★★、一般关联★★、有关联★，见表 5-6。

表 5-6　主题经验与活动链接表

主题活动 关键经验	1. 通过调查，了解玉兰树的种类及外形特征	2. 通过观察与寻找，认领幼儿园中的玉兰树	3. 通过观察与感受，初步了解玉兰花的造型特点、气味等	4. 在日常观察中，记录玉兰花的变化，发现玉兰花的花期	5. 了解玉兰花的生长环境，愿意与家人、同伴一起寻找身边的玉兰花	6. 通过涂涂画画、撕贴、拼摆等，与玉兰花瓣互动，感受玉兰的独特魅力	7. 了解玉兰花相关美食的制作过程，尝试动手制作	8. 喜欢品尝玉兰花美食，感受劳动的快乐
玉兰大调查	★★★	★★	★★★	★★	★★★	★	★★★	★
认领玉兰树	★★★	★★★	★★★	★★	★★★	★★	★	★
寻找玉兰	★★★	★★★	★★★	★★	★★★	★★	★★★	★
玉兰一家人	★★	★★	★	★	★	★	★	★
玉兰观察记	★★	★★	★★★	★★★	★★★	★★★	★★	★
玉兰纸上开	★	★	★	★	★	★★★	★	★
玉兰书签	★	★	★★	★★	★★	★★★	★	★
玉兰生态瓶	★★	★★★	★★★	★★★	★★★	★★★	★	★★
玉兰拼拼乐	★★	★	★	★★	★★	★★★	★	★
玉兰花炒鸡蛋	★	★	★	★	★	★	★★★	★★★
玉兰花饼	★	★	★	★	★	★	★★★	★★★

七、资源的开发与利用

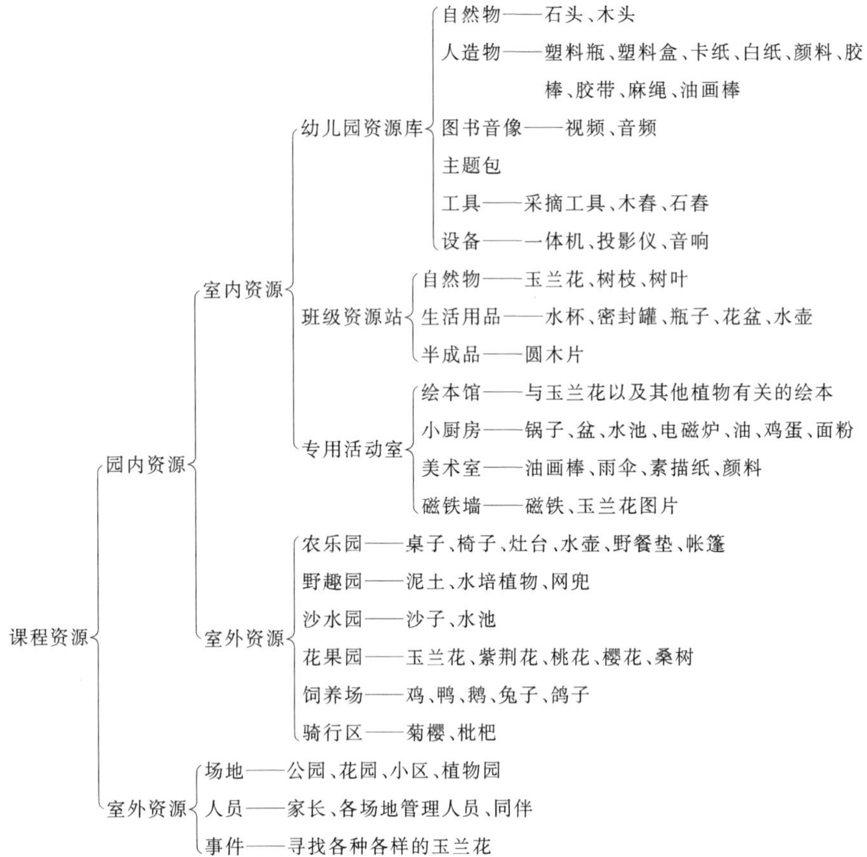

八、主题活动实施过程

第一阶段:遇见玉兰

【活动目标】

(1) 通过调查,了解玉兰树的种类及外形特征。

(2) 通过观察与寻找,认领幼儿园中的玉兰树。

【活动准备】

(1) 经验准备:有过调查的经验。

(2) 物质材料准备:调查表、树枝、双面胶、蜡笔等。

【活动过程】

(1) 亲子调查:玉兰花调查表。

发现了学校的白玉兰树之后,小朋友对玉兰产生了好奇,玉兰是什么样的?有哪些品种?孩子们和爸爸妈妈一起展开了调查。

梓梓:我知道有白玉兰、紫玉兰、望春玉兰。

一一:玉兰的花瓣大大的,粉粉的。

辰辰:玉兰花是春天开的。

(2) 日常活动:认领玉兰树。

小朋友们想要认领幼儿园里的白玉兰树,大家开动脑筋,想出了可以制作一个班牌挂在树上的办法。(见图 5-3)

图 5-3　幼儿认领班级玉兰树

辰辰:我们画上了玉兰花。

谦谦:以后这就是我们的玉兰树啦。

【教师反思】

本次遇见玉兰的活动,幼儿通过亲子调查和认领玉兰树活动,初步了解了玉兰的品种、特征及生长环境。特别是在认领玉兰树的活动中,幼儿积极开动脑筋,提出并实施了制作班牌挂在树上的创意。辰辰和谦谦等小朋友通过绘制玉兰花的图案,将班级与玉兰树紧密地联系在了一起。这一活动不仅培养了幼儿的动手能力和团队合作精神,也让他们对玉兰树产生了情感,激发了他们对自然的热爱之情。

第二阶段:探秘玉兰

【活动目标】

(1) 通过观察与感受,初步了解玉兰花的造型特点、气味等。

(2) 了解玉兰花的生长环境,愿意与家人、同伴寻找身边的玉兰花。

(3) 通过绘本故事,感受玉兰花的纯洁与美好。

(4) 在日常观察中,记录玉兰花的变化,发现玉兰花的花期。

【活动准备】

(1) 经验准备:初步认识玉兰花,有照顾过植物的经验。

(2) 物质材料准备:玉兰花实物、喷壶、自制绘本、玉兰观察记表格、油画棒等。

【活动过程】

(1) 自然体验区:认识玉兰。

调查过玉兰后,有小朋友带来了望春玉兰,我们将它放在自然体验区。小朋友们纷纷来到自然体验区,观察、照顾玉兰。(见图 5-4)

图 5-4　幼儿在自然体验区与玉兰花互动

幼儿发现:望春玉兰不仅拥有独特的名字,还具备许多美丽的特质,如翠绿的叶片、粗粗的树枝、柔软的花瓣等。幼儿更加深入地了解了玉兰。

(2) 亲子活动:寻找玉兰。

周末到了,幼儿和家人一起踏上了寻找玉兰的旅程。

一一:我找到了望春玉兰,还有白玉兰!

谦谦:我们小区有很多望春玉兰。

然然:我见到白玉兰的花瓣了。

诺诺:玉兰花好漂亮呀!

(3) 语言活动:玉兰一家人。

小朋友们倾听了故事《玉兰一家人》。《玉兰一家人》是一本温馨而富有奇幻色彩的自制绘本,讲述了红玉兰、白玉兰和黄玉兰三姐妹帮助村民找回盐,最终化为花树守护村子的故事。绘本色彩丰富,画面精美,展现了玉兰姐妹的勇敢与善良,以及她们与村民之间的深厚情谊。

（4）日常活动：玉兰观察记。

认领了园内的白玉兰树之后，小朋友们经常到花果园去观察记录白玉兰，他们期待着看到白玉兰开花的时刻。

① 记录片段1(见图5-5)。

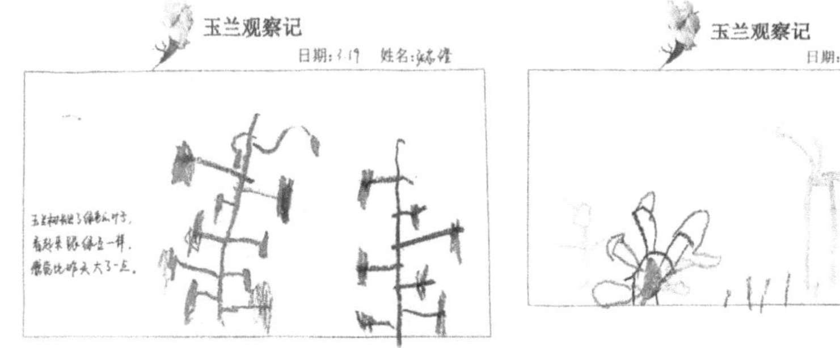

图5-5　园内玉兰树观察记录

澄澄：玉兰树长出了绿色的叶子，看上去跟绿豆一样，感觉比昨天大了一点。

辰辰：又来看玉兰树了，它有绿色的芽，是不是马上要开花啦？

② 记录片段2。

诚诚：玉兰马上要开花啦，它已经开始长叶子了。

熙熙：玉兰发芽了，像毛毛虫一样。

③ 记录片段3。

一一：它的叶子越来越大了！

澄澄：两天过去了，玉兰花的叶子长大了。

【教师反思】

通过一系列的玉兰探秘活动，幼儿不仅加深了对玉兰这一美丽植物的认识，还体验了观察、记录、探索的乐趣。在自然体验区，幼儿亲身感受了望春玉兰的独特魅力，如翠绿的叶片、粗壮的树枝和柔软的花瓣，这些直观的感受让玉兰的形象在幼儿心中更加鲜活。

亲子活动中，幼儿与家人一同外出寻找玉兰，不仅增进了亲子间的情感交流，还拓宽了幼儿的视野，让他们了解到玉兰的种类多样，如望春玉兰和白玉兰等。同时，这一活动也锻炼了幼儿的观察力和发现美的能力。

在日常活动中，幼儿通过持续观察白玉兰树的生长变化，学会了耐心等待和细心观察。他们记录下了玉兰树从长出绿色叶子到叶子逐渐长大的过程。这些记录不仅记录了玉兰树的成长历程，也见证了幼儿的成长和进步。

第三阶段:趣玩玉兰

【活动目标】

(1) 通过涂涂画画、撕贴、搓揉等技能,表现玉兰花。

(2) 通过自然拼摆,与玉兰花瓣互动,感受玉兰的独特魅力。

【活动准备】

(1) 经验准备:会使用各种材料进行美术活动。

(2) 物质材料准备:卡纸、白纸、胶棒、超轻黏土、树枝、玉兰花瓣、水粉颜料等。

【活动过程】

(1) 美工区。

① 玉兰开纸上。幼儿使用粉色、绿色超轻黏土、圆形卡纸、白色 A4 纸、记号笔等材料,综合运用涂涂画画、撕贴、泥工等技能,让玉兰跃然纸上。

② 玉兰书签。幼儿使用颜料,创作了玉兰书签。(见图 5-6)

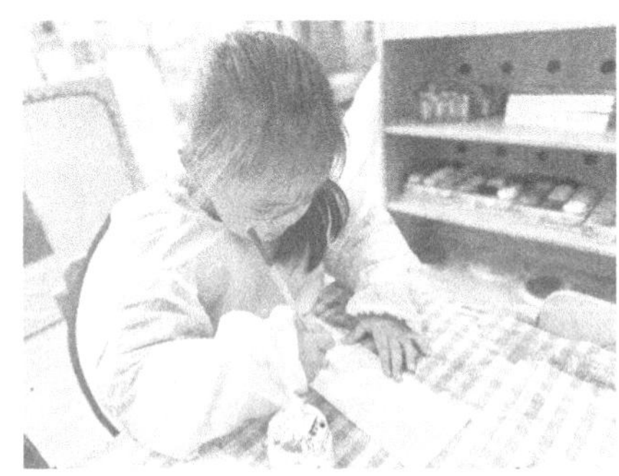

图 5-6　幼儿制作玉兰书签

(2) 自然体验区。

① 玉兰生态瓶。幼儿在生态瓶中放入玉兰以及其他喜欢的材料,制作了美丽的玉兰生态瓶。(见图 5-7)

② 玉兰拼摆。幼儿使用花瓣和各种自然材料,进行拼摆游戏,摆出了各种造型。

【教师反思】

本次“趣玩玉兰”的活动为幼儿带来了丰富多彩的体验和学习机会。在美工区,幼儿通过动手操作让玉兰的美丽跃然纸上;通过涂涂画画、撕贴、泥工等技能,创作出了自己心目中的玉兰形象。这种创意和动手的过程不仅锻炼了幼儿的审美能力和创造力,还让他们更加深入地了解了玉兰的形态和特征。

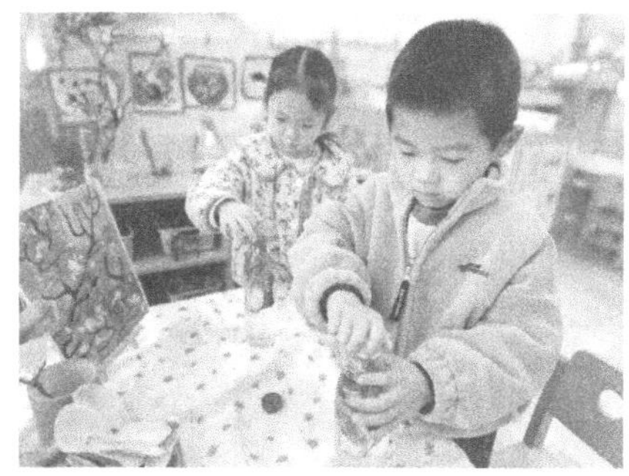

图 5-7　幼儿制作玉兰生态瓶

在自然体验区，幼儿通过制作玉兰生态瓶和玉兰拼摆游戏，进一步加深了对玉兰的了解和喜爱。他们利用玉兰的花瓣和其他自然材料，在生态瓶中创造了一个微型的玉兰生态环境。这不仅锻炼了他们的动手能力和观察能力，还让他们更加珍惜和爱护自然环境。同时，玉兰拼摆游戏也激发了幼儿的想象力和创造力，他们利用花瓣和其他自然材料，创作出了各种有趣的造型。

第四阶段：亲子活动——品味玉兰

【活动目标】

(1) 了解玉兰花相关美食的制作过程，尝试动手制作。

(2) 喜欢品尝玉兰花美食，感受劳动的快乐。

【活动准备】

(1) 经验准备：会简单的帮厨活动。

(2) 物质材料准备：玉兰花瓣、鸡蛋、油。

【活动过程】

在开展了一系列活动后，有小朋友提出了一个新的问题："玉兰好不好吃呢"于是，小朋友迫不及待地要尝尝玉兰的味道啦！他们回家后，邀请家人一起去寻找玉兰花，并制作成各种了玉兰美食。(见图 5-8)

【教师反思】

幼儿亲身参与玉兰美食的制作与品尝，不仅满足了他们对玉兰是否好吃的好奇心，更在过程中感受到了玉兰的另一种魅力——它的食用价值。幼儿体验到了亲自动手制作美食的乐趣。同时，这次亲子活动也加强了家长与幼儿之间的互动，增进了彼此之间的感情。

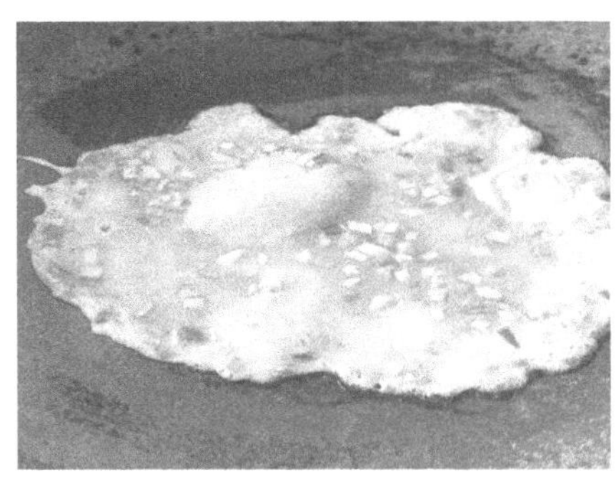
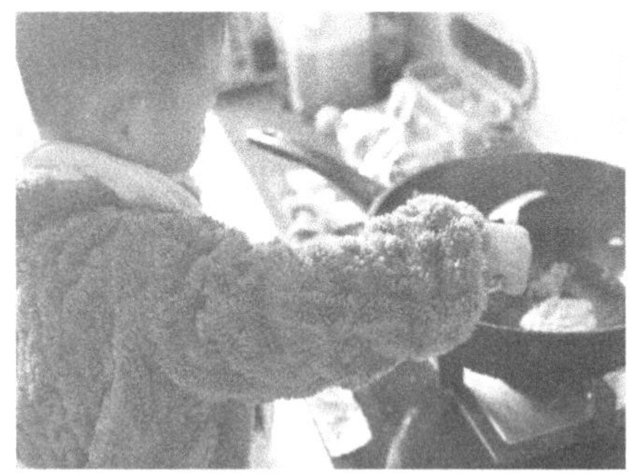

图 5-8　幼儿制作玉兰花炒鸡蛋

九、活动建议

（一）玉兰花的全面观察与记录

在观察玉兰花的活动中，鼓励幼儿观察玉兰花的生长变化、花朵的颜色和形状等特点。教师可以设计玉兰花观察表，并与幼儿定期观察，引导幼儿们感受玉兰花的美丽。如果花果园的玉兰花没有开花，教师也要提前进行预设，重点关注幼儿对于玉兰花的生长周期、生长环境等深层次知识的了解。

（二）一对一倾听与记录的重要性

一对一的倾听与记录是了解幼儿学习状况的重要途径。在活动中，我们要注重与幼儿的一对一交流，倾听他们的想法和感受，并记录他们的学习成果。这样，我们不仅能够更全面地了解幼儿的学习状况，还能为他们提供更加个性化的指导。

（三）家长合作与家园共育

任何活动都离不开家长的支持与配合，我们要加强与家长的沟通和合作，共同为幼儿创设更加丰富多样的学习环境。我们可以与家长进一步共享教育资源，实现家园同步。

（四）课程内容的拓展与深化

在本次"'玉'见花开"主题活动中，教师需要意识到，玉兰花的文化价值和生态意义等方面还有许多值得挖掘的内容。我们可以进一步拓展和深化课程内容，引入更多与玉兰花相关的知识元素。例如，我们可以介绍玉兰花的文化背景、花语等，让幼儿在了解玉兰花的美丽之余，感受到它的文化内涵；同时，我们也可以引导幼儿关注玉兰花的生态作用，让他们了解到保护生态环境的重要性。

（案例提供：南京师范大学相城实验幼儿园　张倩宇　翁雯丽）

第四节　幼儿园自然体验项目活动案例

一、中班“小沙水，大世界”

《3～6岁儿童学习与发展指南》明确指出，应当把游戏还给儿童，最大限度地支持和满足幼儿通过直接感知、实际操作和亲身体验获取经验的需要。

沙子是大自然赐给儿童最天然、最有趣的自然游戏材料。小小的一粒沙看似简单，但在幼儿在探索下，却变得充满趣味。透过玩沙，我们可以看到幼儿内心那充满智慧力量和创新精神的世界。让我们一起走进幼儿探索的小小世界吧！

（一）项目活动的缘起

来到沙水区，孩子们自由选择沙水乐园的游戏材料进行游戏。

墨墨：我想挖个海滩。

萌萌：海滩需要挖吗？这里本来就是沙子和水。

妍妍：我们可以建一些房子在旁边，还可以建造公园。

熙熙：我想做蛋糕，大大的草莓蛋糕。

八九：我想和以前一样建个大城堡。

【教师反思】

幼儿自由探索、熟悉场地。每个小朋友玩的游戏几乎都不一样，在这里他们热衷于铲沙、挖沙洞、堆城堡、挖宝藏等游戏。幼儿的游戏兴趣越来越浓，但由于前期经验不足，真正去过海边、见过沙滩的只有一两个，城市和公园也没有搭建起来。

（二）项目活动脉络图

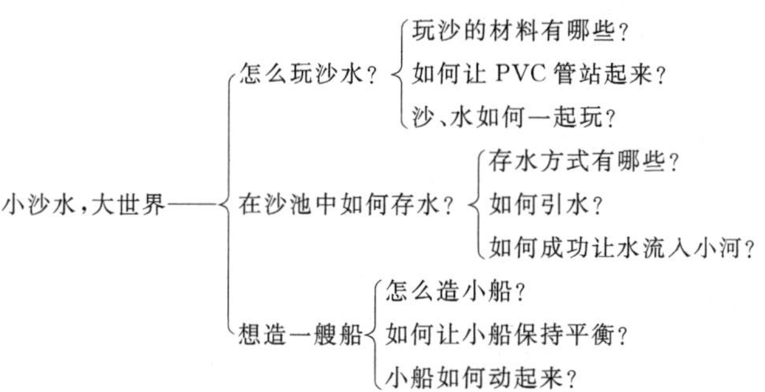

(三)项目活动的开展

1. 怎么玩沙水?

第一次游戏后,我们回班级展开了讨论:到底该怎么玩沙水呢?

宇宇:我们可以利用工具和更多的材料。

芯芯:可以想一个主题。

天依:可以用旁边白色的水管(PVC管)进行搭建!

回到教室后,结合幼儿的游戏过程,大家想到了我们美丽的家园高铁新城,这里既有房屋也有河流,很适合我们大家一起来共同搭建。通过观看照片、视频以及老师的讲解,孩子们兴致高涨,一致决定再去沙水乐园试一下。

驱动性问题1:玩沙的材料有哪些?

材料该如何解决?可以收集哪些材料进行沙水游戏?

于是,幼儿绘画了可以用到的工具、收集沙水游戏的材料表,然后就开始收集材料了。孩子们发动了自己的家人一起收集,没多久就收集到了很多的自然材料。

驱动性问题2:如何让PVC管站起来?

在第二次游戏中,孩子们迫不及待地把自然材料和PVC管加入游戏。在组装和搭建中,并没有任何的进展,很快他们就发现了问题:PVC管在沙池中不易站立,容易倒下。如何让PVC管站起来?

很快幼儿就想到了办法!

言言:可以将PVC管里面灌满沙子,加重管子的重量。

八九:可以挖一个深坑,把PVC管插到里面去。

果然,PVC管不会倒下来了。利用这两个方法,孩子们很快就把水管搭建起来了。

驱动性问题3:沙、水如何一起玩?

幼儿充分利用自然物和沙子搭建建筑物,体验自由探索沙水搭建游戏的乐趣,感受沙水游戏的多样性。

只见恬恬利用铲子将沙子挖出一条水渠,并挑选适宜的树枝,利用树枝、树叶和阿基米德积木搭建小桥,最后用水桶接水倒入挖好的水渠中,变成了一条小河。

2. 在沙池中如何存水?

驱动性问题1:存水方式有哪些?

有很多幼儿开始效仿恬恬挖小河,但随之而来也出现了很多状况和问题。

状况一:对讨论出的新玩法,幼儿都迫不及待地想要去尝试,一时间,沙池里到处是忙碌着挖坑的身影。

状况二：幼儿急于体验游戏成功的喜悦，在沙坑还没有形成时，就急于蓄水。

状况三：幼儿一直在接水、倒水，认为这样就可以蓄很多水。

尧尧：我们还可以用小桶来装水运过去！

滢心：你过去一点，我在这边挖了。

八九：水都被沙子吸走了。

源源：我们可以把水沟挖得再宽一点，再深一点。

当出现问题时，可以通过集体讨论解决，集体的力量是强大的，讨论得到的解决方法也是多种多样的。在集体讨论时，可以发散幼儿的思维，同时培养幼儿的倾听理解能力，与同伴的交流对幼儿的语言发展也有着独特的意义。

水会被沙子不断吸收。这可怎么办呢？将问题抛给幼儿，他们小小的脑袋里有着大大的智慧：

方法 1：把一个大袋子或者布放在沙坑里，周围用石头压住，水放在里面就不会流走里！

方法 2：用砖块把它从里面砌起来，变成一个大水池。

于是幼儿开始寻找材料，开始试验哪一种方法好，用砖块砌起来的办法很快被淘汰了，最后我们选择了方法 1。

驱动性问题 2：如何引水？

这边一条小河，那边一条小河，好像不是特别方便，该怎么办？有幼儿提出可以一起挖一条大河！于是他们就开始挖了起来，也有不少小朋友开始接水了。

乐乐：每次都要去接水、倒水，太麻烦了，怎么样可以简单一点呢？

恬恬：我们可以挖一条小河，让水流过来。

墨墨：我们可以用水管接水到沙子里。

开挖水渠这个想法得到了大家的赞同。基于幼儿的兴趣和热情，回到班级后我们对水渠的设计展开了热烈的讨论：如何引水？

尧尧：我们可以像设计舞台那样，把挖小河的设计图画出来。

有了之前挖水坑的经验，第二天来到沙水区后，幼儿开始了挖水渠。就这样，挖水渠工程在幼儿不约而同的默契下展开了，幼儿自主选择挖沙工具，有的拿铲子，有的拿小桶，开始忙碌起来。在大家齐心协力下，不一会儿，一条长长的小水渠已经挖成功了。

驱动性问题 3:如何成功让水流入小河?

在搭建水管的时候,经过尝试,发现了问题:水管架子高低不平,如何成功让水流下来呢?通过不断尝试,幼儿发现如果水管不是从高往低接,水就会漏下来,水管平着的时候,水也是漏不下来的,于是他们开始了第二次尝试,发现将水管架和水管从高到低排列后,有水流下来了但是不多,问题又出现在了哪里呢?经过不断尝试后,他们发现水管的叠放方式也很重要,低的水管要叠放在高的水管下面,才能有更多的水流下来。但是水还是不够多,有小朋友大喊道漏水了。原来在叠放水管的时候,要搭建牢固,不然就会漏水。于是他们开始了第三次尝试,水终于湍急地流下来了。(见图 5-9)

图 5-9 幼儿搭建水管引水

在搭建水管这一阶段中,幼儿分别进行了三次尝试,最终找到了最好的解决办法,也从中收获了很多经验。幼儿在活动中表现出惊人的合作能力和创造力,在遇到"水太少,水流不下来"这些问题时,幼儿通过探究办法、合作实践、收获成果等一系列的过程,让整个沙水游戏丰富且有意义。

3. 想造一艘船

驱动性问题 1:怎么造小船?

水渠有了,我们还可以怎么玩呢?很快就有很多孩子提出"捞小球""游小船""玩沉浮"等游戏。捞小球我们可以在小泳池里进行,沉浮实验可以在科学区进行,于是我们决定造小船。

我们进行了讨论:怎么造小船?需要哪些材料?

言言:老师,我知道木船,还有帆船。

恬恬:我见过轮船。

源源:有的船可以用来捕鱼。

宇宇:老师,以前的船和现在的船一样吗?

船是怎么演变来的呢?为了让幼儿进一步了解,我们带幼儿了解了船的发展史：从最早的竹筏发展到轮船，再到现在各种各样的船。在讨论的过程中，幼儿发现可以用各种材料来制作船，于是有了造船计划，造船的过程更有计划性、目的性。利用各种材料制作船，在有趣的操作中幼儿可以获得有价值的体验，满足好奇心的同时，培养发现问题、分析问题、解决问题的能力。

源源：我想造一艘小船！但是可能需要很多材料。

欣欣：我们可以用身边的材料试一试做小船。

于是幼儿开始绘画设计图并制作小船。

师：你们的小船做好了，你们觉得它可以下水吗？

滢心：可以下水。

言言：我们去试一试呀。

第一次游船：幼儿利用各类废旧材料制造了吸管小帆船、鸡蛋托大帆船、网套小船等很多种类的小船。让我们一起去我们挖的小河里试一试，一起去游船吧！（见图 5-10）

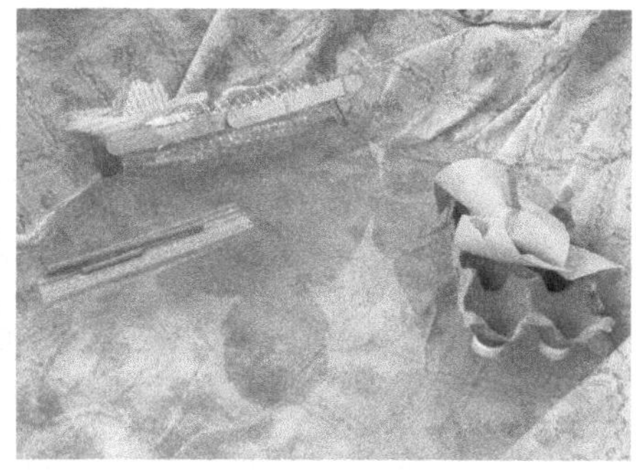

图 5-10　幼儿制作的小船第一次下水

驱动性问题 2：如何让小船保持平衡？

第二次游船：幼儿发现塑料瓶的底部过于光滑，容易侧翻，怎么样让瓶子小船不侧翻呢？通过讨论，我们最终采取了在瓶子两边粘贴雪糕棒的方法，帮助瓶子小船保持平衡。

驱动性问题 3：小船如何动起来？

幼儿发现小船都可以在水中游行，但是没有具体的方向，不会一直向前游。船都是靠什么动力行驶的？我们通过上网查找资料发现有人力、风力和马达动力装置，现实中的船都有动力装置，我们该如何制作小船的动力装置呢？

制作马达：幼儿利用雪糕棒在船尾制作了一个如划桨般的小型马达。

让我们去小河中再去试一下吧。

(四)项目活动的分享

幼儿对造小船活动的兴趣很高,在美工区继续制造小船,并想邀请其他班的好朋友一起来进行游船会。

【教师感悟】

活动以“小沙水,大世界”为主题,通过水道建设开展。沙水游戏对不同年龄段的幼儿来说有着不同的教育价值,在整个过程中,幼儿学到的经验和表现出来的积极探究的热情,比传统教学中学到的知识更有效、更有意义。

游戏过程中,幼儿在探究中发现问题,在游戏中解决问题,使遇到的困难迎刃而解。“挖沙坑”“水渠通水”“造小船”等生活经验的迁移体现在游戏过程中,科学探究贯穿游戏的整个过程,幼儿社会交往、与同伴合作的能力得到发展,享受和同伴在一起解决问题、分享成功的喜悦。幼儿利用自己的方式进行游戏,用自己的思考推进游戏的发展。教师在游戏中,是观察者,是倾听者,也是合作者,鼓励、支持幼儿在创造性的游戏中不断地成长、进步!

(案例提供:南京师范大学相城实验幼儿园　陈奥婷　王静)

二、中班“小鸡‘蛋’生记”

陈鹤琴先生说,“凡是儿童自己能够做的,应当让他自己做。凡是儿童自己能够想的,应当让他自己想”。“生命”自古以来就是充满无尽未知的谜题,我们尝试在日常生活中和幼儿一起探究生命的意义。

(一)项目活动缘起

3月7日,我们来到幼儿园的饲养区,幼儿对饲养区的鸡展开了一次讨论……

琪琪:有四只长得不一样的鸡。

诺宝:它们都是母鸡吧。

突然,一只鸡张开嘴巴,发出“喔喔喔”的声音。

旺仔:它在叫,只有公鸡才会打鸣,对吧,老师。

琪琪:那只白的也是公鸡吧,它和叫的鸡一个颜色。

旺仔:我觉得是,等它叫了就知道了。

孩子们对饲养区的鸡到底是公鸡还是母鸡,有了好奇心,于是回去后我们开展了一次儿童会议。

（二）项目活动脉络图

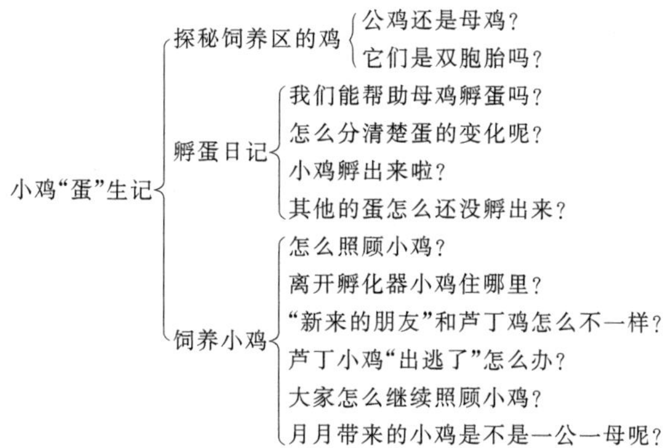

（三）项目活动开展

1. 探秘饲养区的鸡

驱动性问题1：公鸡还是母鸡？

针对孩子们在饲养区的讨论，回到教室后，我们根据照片进行了再次的讨论。

幼儿争论不已，纷纷说出自己的理由。

月月：我觉得这只是公鸡，因为它比其他的鸡高一点。

言言：我觉得这只是母鸡，因为它的屁股比较大，母鸡是要孵蛋的。

旺仔：那只会叫的鸡才是公鸡，公鸡是会打鸣的。

幼儿无法统一答案，于是请求家长的帮助，回家后一起收集资料，隔天再来分享介绍自己的想法。我们将最后的讨论结果以思维导图的形式记录了下来（见图5-11）。公鸡的鸡冠大、会打鸣、尾巴上的羽毛更加艳丽和翘。母鸡的鸡冠小、不会打鸣、屁股大一点，屁股上的毛更加短而多。

驱动性问题2：两只黑色母鸡，它们是双胞胎吗？

我们发现幼儿园饲养区一共有四只鸡，其中，一只公鸡和三只母鸡。但是我们又发现了一个新问题：有两只黑色的母鸡，它们长得一样，我们再次进行观察。我们发现两只黑色母鸡并不是完全一样的：一只母鸡的鸡冠小一点，颜色是红色的，另一只鸡的鸡冠大一点点，颜色上有点粉色，因此我们经过投票取名，分别叫它们小红和小粉。

2. 孵蛋日记

驱动性问题1：我们能帮助母鸡孵蛋吗？

3月19日，我们来到饲养区，惊喜地发现鸡窝里有一颗蛋！

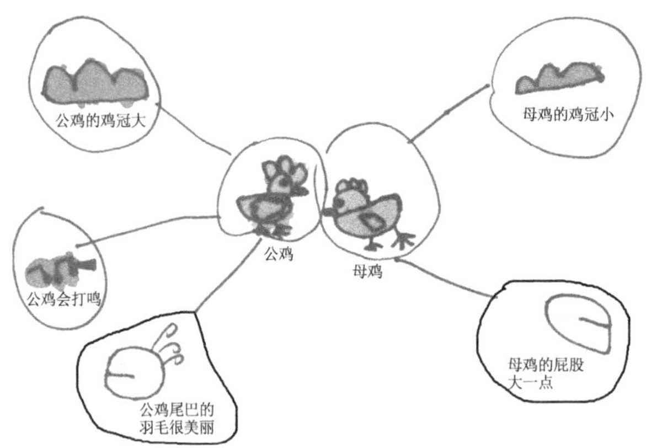

图 5-11　幼儿区分鸡性别的思维导图

最后决定由糖糖去取鸡蛋。糖糖小心翼翼地进入鸡舍,一边缓慢移动,一边观察着鸡的动静,终于取回了鸡蛋。(见图 5-12)

图 5-12　幼儿到鸡舍拿鸡蛋

回到教室后,我们产生了新的问题:怎么孵蛋呢?

糖糖:要把蛋放在孵蛋器里,我家就有,还要给蛋喷水和翻面,还要用电筒照蛋,看看有没有变化。要 21 天小鸡才能出来,快出来的时候,蛋会裂开。一直不出来的小鸡,还要帮它拨开蛋壳。

听了糖糖的话,我们也恍然大悟,原来孵蛋不是件容易的事,我们决定聘请糖糖为班级的孵蛋顾问,指导大家孵蛋。

几天后,班级的孵蛋器也到了,我们正式开始了孵蛋计划。糖糖再次给我们介绍了她在家如何孵蛋以及孵蛋的注意事项。

3 月 29 日,我们把鸡蛋放进了孵蛋器,开始了我们的孵蛋之旅。与此同时,糖糖也从家里带来了芦丁鸡的蛋,我们一起放入孵蛋器,看看哪个蛋先孵出小鸡。

幼儿每天来到教室的第一件事就是观察孵蛋器里蛋的变化。我们发现通过照蛋，可以观察到蛋里面的气孔以及“线条”。幼儿也每天用“日记”的方式记录着孵蛋器里蛋的变化。（见图 5-13）

图 5-13 幼儿记录蛋的变化

驱动性问题 2：怎么分清楚蛋的变化呢？

4 月 11 日，幼儿和往常一样，打开孵蛋器的盖子观察蛋的变化，惊喜地发现，有两颗芦丁鸡蛋蛋壳上有了裂缝。这一变化让他们变得更兴奋了，说明离孵出小鸡又近了一步。幼儿继续进行照蛋。

言心：这颗深色的蛋和白色的蛋先有的裂缝，可能它们会先出来，我们要不要把它们两个放在一起？

糖糖：可是有两颗深色的和两颗白色的，会不会弄混。

师：你们有没有什么好办法，给它们分清楚呢？

言心：可以给它们做标记！

于是幼儿给蛋编号。4 月 12 日，睿泽打开孵蛋器盖子，叫了起来：“老师，这个蛋碎掉了，在这个下面。”睿泽轻轻地拿起在夹缝中的蛋：“肯定是被夹碎了。”叫声引来了小朋友围观，大家纷纷看着这颗碎掉了的蛋，发现里面已经有了小鸡的雏形，能看见绒毛，凑近闻还能闻到臭味。碎成两半的蛋显然不能再孵出小鸡了。

糖糖：这个小鸡孵不出来了。

小朋友们一听，脸上露出了伤心的神情。

米克：它肯定是晚上掉下去，被夹死了。是不是有小朋友没放好它。

针对这一情况，我们召开了儿童会议，讨论如何防止这样的事情再次发生。最终我们商量决定由当天的天气记录员每天放学前检查孵蛋器里蛋的位置。

《3～6 岁儿童与学习发展指南》指出：“成人要善于发现和保护幼儿的好奇

心,充分利用自然和实际生活机会,引导幼儿通过观察、比较、操作、实验等方法,学习发现问题、分析问题和解决问题。”在漫长的孵化过程中,幼儿坚持照顾这些蛋宝宝,照蛋、观察、记录、聊天、等待,从中感悟到坚持的意义,明白了孵蛋孕育的不易。

驱动性问题3:小鸡孵出来啦!

4月17日,最早来的嘉嘉和小熊打开孵蛋器的盖子,惊奇地发现:有一颗蛋的蛋壳破开了,里面却是空的,这是怎么回事?

经过仔细寻找,他们发现小鸡躲在了下面。也许是小朋友的声响惊动了它,它从下面钻了出来。(见图5-14)

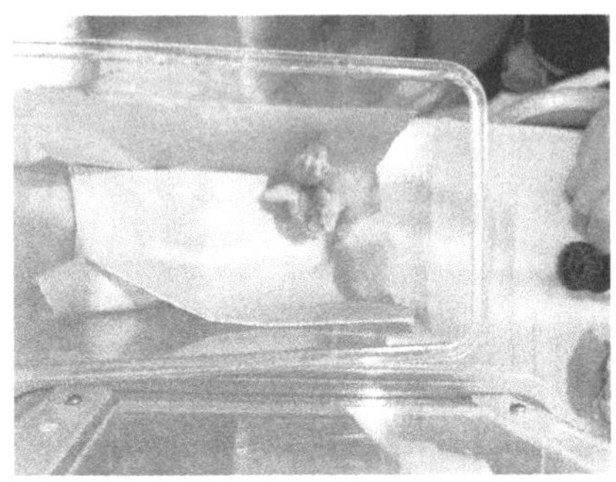

图5-14 幼儿观察孵出的小鸡

子萱:我们给它找个家吧!

嘉嘉:可以找个盒子。

于是几个小朋友开始在班级里找合适的盒子。

小熊拿来了自然角原来饲养小蝌蚪的盒子。

大家也同意了,可是又遇到了问题,谁来把小鸡放进盒子里呢?

老师:嘉嘉你试试看。

嘉嘉:我害怕。

大家面面相觑,正犯难呢,孵蛋顾问糖糖来了。糖糖轻轻抓起小鸡放进了铺好纸巾的盒子里。

驱动性问题4:其他的蛋怎么还没孵出来?

第一只小鸡已经孵出来几天了,怎么其他裂开的蛋还没有动静,幼儿开始着急了,拿起蛋照了又照、听了又听,这是怎么回事?

针对这一问题,孩子们又开始了调查,结合之前这个鸡蛋的观察记录,经过团讨,大家总结出了孵化失败的原因:

① 弱精蛋,导致胚胎内活力较弱,无法正常发育;

② 在孵化过程中照蛋的次数过多、时间过长；

③ 胚胎活力弱，种蛋存放时间太长；

④ 孵化器的温度不够精准。

小结：虽然孵化成功的只有 1 只芦丁鸡宝宝，但是幼儿还是很欣喜的。在孵化过程中，幼儿经历了欣喜、担心、害怕、着急等情绪情感，他们开始有了照顾生命的责任感，并且对生命充满期待。

3. 饲养日记

驱动性问题 1：怎么照顾小鸡？

新生命的到来让幼儿惊喜不已，他们细心地观察比手还小的芦丁鸡宝宝，通过多感官的参与，了解和发现芦丁鸡宝宝的基本特征。在观察中新的问题也接踵而来。刚出生的芦丁鸡宝宝小小的，看起来很脆弱，它肯定需要食物，它吃什么呢？我们再次展开了讨论：

豆豆：幼儿园里的鸡是吃米饭的，它肯定也可以吃米饭。

睿泽：它还要喝水。

糖糖：不是的，它有专门的食物。它还小，要吃很细很细的粮食。我家就有，明天我带过来。

食物的问题暂时解决了，对于如何照顾它，幼儿还是不怎么了解，于是我们把班级里孵出小鸡的喜讯分享给了家长，请家长和小朋友们一起搜集资料。第二天，幼儿分享了和爸爸妈妈一起搜集到的资料。原来刚孵出来的小鸡很怕冷，很容易受冻，它需要待在温度 36～38 摄氏度的空间里，每周降温度，直到一个月后才能生活在常温中。刚出壳的小鸡需要吃容易消化的、颗粒非常小的开口粮，一般开口粮需要吃一周左右，接下来就可以吃颗粒大一点的粮食。小鸡还要喝温水，不能喝自来水。于是，我们又把小鸡放进了孵蛋器里，给它放了食物和水。

讨论后，幼儿决定由值日生轮流照料小鸡。他们还梳理归纳出了照料小鸡的规则：

① 不要对着小鸡大声喊叫！

② 不能随便摸小鸡！

③ 不可以把小鸡抱出“房子”！

④ 不可以给小鸡随便喂水！

⑤ 不能用尖尖的物品指向小鸡！

经过对照料小鸡相关知识的搜集、讨论与分享，幼儿对小鸡的生活环境、饮食以及照料小鸡的注意事项等已有了基本的认识。令老师开心的是，面对需要解决的问题，幼儿能够积极探索、主动学习。在这个过程中，老师也深深地体悟到:相信孩子,放手让孩子去做,是支持孩子成长最好的方式之一。

驱动性问题2:离开孵化器小鸡住哪里?

现在小鸡吃和住的问题暂时解决了,但是一个月后小鸡就要出来了,它们需要更大的活动空间,那么芦丁鸡宝宝可以住在哪里呢?幼儿提议:我们应该可以给鸡宝宝造个小屋,这样它们就能在小屋里长大了。

在搭建前期,幼儿针对搭建的材料进行了一次团讨,从纸箱、木头、黏土三种材料着手。材料不同,幼儿的选择也不同,于是我们开始了一次分组活动,让幼儿自由选择自己想要建造的小屋类型,并根据选择结果投票分组进行小屋的建造。

《3～6岁儿童与学习发展指南》指出:在群体中愿意表达自己的需要和想法,能有意识地听与自己有关的信息,且在活动时愿意接受同伴的意见和建议。幼儿在有了初步的想法之后,便愿意付诸实践。遵循幼儿的意见,通过投票,采取分组进行造房的形式,鼓励幼儿参与活动,激发幼儿参与兴趣。

驱动性问题3:"新来的朋友"和芦丁鸡怎么不一样?

劳动节假期过后,幼儿来到教室,惊喜地发现芦丁鸡又长大了,羽毛还发生了变化。与此同时,月月也带来了两只小鸡:

我们发现月月带来的小鸡和我们孵出来的芦丁鸡是不一样的。

芦丁鸡:羽毛是灰灰的,身体是长长的,长得像一只小鸟。

月月带的小鸡:羽毛是黄色的,毛茸茸的,身体是圆圆的,长得比芦丁鸡高。

驱动性问题4:月月带来的小鸡是不是一公一母呢?

我们继续照顾月月带来的两只小黄鸡,但是随着小黄鸡的长大,我们又开始了一场讨论:月月带来的小鸡是不是一公一母呢?经过和家长一起搜集资料,发现还没有长出尾巴的小鸡是公鸡,长出尾巴的小鸡是母鸡。

公母已经分清楚了,幼儿纷纷想给它们两个取名,经过投票决定母鸡叫花花,公鸡叫多多。6月初,幼儿发现小鸡头顶上长出了鸡冠,羽毛也更长了,脖子也变长了,嘴巴更加尖了。

驱动性问题5:小鸡的去留。

6月中旬,暑假快来临了,小鸡没有人照顾了,这可怎么办?

米克:可以把它们送到幼儿园的饲养区,和大鸡们生活在一起。

言心:不行,夏天很热的,它们还小,放在外面会晒死的。

糖糖:让月月带回家不就行了。

月月:可以啊,我们家有好多小动物呢!

周五我们就帮小鸡们收拾好了行李,让月月带回家。我们约定等到暑假过后,月月再把小鸡带回来。

（四）项目活动的分享

班级的项目活动已经接近尾声，幼儿在观察和照顾小鸡的过程中，知道小鸡的外形特征、生活习性、生长过程以及喂养小鸡的方法，自然而然建构了对小鸡的认知。特别是喂养过程的记录、绘画表达自己和小鸡之间的故事等，在这个过程中，幼儿不仅获得了技能发展，更得到了来之不易的情感体验与对生命的感悟。最后，幼儿也非常积极地与其他班级的老师、伙伴分享了小鸡"蛋"生记的故事。

【教师感悟】

活动以幼儿的驱动性问题"公鸡还是母鸡"为出发点，通过不断猜测、思考、表达、实践来深度探究，持续专注解决许多个问题。在解决问题的过程中，幼儿是主导者、实践者，老师作为观察者、记录者和支持者适时介入，通过三步提问法"你的想法是什么，他的想法怎么样，你们的决定是什么"，逐步引导幼儿在发现问题、解决问题的过程中深度学习。每解决一个问题，教师都及时将活动进程进行表征，为幼儿的回顾反思做准备；对已完成部分及时反思总结，根据幼儿的想法及时调整活动网络图和预设目标；在幼儿遇到困难时，教师引导幼儿反思哪一步骤不合适，鼓励幼儿积极思考解决办法，获得真实的体验和成长。通过比较调查、反复探索，操作体验、合作分享、多元表征等，幼儿在反复探索中运用已有经验，建构与项目相关的新经验，在实践中经历一次又一次的试错和纠错，一步步走向成功。

（案例提供：南京师范大学相城实验幼儿园　何亚萍　陈妮）

三、小班"橘皮洗洁精"

（一）项目活动的缘起

秋天到了，橘子成了幼儿园下午点心里的"常客"。一天，在吃橘子的时候，有幼儿将橘子皮剥成了橘子花，其他幼儿也纷纷剥起了橘子花。这时大家观察起了橘子皮：橘子皮可以吃吗？橘子皮可以干什么呢？……跟随幼儿的疑问，我们一起开启了探寻橘子皮的秘密之旅。

（二）项目活动脉络图

- 橘皮洗洁精
  - 橘子皮的秘密——驱动性问题 1：橘子皮有用吗？——亲子调查：橘子皮的秘密
  - 橘子皮的作用
    - 驱动性问题 2：橘子皮可以变成洗洁精吗？——实践探究：观察橘子皮
    - 驱动性问题 3：橘皮洗洁精怎么做？
      - 亲子调查：橘皮洗洁精大调查
      - 观察和实验——梳理问题、总结经验
      - 成果展示

（三）项目活动的开展

驱动性问题1:橘子皮有用吗?

幼儿对橘子皮产生了好奇,橘子皮到底有没有用,幼儿根据自己的经验七嘴八舌地展开了讨论。

鑫鑫:我觉得橘子皮没用了,我们以前做好喝的橘子汤时剥下来的橘子皮很多都扔掉了。

朵朵:橘子皮是有用的,它香香的,我妈妈会把橘子皮放在冰箱里。

谦牧:橘子皮还可以做手工,我们以前用橘子皮做过贴画。

幼儿根据自己的经验来猜测橘子皮到底有没有用处,并进行了投票。大部分的幼儿觉得橘子皮是有用的,直接扔掉太可惜了,还有小部分的幼儿觉得橘子皮没有用。通过亲子调查,幼儿了解了橘子皮的作用,如橘子皮可以做成洗洁精,对此幼儿特别感兴趣。

驱动性问题2:橘子皮可以变成洗洁精吗?

通过亲子查阅资料,幼儿对橘子皮的成分有了粗浅的认识,对橘子皮可以做成洗洁精去污有了一些概念,但不太清晰。

可可:妈妈说橘子皮上的白筋可以吸油。

胜寒:对对,我知道橘子皮里面有神奇的东西,能让脏东西变干净。

诺诺:橘子皮里什么东西这么神奇呢?

沐然:橘子皮可以变成洗洁精,好像还要加其他东西。

孩子们通过看、摸、闻、尝等方式,对橘子皮进行了探究,用放大镜看的时候可以发现橘子皮上有好多的小气泡,正是这些小气泡里藏着大量的精油。当橘子皮被撕破或者挤压时,这些精油就会跑出来,让手变得黏黏的香香的,这些精油天然无害还能去污,这就是橘皮洗洁精的秘密所在。

驱动性问题3:橘皮洗洁精怎么做?

师:制作橘皮洗洁精要准备什么材料或者工具呢?

幼儿讨论并猜测制作橘皮洗洁精的步骤。

呦呦:要有好多的橘子,把橘子皮剥下来,放到水里搅拌一下。

言言:要有瓶子来装,要有盖子的瓶子才可以,不然水会倒出来的。

贝贝:要加点泡沫。

通过亲子调查,幼儿了解了橘皮洗洁精,与家长共同完成调查表的同时,还亲子制作橘皮洗洁精,制作完成后带来幼儿园与大家分享。

制作橘皮洗洁精需要什么工具和材料?师幼积极讨论,教师根据讨论结果在自然体验区中投放相关材料,便于幼儿制作橘皮洗洁精。

(1) 制作橘皮洗洁精

幼儿在自然体验区中根据讨论的步骤进行操作，有的用手撕，有的用剪刀剪，把橘子皮分成小小的块放进瓶子里。根据调查表，有的幼儿说不用加小苏打也可以制作成功，有的幼儿说发酵三天就可以使用，有的说要七天，有的说不用冷藏，有的说要放冰箱冷藏。哪种橘皮洗洁精的效果会更好呢？

（2）观察和实验

幼儿每天对自然体验区制作的洗洁精进行观察，从颜色与气味这两方面进行对比，并与同伴讨论自己的发现。（见图 5-15）

图 5-15　幼儿观察橘子皮的变化

在教师的引导下，幼儿通过对比，发现橘子皮、水、小苏打的数量不同，放置时间和温度不同，都会影响洗洁精的效果。

幼儿发现加入小苏打的橘皮洗洁精的清洁效果更好；放入冰箱冷藏的比没有放入冰箱的气味更好闻，不容易腐烂、发霉；发酵七天的效果比三天的要好。

（四）项目活动的展示

幼儿都迫不及待地用自己制作的洗洁精进行清洗活动。幼儿将制作完成的橘皮洗洁精放置在班级生活区，用于清洗娃娃家的衣物与鞋子等一些物品。

【教师感悟】

通过本次项目活动的开展，幼儿认识了橘子的构造，知道了橘子皮里的精油和白筋的作用，同时幼儿的手指精细动作也得到了提升，掌握了正确的剥橘子皮的方法。幼儿解决问题的能力有了很大的提升，在操作的过程中遇到很多问题都能够尝试合作解决。经过多次的项目的调查与实践，教师也在不断地成长，更加关注幼儿、尊重他们的想法，更加懂得倾听幼儿的想法，能够把握与支持幼儿的兴趣点。

（案例提供：南京师范大学相城实验幼儿园　张倩宇　翁雯丽）

后　　记

在一个微风和煦、鸟语花香的秋日午后,孩子们分散在花果园里,手拿“寻宝”的工具,专注、认真地探究秋天的变化,嬉戏着、欢呼着、体验着。这一幕不仅让我想到了卢梭的话:“如果他从来没有在干燥的原野上跑过,如果他的脚没有被灼热的沙砾烫过,如果他从来没有受过太阳照射的岩石所反射的闷人的热气,他怎能领略那美丽的早晨的清新空气呢?”是啊,在幼儿阶段由亲身体验活动获得的经验至关重要! 这种学术上的共鸣让从事幼教工作十五年的我时常思考:我能够做点什么? 这种共鸣也成为我开展幼儿园自然体验研究的起点,同时让撰写此书的整个过程充盈着浪漫主义教育情怀。

从前年寒冬到今年桂花飘香的秋日,《探究自然:幼儿园自然体验课程设计与实施》经过近两年的努力终于完稿了。本书不仅仅是理论上的阐述,亦不局限于案例的堆砌,而是理论与实践的相互呼应,是落地生根后幼儿园课程实践的真实样态。把自然体验作为一种教育理念与课程实施路径是基于儿童天性的考量以及未来社会的发展需求,因为儿童天性具有亲近自然的本能,因为大自然中蕴藏着无限可能,这种神秘的存在吸引着幼儿探究、体验的好奇与兴趣。儿童教育质量取决于能否让儿童获得全面发展,显然自然体验课程能将儿童生活中诸多要素进行整合,在沉浸式真实、可感知的学习环境中促进幼儿喜欢思考、乐于探究,进而更好地实现教育目标。

本书得以付梓,凝结着诸多人的爱心与帮助。首先感谢北京师范大学黄宇教授,尽管只是线上联系,但他敏锐的思考、认真的态度让我收获颇多,他关于自然体验学习的研究给我诸多启发。他慷慨为本书作序并提出了宝贵的修改意见,让这本书得以顺利面世。

感谢对本研究做出指导的师长们。感谢南京师范大学苏州实验学校胡金平总校长,和他的交谈我获益良多,他幽默风趣又真性情的为学风格,令我高山仰止,心向往之。感谢我的硕士导师原晋霞教授百忙之中亲临现场,她谦逊又“接地气”的研究风格让我总能从中受到启发与鼓舞。

感谢为本书贡献过奇思妙想、给予我最多支持的领导与同事伙伴们。

感谢南京师范大学相城实验小学周瑾校长，她的鼓励与宽慰点燃了我完成此书的信念；感谢徐春燕园长和孙玫园长，她们在我繁忙工作中给予的关心与支持让我如沐春风；感谢苏州大学第二实验幼儿园李霞园长，她的勉励常常让我重拾信心；感谢提供案例与思考的许瑶、周倩、沈越、何亚萍、朱文萍、陈奥婷、张倩宇等老师，与你们一起做研究非常愉快。

感谢我的家人。他们恒久不变的爱让我坚持完成本书。我的母亲张月琴、我的弟弟倪住一直鼓励我坚持读书，我的哥哥倪以鹏在我忙于写作时帮我承担照顾孩子的任务。感谢我的先生以及我的儿子董苏元，他们让我在书稿写作的过程中体验到家庭带来的抚慰与幸福。

最后，感谢本书的读者们，愿意阅读与了解本书粗浅的观点。本书是苏州市教育科学“十四五”规划课题“深度学习理念下幼儿园自然体验活动的实践研究——基于马赛克方法”(课题编号:2022/LX/02/117/07)、苏州市教育科学“十四五”规划课题“指向经验生长的幼儿园自然体验课程的实践研究”(课题编号:2023/LX/02/002/07)的研究成果之一。但愿此书能点燃您心中对自然的神往，与我们一起用大自然照亮儿童的心灵！

倪海燕

2024 年 10 月 16 日于苏州